公路桥梁施工管理与工程监理

朱珍彪　张红军　李孝勤　主编

吉林科学技术出版社

图书在版编目（CIP）数据

公路桥梁施工管理与工程监理 / 朱珍彪，张红军，
李孝勤主编 . -- 长春 : 吉林科学技术出版社，2023.10
ISBN 978-7-5744-0888-3

Ⅰ.①公… Ⅱ.①朱… ②张… ③李… Ⅲ.①公路桥
—桥梁施工—施工管理②公路桥—桥梁施工—施工监理
Ⅳ.① U448.145.1

中国国家版本馆 CIP 数据核字 (2023) 第 185072 号

公路桥梁施工管理与工程监理

主　　编　朱珍彪　张红军　李孝勤
出 版 人　宛　霞
责任编辑　郝沛龙
封面设计　刘梦杏
制　　版　刘梦杏
幅面尺寸　185mm×260mm
开　　本　16
字　　数　350 千字
印　　张　17.75
印　　数　1–1500 册
版　　次　2023年10月第1版
印　　次　2024年2月第1次印刷

出　　版　吉林科学技术出版社
发　　行　吉林科学技术出版社
地　　址　长春市福祉大路5788号
邮　　编　130118
发行部电话/传真　0431-81629529 81629530 81629531
　　　　　　　　　　81629532 81629533 81629534
储运部电话　0431-86059116
编辑部电话　0431-81629518
印　　刷　三河市嵩川印刷有限公司

书　　号　ISBN 978-7-5744-0888-3
定　　价　66.00元

随着社会的发展，我国的交通建设事业也在不断地进步，公路桥梁作为公路和铁路工程的重要组成部分，对我国的交通建设事业具有重要意义。公路桥梁工程是为方便人民生活，为满足社会发展的需求而建设起来的。随着我国经济的不断增长，桥隧交通运输量也逐渐增加，公路桥梁是连接区域之间的重要交通工具，其功能主要在于运输桥梁、公路以及隧道、道路等物质。因此，对此进行科学研究与规范实施显得尤为重要。公路桥梁工程作为土木工程的一个分支学科，是关乎公路、桥梁的综合性工程，主要包含对路桥工程进行勘测、结构设计、路桥施工、工程保养、经营管理等等。公路桥梁工程是城市发展中必不可少的环节，对于国家经济效益以及社会效益的增长也有着重要的影响。

工程监理则是一个独立于施工方和设计方的第三方角色，他们来自专业的监理公司，目的是保证工程的质量、安全和进度等方面符合或超过规划的要求。工程监理的工作包括对建筑材料的质量、施工的过程和结果以及与工程建设相关的各个环节进行详细的检查和验证。监理的作用在于保持施工的符合性、防止质量事故的发生以及及时发现和解决施工中出现的问题。因此，公路桥梁的施工管理和工程监理是工程质量、安全、进度保障的关键，是控制工程风险、维护投资者利益，以及实现工程目标的重要方式。因此，笔者对公路桥梁施工中几种常见的施工技术进行了系统的剖析，并提出了部分具有建设性的建议和意见，对于公路桥梁施工的发展与推进具有非常重要的理论价值和现实意义。由于时间、水平有限，书中难免有疏漏之处，恳请广大读者批评指正。本书旨在为从事公路桥梁施工管理和工程监理的专业人士提供全面的指导和参考。我们的目标是通过深入探讨公路桥梁施工管理和工程监理的关键原则、实践经验和最佳实践，帮助读者更好地理解和应对在公路桥梁项目中可能遇到的挑战。

目录

第一章 路桥建设工程概述

第一节 路桥建设的内容特点与工程建设程序

一、 路桥建设的内容及特点

现代交通运输由铁路、公路、水路、航空以及管道等运输方式组成。它们是使用各种工具设备，通过各种方式，使货物或旅客在区域之间实现位置移动的特殊物质生产部门。交通运输对发展国民经济、加强国防和改善人民物质文化生活水平具有重要意义。

公路运输在整个交通运输业占有较大比重，它具有机动、灵活、直达、迅速、适应性强、服务面广的特点。因此，公路运输是国民经济的命脉，是经济建设必不可少的基础设施。随着经济的飞速发展，我国的公路建设特别是高等级公路和桥梁建设获得了长足发展，取得了很大成就。公路建设的迅速发展，不仅改善了我国公路交通的运输状况，而且产生了巨大的经济效益和社会效益。

（一）路桥建设的内容

道路与桥梁是裸露于自然界中供各种车辆或行人通行的工程设施，是公路运输业固定资产的组成部分。路桥建设的内容按其任务与分工不同，可以分为以下三个方面。

1.路桥工程的小修、保养

道路与桥梁都是无遮盖而裸露于大自然中的构造物。其在长期使用过程中，受到行车和自然因素的综合作用而不断损坏。只有通过定期或不定期地予以维修保养，才能保证固定资产的正常使用，保持运输生产不间断地进行，使原有生产能力得以维持。所以，路桥工程的小修、保养是实现固定资产简单再生产的重要手段之一。

路桥工程的小修、保养具有以下特点：建设内容属于固定资产简单再生产的范畴；建设资金来源主要是养路费；管理方式主要由养护部门自行安排和管理。

2.路桥工程的大、中修与技术改造

由于路桥工程构造物自身的特点，其在使用过程中会受到材料、结构、设备等功能方面的制约，必然使路桥各组成部分具有不同的寿命。这就需要不断地进行定期或不定期的维修保养，达到一定年限后路桥各组成部分就会丧失功能。这时就需要对现有路桥构造物进行较大的更新或技术改造工作，以提高路桥的使用质量，延长路桥的使用寿命。对于路桥工程大、中修这种固定资产的更新，一般结合路桥的技术改造进行（如局部改线，改造不符合标准的路段，提高路面等级等）。通过这种更新与技术改造可以提高公路的通行能力，实现固定资产简单再生产和部分扩大再生产。

路桥工程大、中修与技术改造的特点有以下几点：建设内容属于固定资产简单再生产或部分扩大再生产的范畴；建设资金仍然由养路费开支，不过这笔资金要比路桥小修、保养的费用高得多。因此，管理部门对养路费的使用应有一定的规划，即除保证日常的小修、保养费用外，每年的养路费应有一定的盈余，当累积到一定年限后，投入较多的资金对路桥工程构造物进行大、中修或技术改造；在管理方式上由养护部门先提出申请计划，经上级主管部门批准后，再由养护部门自行管理和安排。

3.路桥工程的基本建设

为了适应生产和流通的发展需要，必须通过新建、扩建和改建路桥等基本建设形式来实现固定资产的扩大再生产，以达到不断提高公路运输能力的目的。

路桥工程的基本建设是指新建、扩建、改建和重建，其中新建和改建是最主要的形式。但这里的改建不同于上述的技术改造。技术改造是指对原有路桥进行局部改造，改造后的路桥虽然使用质量提高了，但其原有路桥的技术等级没有改变。改建则不同，改建后的路桥不但使用质量提高了，而且因公路的技术等级改变而发生了质的变化，如将原有的三级公路改建为二级公路或一级公路等。

路桥基本建设的显著特点有：建设内容属于固定资产扩大再生产的范畴；建设资金巨大，资金来源主要是国家预算拨款、银行贷款、自筹资金以及国外贷款等；由于路桥基本建设耗资巨大，因此其管理必须严格按照国家的规定和要求进行，即严格执行基本建设程序。当地方（省、市）政府主管部门下达任务后，基建项目必须纳入全国统一的基本建设计划。一切基本建设的资金活动必须通过中国建设银行进行拨款、监督和办理结算（由养路费开支的项目建设资金也应由中国建设银行拨款和办理结算）。

路桥建设通过固定资产维修、固定资产更新和技术改造、基本建设三条途径来实现固定资产的简单再生产和扩大再生产。它们之间既有相同之处，又有不同之处。相同之处体现在：第一，它们都是我国固定资产再生产不可缺少的组成部分，都是高速发展社会主义现代化建设事业的必要手段；第二，它们都需要消耗一定数量的人力、物力和财力。不同之处主要表现在：第一，资金来源不同；第二，管理方式、方法不同；第三，任务与分工不同。

路桥建设再生产的管理方式是：路桥小修、保养由养护部门自行安排和管理；路桥大、中修工程由养护部门提出计划报上级主管部门批准后，自行管理和安排；对于新建、改建、扩建、重建的路桥工程，一般由地方（省、市）政府主管部门下达任务，对其中列入基本建设投资、必须纳入全国统一基本建设计划的路桥工程，一切基本建设活动必须按照国家的规定和要求进行管理，一切基本建设资金活动必须通过国家发展和改革委员会的批准与监督。

（二）路桥建设的特点

路桥工程施工的特点是由路桥建筑产品的特点决定的。路桥工程是呈线性分布的一种人工构造物，是通过勘察、设计和施工，消耗大量的人工、材料和机械而完成的建筑产品。路桥建筑产品具有形体庞大、复杂多样、整体难分、不能移动等特点，路桥施工具有流动性、单体性、生产周期长、易受气候影响和外界干扰等特点。因此，路桥工程的施工不同于一般工业生产和其他土建工程的施工。

1.路桥建筑产品的特点

（1）产品的固定性

路桥工程的构造物固定于某一地带不能移动，只能在建造的地方直接生产，完工后供长期使用。

（2）产品的多样性

由于路桥的具体使用目的、技术等级、技术标准、自然条件以及功能不同，其组成、结构千差万别、复杂多样。

（3）产品形体庞大性

路桥工程是线形构造物，其组成部分的几何形体庞大，不仅占用较多土地，而且占据较大空间。

（4）产品部分结构的易损性

路桥工程构造物受行车作用及自然因素的影响，其暴露于大自然中的部分以及直接受行车作用的部分会产生物理、化学变化，在疲劳、耐久、老化等方面受损表现突出。

2.路桥施工的技术经济特点

由于路桥建筑产品具有上述特性，因此路桥具有以下技术经济特点。

（1）施工流动性大

路桥建设线长、点多，工程数量的分布也不均匀，其构造物在建造过程中和建成后都是固定于一定的地点不能移动的。由于其产品的固定性和严格的施工顺序、路桥工程的施工流动性很大，要求各类工作人员和各种机械围绕这一固定产品在同一工作面的不同时间或同一时间的不同工作面上进行施工活动。工程所需的人工、材料、机械设备必须合理调配。当某一路桥工程竣工后，还要解决施工队伍向新的施工现场转移的问题。

路桥施工的流动性会给施工企业的生产管理带来很大影响，如施工基地的建立、施工现场管理、施工人员的召集与遣散、施工组织形式、施工运输的经济合理等问题。

（2）施工协作性高

路桥工程因技术等级及所处的环境不同，每项工程又具有不同的要求、不同的施工条件，使得其组成结构千差万别、施工环节多、工序复杂，甚至要个别设计、个别施工。特别是现代高等级公路不仅涉及电力、电信工程，还包含市政及环保工程。路桥工程的施工自始至终都要求建设、设计、施工、材料、动力、运输等各个部门必须通力协作、密切配合，有条不紊地把各工序组织起来，使施工的连续性免遭破坏。因此，施工过程中的综合协调和调度、严密的计划和科学管理就显得特别重要。

（3）施工周期长

路桥工程主要包括路基、路面、桥梁、涵洞、隧道等工程。其产品形体特别庞大，产品固定而又具有不可分割性，加之工作面狭长，使得产品的施工周期长，会在较长时间内占用和耗费大量人力、物力和财力，直到整个施工周期完结才能出产品。在满足工程质量及技术标准的条件下，即使借助现代化的施工机械，一条百余千米的高速公路也需要三年左右的工期。由于施工期内会经历一年四季气候的变化，所以需要针对不同的气候、季节采取不同的措施进行施工管理，以保证工程质量与进度。

在施工过程中要统筹安排，遵守施工程序，科学合理地组织施工。各阶段、各环节必须有条不紊地组织起来，在时间上不间断，在空间上不脱节。如果施工的连续性遭到破坏，则必然会拖延工期，大量占用资金，造成人力、物力、财力的浪费。

（4）受外界干扰及自然因素影响大

路桥施工穿越乡村与城镇，与当地政府及居民的利益紧密相关，现场的一切施工活动直接影响当地居民的生活与生产，因此协调地方关系就成为现场管理不可或缺的工作。另外，路桥工程是裸露于自然界中的构造物，除承受行车荷载的作用外，还要受各种自然因素的影响，如气候冷暖、地势高低、洪水、雨雪等。设计变更、地质情况、物资供应条件、环境因素等对工程进度、工程质量、成本等都有很大影响，且由于路桥部分结构的易损性，需不断进行维修养护才能维持其正常使用。路桥建设的上述特点，决定了路桥施工活动的特有规律。研究和遵循这些规律，对科学组织与管理路桥工程施工、提高路桥建设的经济效益具有重要意义。

二、路桥工程的基本建设程序

（一）基本建设的内容和项目组成

基本建设是指固定资产的建筑、添置和安装，是国民经济各部门为了扩大再生产而进行的增加固定资产的建设工作。具体来讲，就是把一定的建筑材料、设备等通过购置、建造和安装等活动转化为固定资产的过程，如工厂、矿山、公路、铁路、港口、学校、医院等工程的建设，以及机具、车辆、各种设备等的添置和安装。路桥工程基本建设是指通过勘察、设计和施工以及有关的经济活动，将一定的建筑材料按照设计要求与技术标准使用机械设备建造成路桥构造物的过程。

基本建设项目按性质可划分为新建项目、扩建项目、改建项目和重建项目，其中新建和改建是最主要的项目形式；按建设规模可划分为大、中、小型，国家对建设项目的大、中、小型划分标准有明确的规定；按投资建设的用途，基本建设项目可划分为生产性项目和非生产性项目。

1.基本建设的内容

路桥基本建设活动应包括以下内容。

（1）建筑和设备安装工程

建筑安装工程主要是路基、路面、桥梁、隧道、防护工程及沿线设施等。

设备安装工程如高速公路、大型桥梁所需的各种机械、设备、仪器的安装、测试等。

（2）设备、工具、器具的购置

为满足路桥的营运、管理及养护的需要，必须购置相关的设备、工具和器具，如通信、照明、养护设备等。

（3）其他基本建设工作

其他基本建设工作主要有勘察、设计及与之相关的调查和技术研究工作，如征用土地、青苗补偿和安置补助工作等。

2.基本建设项目的组成

路桥工程构造物是一个不可分割的整体，但就其实物形态来说是由许多部分组成的。为了加强对基本建设项目的管理，在设计和施工中，为了便于编制基本建设项目的施工组织设计文件和概（预）算文件，便于工程招投标工作和施工管理工作的开展，必须对每项基本建设工程进行项目分解。基本建设项目可依次划分为基本建设项目、单项工程、单位工程、分部工程和分项工程。

（二）基本建设程序

将整个基本建设项目实施过程中各项工作进程的先后顺序称为基本建设程序。这个程序是由基本建设进程的客观规律（包括自然规律和经济规律）和政府管理体制决定的。基本建设涉及面广，受到地质、气候、水文等自然条件和资源供应、技术水平等物质技术条件的严格制约，需要内外各个环节的密切配合，并且要求按照符合既定需要和有科学依据的总体设计进行建设。

路桥基本建设程序如下：根据国民经济长远规划及布局所确定的公路网规划进行预可行性研究，编写项目建议书；根据批准的项目建议书进行工程可行性研究，编制可行性研究报告；根据批准的可行性研究报告编制初步设计文件；根据批准的初步设计文件编制施工图设计文件；根据批准的施工图设计文件编制项目招标文件；根据批准的项目招标文件及资格预审结果和公路建设计划组织项目招投标；根据国家的有关规定进行征地拆迁等施工前准备工作，编制项目开工报告；根据批准的项目开工报告组织项目实施；项目完工后，编制施工图表和项目结算，办理项目验收；竣工验收合格后，组织项目后评价。

路桥基本建设程序必须循序渐进，不完成上一环节，就不能进入下一阶段。例如：没有可行性研究报告，就不能盲目设计；没有设计，就不能施工；工程不经竣工验收合格，就不能交付使用；等等，否则就会造成不必要的经济损失和不良后果。

1.项目建议书

根据发展国民经济的长远规划和公路网建设规划，由地方政府和公路部门通过踏勘和调查研究，提出项目的建设规模、技术标准，并进行简要的经济效益分析，编制项目建议书。项目建议书的内容主要有项目的建设规模、技术标准、资源配置、建设条件投资估算及资金筹措等。项目建议书是进行各项准备工作的依据。它对建设项目做出包括目标、要求、原料、资金来源等文字设想说明，作为进行下一步可行性研究的依据。项目建议书也是国家选择建设项目和有计划地进行可行性研究的依据。

2.可行性研究

可行性研究按其工作深度，分为预可行性研究和工程可行性研究。预可行性研究报告应以国民经济与社会发展规划、路网规划和公路建设五年计划为依据，重点阐明建设项目的必要性。预可行性研究通过踏勘和调查研究，提出建设项目的规模、技术标准，进行简要的经济效益分析，经审批后作为编制工程可行性研究报告的依据。工程可行性研究报告的编制，应以批准的预可行性研究报告和项目建议书（或省、自治区、直辖市及计划单列市级单位的委托书）为依据，通过必要的测量（高等级公路必须做）、地质勘探（大桥、隧道及不良地质地段等必须做），在认真调查研究、搜集必要资料的基础上，对不同的建设方案从经济上、技术上进行综合论证，提出推荐性建设方案，经审批后可作为测量以及编制初步设计文件的依据。工程可行性研究的投资估算与初步设计概算之差应控制在10%以内。

路桥建设项目可行性研究报告的主要内容包括：建设项目的依据、历史背景；建设地区综合运输网的交通运输现状和建设项目在交通运输网中的地位及作用；原有路桥的技术状况及适应程度；论述建设项目所在地区的经济特征，研究建设项目与经济发展的内在联系，预测交通量、运输量的发展水平；说明建设项目所在地区的地理位置、地形、地质、地震、气候、水文等自然特征；筑路材料来源及运输条件；论证不同建设方案的路线起讫点和主要控制点、建设规模、标准，提出推荐意见；评价建设项目对环境的影响；测算主要工程数量、征地拆迁数量，估算投资，提出资金筹措方式；提出勘测、设计、施工计划安排；确定运输成本及有关经济参数，进行经济评价、敏感性分析。收费公路、桥梁、隧道还需做财务分析、评价推荐方案，提出其存在的问题和有关建议。

3.设计文件

可行性研究报告一经批准，建设项目即立项。设计单位应根据可行性研究报告的要求编制设计文件。设计文件是安排建设项目、控制投资、编制招标文件、组织施工和竣工验收的重要依据。设计文件必须精心设计，严格贯彻国家有关方针政策，严格执行基本建设程序的规定。路桥工程基本建设项目根据工程结构的复杂性和难易程度，一般采用分阶段设计。

（1）一阶段设计

对于技术简单、施工方案明确、修建任务紧急的小型工程建设项目，可采用一阶段设计，即一阶段施工图设计。一阶段施工图设计应根据批准的可行性研究报告和定测资料，拟定修建原则，确定设计方案和工程数量，提出文字说明、图表资料以及施工组织计划，编制施工图预算，以满足审批的要求，适应施工的需要。

（2）两阶段设计

一般的路桥工程应采用两阶段设计，即初步设计和施工图设计。初步设计应根据批准的可行性研究报告的要求和初测资料，拟定修建原则，制定设计方案，计算主要工程数量，提出施工方案的意见，编制设计概算，提供文字说明及图表资料。施工图设计是在批准的初步设计文件的基础上，对项目的设计方案、技术措施等做进一步的补充测定，使设计更具体和深化，并最终确定工程数量、编制施工组织计划和施工图预算文件。

（3）三阶段设计

技术复杂而又缺乏经验的建设项目或建设项目中的个别路段、特殊大桥、互通式立体交叉、隧道等，必要时采用三阶段设计，即初步设计、技术设计和施工图设计。初步设计是根据批准的可行性研究报告，拟定修建原则，制定设计方案，计算主要工程数量，编制初步设计文件和工程概算。

技术设计是根据批准的初步设计，对重大、复杂的技术问题做进一步的勘探和论证，解决初步设计中尚未解决的问题，落实技术方案，计算工程数量，提出修正的施工方案，编制修正概算。施工图设计是根据批准的技术设计文件对建设项目做更深入细致的设计，因此施工图设计是最全面、最详尽的设计，也是工程项目的最终设计。

设计文件必须由具有相应资质等级的公路勘察设计单位编制。当一个项目由两个或两个以上单位设计时，主管单位或委托单位应指定一个设计单位协调统一设计文件的编制，编写总说明和汇编总概（预）算。设计单位应对设计质量负责，并按规定不得任意更改。

4.招标投标，进行施工准备

基本建设年度计划报经批准并下达到工程管理单位后，工程管理单位就要根据已有资料和进一步调查了解到的人力、物力、技术和自然条件等更具体的情况，对各建设项目在该年度内要完成的规模、工程量、工作量等做出具体的计划和安排，并通过招投标或其他方式落实施工单位。为了保证施工的顺利进行，在施工准备阶段，建设单位、设计单位、施工单位应分别做好各自的准备工作。

建设主管部门应根据计划要求的建设进度，指定一个企业或事业单位组织基建管理机构办理登记及拆迁，做好施工沿线有关单位和部门的协调工作，抓紧配套工程项目的落实，组织分工范围内的技术资料、材料、设备的供应。

勘测设计单位应按照技术资料供应协议，按时提供各种图纸资料，做好施工图纸的会审及移交工作。施工单位应组织机具、人员进场，进行施工测量，修筑便道及生产、生活等临时设施，组织材料、物资的采购、加工、运输、供应、储备，做好施工图纸的接收工作，熟悉图纸的要求，编制实施性施工组织设计和施工预算，编制开工报告，按投资隶属关系报请交通运输部或省（市）、自治区基建主管部门核准。中国建设银行应会同建设、设计、施工单位做好图纸的会审工作，严格按计划要求进行财政拨款或贷款。

5.组织施工

施工单位要遵照施工程序合理组织施工，在施工过程中应严格遵照设计要求和施工规范，确保工程质量，进行安全施工。施工单位应积极推广应用新工艺、新技术，努力缩短工期、降低造价。对于地下工程和隐蔽工程，应在验收合格后再进行下一道工序，同时应注意做好施工原始记录，建立施工技术档案。

为了加强施工管理，按中华人民共和国住房和城乡建设部的规定，项目施工应实行建设监理制度，即建设管理单位应委托具有相应资质的监理单位，对基建项目的施工质量、进度、费用等进行全方位的监控，以确保工程质量。

6.竣工验收，交付使用

建设项目的竣工验收是基本建设全过程的最后一个程序，也是一项十分严肃和细致的工作。施工单位应首先做好竣工验收工作，发现有不符合设计要求和验收标准之处要及时修改，同时整理好各种原始记录，并分类整理成册，然后编制竣工说明书、竣工图表和竣工决算。

竣工验收包括对工程质量、数量、期限、建设规模、技术标准、使用条件进行审查，对建设单位和施工企业编报的固定资产移交清单、隐蔽工程验收单和竣工决算等进行细致检查。特别是竣工决算，它是反映整个基本建设工作所消耗的全部国家建设资金的综合性文件，也是通过货币指标对全部基本建设工作的全面总结。

全部基本建设工程经过验收合格后，应立即移交给生产部门正式使用，迅速办理固定资产交付使用的转账手续，加强对固定资产的管理。竣工决算上报财政及审计部门批准核销。在验收时，对于遗留问题，由验收委员会（或小组）确定具体的处理办法，报主管部门批准，交有关单位执行。进入投资回收期后，需要进行养护工程施工管理及收费管理工作。养护和大、中修工程，即固定资产的更新与技术改造，原则上也应参照基本建设程序，按交通运输部的有关规定执行。

第二节　路桥建设工程质量监管系统

路桥建设工程质量监管系统的一个最重要的特征就是将设计的重点放在质量监督管理层面上，实现质量监管部门对路桥建设工程质量监管进行实时、全面监督管理等操作。因此，随着路桥建设工程规模越来越庞大，监督管理部门必须充分利用计算机技术、GPRS技术和射频技术等当前比较先进的高科技技术，确保路桥工程能够保质保量完成。路桥建设工程质量监管系统将工程质量监管由以前的有专门监管部门的工作人员操作处理转为由信息化控制的联网智能系统，实现高效快捷并行处理，还可以使各地的工程质量监管部门共享数据资源。

21世纪路桥建设工程质量监管的发展趋势必将是管理体制的集约化，管理设施的现代化，管理手段的网络化、信息化、智能化，管理效率的高效化，管理方式的社会化。因此，中国的路桥建设工程质量监管系统的发展必将更上一层楼，得到更大的发展。路桥建设工程质量监管系统是集施工监管模块功能、质量主管核准模块功能、数据管理模块功能、基础资料管理模块功能和系统管理模块功能等于一体的综合性集成性路桥建设工程质量监管系统，是一种以路桥建设工程质量监管为主线，严格按照工程监管部门的相关政策法规对路桥建设工程做出相关监督管理的系统。

一、系统需求分析

（一）系统总体需求分析

路桥建设工程质量监管系统是集施工监管、质量主管核准、数据管理、基础资料管理和系统管理等于一体的综合性集成性数据管理系统，是一种以数据库数据处理为主，严格按照路桥建设工程质量监管工作的流程，以各种相关信息帮助路桥建设工程顺利完工的一个高效系统。

根据路桥建设工程质量监管部门人员的具体需求，结合系统的实际特点，可将路桥建设工程质量监管系统分为五大模块：施工监管模块、质量主管核准模块、数据管理模块、基础资料管理模块和系统管理模块。其中，施工监管模块功能包含材料管理、工序管理、分部分项管理和生产排产管理四个子功能；质量主管核准模块功能包括工序核准、材料核准、分项核准和人员核准四个子功能；数据管理模块功能包含数据采集、数据共享和报表管理三个子功能；基础资料管理模块功能包含机械管理、人员管理、客户管理和管理体系四个子功能；系统管理模块功能包含权限管理、用户管理和密码管理三个子功能。

（二）功能需求分析

路桥建设工程质量监管系统主要有施工监管、质量主管核准、数据管理、基础资料管理和系统管理五个功能，具体需求分析如下。

1.施工监管功能分析

路桥建设工程质量监管系统的施工监管模块功能包含材料管理、工序管理、分部分项管理和生产排产管理四个子功能。

施工监管是路桥建设工程质量监管系统最重要和最基本的功能，本系统的主要目标就是实时对路桥建设工程质量监管进行监控，以确保工程能够保质保量顺利完成，因而本功能是相当重要且必不可少的。路桥建设工程质量监管部门的工作人员首先判别出是施工监管的哪一部分，然后再根据具体情况进行进一步的监管核查。

（1）材料管理

关于路桥工程建设所需材料的监管，则按照采购说明查看所买材料是否符合要求，所买材料是否正规：是否质量有保证，材料供应商是否合法经营，是否有售后服务以及所购材料是否够用等问题。

（2）工序管理

关于路桥工程建设的施工工序的监管，应根据该工程起初拟定的计划书详细地查看每一步的完成情况以及完成得是否合格。

（3）分部分项管理

关于路桥工程建设的分部分项管理，是对该路桥工程的整体工程所分各部门以及其所下分的项目的执行完成情况，一定要严把关质量，不能在任何环节出现纰漏、疏忽。

（4）生产排产管理

关于路桥工程建设的生产排产管理，是指对于工程的生产以及排产环节进行严格的质量把关。

2.质量主管核准功能分析

路桥建设工程质量监管系统的质量主管核准模块功能包括工序核准、材料核准、分项核准和人员核准四个子功能。

质量主管核准功能是路桥建设工程质量监管系统必不可少的功能之一，质量主管核准就是对于任何一项相关的工作都要与最初拟定的工程方案进行核准。

在路桥建设工程质量监管系统中，最重要的就是核准问题。对于工序、材料、分项和人员实时进行核准查看，可以及时地针对路桥建设工程当前状况进行分析，实时做出相应合理的调整，以确保工程可以保质保量顺利完成，不会因为核准失误而产生工程延期问题，进而妨碍工程的整体进度。

3.数据管理功能分析

路桥建设工程质量监管系统的数据管理模块功能包含数据采集、数据共享和报表管理三个子功能。

数据管理功能是通过数据库的途径完成的；实时更新与录入，工程相关数据信息是对路桥建设工程质量监管系统的重要补充。

数据管理功能中的数据采集是对有关工程的一系列指标以及每一个阶段所进行的情况的数据信息进行实时记录；数据共享是将采集到的数据信息放入数据库中供其他类似的路桥建设工程质量监管部门共享，这样可以相互借鉴更多的经验，可以确保工程保质保量地完成；报表管理是对工程建设人员在工程实施的工程中每一阶段呈报上来的报表进行认真仔细核查，然后录入数据库保存，不仅可以从中找出当前工程的纰漏与不合格的部分，还可以作为以后工程出现问题时的查询依据。

4.基础资料管理功能分析

路桥建设工程质量监管系统的基础资料管理模块功能包含机械管理、人员管理、客户管理和管理体系四个子功能。

基础资料管理功能是路桥建设工程质量监管系统的核心，贯穿整个系统，对各个功能模块都起到了支持作用。通过对最基础的资料进行有效的管理才能使得整个系统有条不紊地顺利进行。

机械管理是对路桥建设工程中所用到的各种机械，如吊车、铲车、推土车、绳索等机械设备进行详细的记录，以确保整个工程完工之后机械没有损失。若有损坏，也可以有依据地估算损失。

人员管理是指对于参加该项路桥建设工程的所有员工进行详细的登记管理，以确保不会雇用非法员工、结算工资时出现差错或是因员工人数总是搞不清而延误工期。

客户管理是针对该项路桥建设工程进行详细的记录，以确保工程完工后可以与客户及时沟通，以使得工程更加满足客户的要求。

管理体系是对整个工程的各部分进行一个综合的管理，以确保整个系统有条不紊地运行。

5.系统管理功能分析

路桥建设工程质量监管系统的系统管理模块功能包含权限管理、用户管理和密码管理三个子功能。

系统管理功能是交通稽查征费管理系统的重要功能，它是整个系统的重心，路桥建设工程质量监管系统能够有条不紊地运行，该功能就是强大的后盾。

权限管理是指不同的用户对本系统有不同的访问权限。例如：路桥建设工程质量监管部门的工作人员可以进入系统并进行信息的录入、编辑等；普通的工程参与者只可以进入系统进行线管的查询操作。

用户管理是指对于不同的用户进行管理，如进行用户的增添、删除、修改或是信息更新等操作。

密码管理是指对于系统的登录密码以及某些权限用户的密码进行管理，及时发现密码漏洞，以免系统被非法分子登录而造成无法弥补的损失。

二、系统各模块的设计

（一）施工监管模块的设计

施工监管模块功能包含材料管理、工序管理、分部分项管理和生产排产管理四个子模块。

对施工监管的材料进行管理时，路桥建设工程质量监管部门的工作人员首先登录路桥建设工程质量监管系统，在系统的主界面上点击施工监管的材料管理，进入材料管理界面。若要在此界面进行材料的查看，输入所要查询的材料的名称或是编号查询即可；若是进行新到材料的添加，就可以点击增添；或是选择删除或是更新等操作。操作完毕后点击返回，则返回到上一界面。若还有需要修改的信息，则可点击编辑按钮再次进行信息的更改录入。若是直接点击关闭按钮，则直接退出本系统。

（二）质量主管核准模块的设计

质量主管核准模块功能包括工序核准、材料核准、分项核准和人员核准四个子模块。

进行人员核准时，路桥建设工程质量监管部门工作人员首先登录路桥建设工程质量监管系统，在系统的主界面上选择质量主管核准，然后选择人员核准，就进入人员核准的信息详情界面。在此界面内输入想要查询的员工的姓名或是编号就可以对员工的详细信息进行核查，或是对员工的其他信息进行核准。人员核准相关操作执行完毕后点击返回，则返回到上一界面。若还有需要核准的信息，则再次进行信息的核准。若是直接点击关闭按钮，则直接退出本系统。

（三）数据管理模块的设计

数据管理模块功能包含数据采集、数据共享和报表管理三个子模块。

进行报表管理时，路桥建设工程质量监管部门工作人员首先登录路桥建设工程质量监管系统，然后在系统主界面内选择数据管理模块，再点击报表管理，进入报表管理界面。在此界面内输入报表的编号，就可以查询想要查询的报表；还有增添、删除、修改和更新等操作，可以选择任意一项对报表进行管理。报表管理相关操作执行完毕后点击返回，则返回到上一界面。若还有需要管理的报表信息，则再次进行报表信息的管理。若是直接点击关闭按钮，则直接退出本系统。

（四）基础资料管理模块的设计

基础资料管理模块功能包含机械管理、人员管理、基础资料管理和管理体系四个子模块。

进行机械管理时，路桥建设工程质量监管部门人员首先登录路桥建设工程质量监管系统。在系统的主界面内选择基础资料管理模块，再点击机械管理按钮，进入机械管理界面。在此界面内选择机械的名称或是编号，机械的详情信息就会展示出来；再点击增添、删除、修改和更新等按钮，就可以对机械进行管理。机械管理的相关操作执行完毕后点击返回，则返回到上一界面。若还有需要管理的机械信息，则再次进行机械管理。若是没有需要执行的其他操作，则直接点击关闭按钮，退出本系统。

（五）系统管理模块的设计

系统管理模块功能包含权限管理、用户管理和密码管理三个子模块。

进行密码管理时，路桥建设工程质量监管部门工作人员首先登录路桥建设工程质量监管系统。在本系统的主界面内选择系统管理模块，再点击密码管理进入密码管理界面，根据具体需要再选择进行增加新密码或修改更换密码等操作。密码管理的相关操作执行完毕后点击返回，则返回到上一界面。若还要进行密码管理，则再次进行密码管理。若是没有需要执行的其他操作，则直接点击关闭按钮，退出本系统。

第二章 公路路基工程施工监理

第一节 监理组筹备

一、施工监理人员的基本素质

公路工程项目的监理咨询通常由业主委托给专门的监理咨询服务部门实施。为了确保施工监理的顺利进行，监理咨询部门应该根据具体的工程情况，着手筹划建立一个高效的施工监理执行机构。这个机构应该以科学、严密、合理、精干为原则，并且分工明确、责任清楚。在选择参与监理机构的人员时，对其素质有以下几点要求：

（1）施工监理人员需要具备专业理论知识和一定的实际经验，还必须充分掌握合同法规。只有这样，他们才能准确理解和执行合同条款，确保工程质量和合同的有效履行。

（2）仅仅拥有技术熟练并不足以证明施工监理人员合格，他们还必须具备高度的职业道德、实事求是的工作态度，以及廉洁奉公、冷静果断、公正无私的品质。这些品质在处理工程纠纷和保护各方权益方面至关重要。

（3）监理工程师必须在获得工程师、经济师职称的基础上，具备至少5年的设计、施工或项目管理实践经验。而且，他们还需要参加由省级及以上交通部门组织的监理工程师培训，成功结业并进行注册。这样能够确保监理工程师在专业知识和实践经验方面具备扎实的基础。

（4）监理工程师还必须取得主管机关颁发的监理工程师资格证书。这是对他们监理资格的正式认证，证明他们具备从事监理工作的能力和专业实践经验。

综上所述，公路工程项目的监理咨询需要建立一个科学严密的施工监理执行机构，并对参与监理机构的人员进行严格的选拔和评估。只有拥有全面的专业素质和学术能力的工程师才能胜任监理工作，推动公路工程项目的顺利实施和优质完成。

二、监理机构人员的划分

在公路工程施工监理中，根据工程的类别、规模、技术标准和复杂程度的不同，应进行适当的配备和划分。一般而言，监理工程师可按照以下方式进行分工：总监理工程师（总监）、总监理工程师代表、高级驻地监理工程师、驻地监理工程师和专业监理工程师。此外，还需要测量、试验人员以及现场旁站人员，统称为监理员，并且还需要必要的内业、文档及行政事务人员等。

在这些人员中，总监、总监代表和高级驻地监理工程师必须具备本专业高级技术职务的任职资格，并且需要获得交通运输部颁发的《监理工程师资格证书》。而驻地监理工程师和专业监理工程师则必须具备本专业中级以上技术职称的任职资格，并获得交通运输部或省交通厅颁发的《监理工程师资格证书》或《专业监理工程师资格证书》。此外，监理员也扮演着重要的角色，他们需要具备初级以上技术职务的任职资格，并获得省交通厅颁发的《监理员资格证书》。

三、监理机构组织模式

在工程监理实践中，已经形成了多种监理组织模式，包括直线型模式、职能型模式、直线—职能型模式和矩阵型模式等。

（一）直线型监理组织模式

直线型监理组织模式的特点是项目监理机构中没有设置专业职能部门，下级部门只接受上级的指令。各级主管部门对所属部门的问题负责。直线型监理组织模式结构简单、权力集中、决策迅速、指挥灵活，但缺乏专业分工，横向沟通困难。这种组织模式适用于技术简单、专业分工不太复杂的中小型项目。

（二）职能型监理组织模式

职能型监理组织模式可以充分发挥监理机构内各专业职能部门的作用。但在设置时，必须注意各专业部门的职责和权限划分，以避免职能部门之间出现责任不清、协调困难、决策过程复杂等问题。这种组织模式适用于工作内容较多、技术专业化程度高、管理分工细致的企业组织。

（三）直线—职能型监理组织模式

直线—职能型监理组织模式在充分发挥监理机构内各专业职能部门作用的同时，也能够发挥上级机构的领导和协调作用。我国世界银行贷款公路项目的监理组织普遍采用这种组织模式。

（四）矩阵型监理组织模式

矩阵型监理组织模式适用于监理单位承担大型项目或同时承担多个项目的情况，这些项目对专业技术和管理人才的需求量大，但单位人才资源有限。同时，复杂的项目要求各部门、各专业之间密切合作。矩阵型监理组织模式能够充分适应在时间、空间和工序上监理人才资源投入不均衡的特点，优化人力资源配置，实施动态控制，以确保或协调不同阶段的监理工作需求。

通过选择合适的监理组织模式，可以更好地实施工程监理工作，提高施工质量，确保项目的顺利进行和成功完成。需要根据不同的项目类型和特点采用适宜的组织模式，以获得最佳的监理效果和效益。

四、施工监理设施的配备

公路工程项目具有独特的特点，通常需要数百万元甚至上亿元的投资，并且公路路程可达几十公里甚至几百公里。由于监理工作任务内容繁多、程序复杂，因此在合同执行过程中，监理工程师必须配备完备的监控手段和优良的试验、测量设备。以下将讨论施工监理应配备的设施和设备。

（一）中心试验室设备

工程质量的优劣离不开试验的评估，为了实现质量监控的效果，必须依靠可靠的试验设备、严格的试验操作和符合规范要求的试验成果。因此，施工监理人员控制质量的关键在于把握好质量。正因如此，配备齐全、准确的试验设备的中心试验室至关重要。可以根据施工要求和合同规定，按需合理配置设备。

（二）测量仪器和设备

为了确保公路路线的平均指标、大中桥梁、涵洞、路基、路面等工程的几何尺寸符合标准，必须进行测量检查。因此，配备各种测量仪器和设备是质量控制过程中不可或缺的手段。

（三）交通工具

为了有效地开展监理工作，在每个工作现场都应配备监理人员，随时对工程进行检查、处理质量事故、解决索赔和工程变更等问题。此外，监理人员还需要及时到达现场进行调查和做出决策。因此，根据工程难易程度和监理人员密度，需要配置一定数量的交通工具，确保监理工作不受交通工具的限制。一般而言，配备越野型吉普车较为适宜。

（四）通信设备

工程监理按照专业划分，各有其职责范围，但监理工作并不是独立分散的，而是相互协作的有机整体。监理人员需要随时交流信息，协调工作。此外，现场可能随时出现某一环节的质量缺陷，监理人员之间、监理人员和承包商之间必须进行联系和沟通。因此，根据现场具体情况，配备一定数量的通信设备（如电台、对讲机、车载电话、手机等）是必要的。

（五）摄像器材

施工现场、施工过程、施工技术以及完成前的隐蔽工程和基础情况都需要一定数量的工程照片或录像作为原始记录保存。因此，根据项目情况，配置适当的摄像、录像设备是必要的。

（六）其他办公设施

为了确保监理工程师能够正常开展工作，必须提供较好的工作条件，如办公室、生活住房以及必需的办公设备和设施（如计算机、复印机、打印机等）。

通过配备以上设施和设备，可以为监理工作提供良好的条件，确保对施工质量的监控。这些配备不仅可以提高监理工作的效率和准确性，也为监理人员提供了必要的支持和保障，有助于提升整体工程质量。

第二节　路基施工监理工作的基本内容

路基是公路工程至关重要的组成部分，承担着道路的主体功能，并与路面一起承受车辆荷载。路基工程施工质量的好坏直接影响道路的使用质量。因此，公路路基工程的质量需要满足以下要求：一是具备足够的强度；二是具备足够的水稳定性；三是具备足够的抗冻性。承包施工单位进场并正式领取开工通知书之前，被视为路基施工准备阶段。在这个阶段，监理工程师的工作重点是检查施工单位的开工准备工作，包括以下几方面。

一、审查承包人的自检系统

监理工程师需要审查承包单位的质量自检人员数量与资质。同时，需要核实工地试验室设备的规格、品种和数量是否与投标文件中的要求相符，并确保试验设备已通过相关计量部门的审定和认证。

二、进场材料的抽查与审批

（一）进场前材料的检查

在承包单位进场前，监理工程师需要审查当地或外购材料的名称、规格、数量、产地（厂名、厂址）、出厂合格证以及所使用的工程部位等。此外，监理工程师还应决定是否派员考察厂方施工生产工艺和质量控制情况。对于自采材料，承包人需要提供详尽的信息，包括材料名称、规格、设厂地点、拟采数量、估计蕴藏量、拟采用的加工工艺、机具数量和型号，以及准备情况等，供监理工程师审批。

（二）进场材料质量控制

（1）监理工程师应按照合同和规范要求，对承包人所进场材料的试验工作进行检查，并审批试验报告，还须安排监理试验室进行验收试验。

（2）监理试验室验收试验的项目和频率，以及在合同规范中没有明确规定某些材料检验标准的情况下，应当由总监代表与试验工程师共同研究确定，并报请总监理工程师审查批准后，通知监理方和承包人共同执行。

（3）任何经过检验不合格的材料都不得用于工程。对于使用不合格材料或未经授权使用的材料，将不支付费用，并由承包人自行拆除。

（4）进场材料质量检查结果应作为有关工程审批开工报告的依据之一。

（三）进场材料的储存

（1）应按合同和规范要求进行材料的搬运和储存，特别要注意水泥的防潮和钢筋的防锈。

（2）沙石料应分类堆放，并采取适当的地基处理以防止混杂和污染，各类材料应设立标签。

（3）成品构件的运输和堆放应满足规范中规定的受力要求，避免产生不合理的附加应力，以免导致构件出现变形、受损和开裂等问题。

三、施工机械设备的检查

对于施工机械设备的检查，主要由监理工程师负责，具体工作包括两个方面：一方面，监理工程师应要求承包人详细填写施工机械进场检验单，并对已进场的机械设备的数量、型号、规格、生产能力、完好率等进行认真检查和记录；另一方面，在发现承包人进场的机械设备与投标书附表不一致时，监理工程师应查明原因，特别关注承包人直接用于网格计划中关键线路工程上的机械的生产能力、效率、性能、配套使用及周转情况，并以满足施工需要为准。

四、施工测量复核与施工放样

（1）通常情况下，业主会安排勘察设计单位向承包人和监理工程师提供桩位信息。如果重要的桩位丢失，承包人应要求勘察设计单位进行补测。

（2）在路基开工前，承包人应进行测量复核工作，并将结果报告给监理工程师。这些测量结果将作为批复承包人申请开工报告中测量工作准备情况的依据。复核工作的内容包括导线复测、中线复测、水准点复测和加密等。

（3）承包人应根据恢复地路线中的桩位，确定路基用地的界桩、路堤坡脚、路堑坡顶、边沟、取土坑、护坡道、弃土堆等具体位置。

（4）承包人应将施工放样后的填土、挖土工程量的复核计算结果报告给监理工程师进行审核。

五、试验审核

施工单位应在进行路基施工前，按照相关规定和要求，建立试验室，并及时对不同来源、不同性质的拟用作路堤填料的材料进行复查和取样试验。土地试验项目包括天然含水量、液限、塑限、标准击实试验、CBR试验等。在必要的情况下，还应进行颗粒分析、相对密度、有机质含量、易溶盐含量、冻融和膨胀量等试验。当使用特殊材料作为填料时，应按照相应标准进行相应试验。在必要的情况下，还应进行环境影响评价，并经批准后方可使用。

路基填料应符合以下规定：

（1）宜选用级配良好的砾类土、沙类土等粗粒土作为填料。

（2）严禁使用含有草皮、生活垃圾、树根、腐殖质的土作为填料。

（3）泥炭土、淤泥、冻土、强膨胀土、有机质土以及易溶盐超过允许含量的土等，不得直接用于填筑路基。如确有必要使用时，应采取相应的技术措施进行处理，并在经过检验满足要求后方可使用。

（4）粉质土不适宜直接用于填筑二级及以上公路的路床，也不得直接用于填筑冰冻地区的路床及浸水部分的路堤。

六、地表处理

（1）地基表层的碾轧处理压实度控制标准根据公路等级而定。对于二级及以上公路的一般土质，要求压实度不低于90%；对于三、四级公路，要求压实度不低于85%。对于低路堤，需要对地基表层土进行超挖、分层回填和压实处理，处理深度应不小于路床厚度。

（2）在清除地面的坑洞、洞穴等积聚物后，应使用合格填料进行分层回填和分层压实，压实度应符合前述第一条的规定。若存在可能的空洞隐患，应根据具体情况采取相应的处置措施。

（3）对于泉眼或露头地下水，应根据设计要求采取有效的引排措施，将地下水引离后才可进行路堤填筑。

（4）当地基为耕地、松散土质、水稻田、湖塘、软土或过湿土等情况时，应按照设计要求进行处理。对于局部软化的部分，应采取有效的处理措施。

（5）陡坡地段、填挖接合部、土石混合地段和高填方地段的地基等应按照设计要求进行处理。

（6）当地下水位较高时，应按照设计要求进行处理。

（7）对于特殊地段的路基，需要核对地勘资料，确保设计资料与实际情况的符合性以及处理方法的适用性。必要时，应重新补充地质和水文资料，并根据结果重新确定处理方案。

七、试验路段

（一）试验路段施工

当出现以下情况时，我们应进行试验路段施工。

（1）二级及二级以上公路路堤；

（2）填石路堤、土石路堤；

（3）特殊填料路堤；

（4）特殊路基；

（5）拟采用新技术、新工艺、新材料的路基。

注：特殊填料是指具有与一般土质不同工程特性的填料，如煤矸石、泡沫轻质土等。

（二）试验路段的选择

在进行道路工程试验时，应选择在具有代表性的地段进行试验路段的设置，考虑地质条件、断面形式等工程特点。试验路段的长度应适当，一般不宜小于200米。在选择试验路段时，需要综合考虑以下因素：

1.地质条件

选择具有不同地质特征的地段进行试验，以代表不同地质情况下的道路工程。

2.断面形式

不同的道路断面形式，如平直路段、曲线路段、上下坡路段等，应在试验路段中充分考虑，以评估在不同路况下的工程性能。

3.地形和地貌

选取地形和地貌特点不同的地段，如山区、平原、丘陵、河谷等，以考察不同地形对道路工程的影响。

4.路段长度

试验路段的长度应足够代表整个工程范围，以获取全面的试验数据和准确的结论。

5.设计要求

根据设计要求和规范，选择符合要求的路段进行试验，以验证设计参数和施工方法的有效性。

6.监测设施

应确保在试验路段上设置必要的监测设施，如应力计、变位计、温度计等，以全面了解路基和路面的变形和变化情况。

通过选择具有代表性的试验路段，可以准确评估道路工程在不同条件下的工程性能和稳定性，为合理设计和施工提供科学依据。

（三）路堤试验路段施工的主要内容

（1）填料试验、检测报告等。

（2）压实工艺主要参数：机械组合、压实机械规格、松铺厚度、辗轧遍数、辗轧速度、最佳含水率及辗轧时含水率允许偏差等。

（3）过程工艺控制方法。

（4）质量控制标准。

（5）施工组织方案及工艺的优化。

（6）原始记录、过程记录。

（7）对施工设计图的修改建议等。

（8）安全保证措施。

（9）环保措施。

注：试验路段施工总结报告内容可根据实际需要适当增减，但要全面、真实地反映试验情况，为后续施工提供依据。

八、开工申请的审批

在监理工程师对承包人的施工准备工作和开工条件进行仔细核查并确认其已充分满足合同规定的开工条件后，需立即签发路基开工通知单。

作为工程项目的监理工程师，我们的职责之一是确保承包人在开展施工工作之前的准备充分符合合同规定的开工条件。在履行这一责任过程中，我们需对承包人的施工准备工作进行全面评估，并对其所采取的措施和履行的义务进行仔细审查。

在核查过程中，我们应确保承包人的施工准备工作已经按照合同规定的标准完成，并满足相关的技术要求和安全规范。这包括但不限于道路基础的建设、相关设备的准备、材料的采购和质量控制等方面。我们要对这些工作进行全面的检查，并确保其符合相关的法规和标准。

一旦我们确认承包人的施工准备工作已经完备，并符合合同规定的开工条件，我们应当立即行动，签发路基开工通知单。该通知单应明确阐述开工日期、施工工作的范围和要求，并提醒承包人在施工过程中需遵守的相关规定和注意事项。

签发路基开工通知单，不仅代表我们已经批准承包人可以开始进行施工工作，更是对其施工准备工作的认可和承认。这有助于确保工程项目的顺利进行，并为后续的施工阶段奠定坚实的基础。

总之，作为监理工程师，在开工申请的审批过程中，我们应充分发挥专业技术和学术知识，对承包人的施工准备工作进行全面评估，并确认其已满足合同规定的开工条件。通过签发路基开工通知单，我们能够确保项目施工安全和质量，并推动工程项目的顺利进行。

第三节　路基施工准备阶段监理要点

在路基施工准备阶段（承包施工单位正式签发开工通知书之前），监理工程师扮演着重要的角色。他们的主要任务是根据合同要求对承包单位的准备工作进行检查，其中包括以下几个方面的内容。

一、审查承包人的施工机械设备

监理工程师需审查承包人所使用的施工机械设备。驻地监理工程师根据合同规定的工程进度计划，分期进行审查。审查工作应基于承包人提供的进场设备报验表，并按以下要求进行系统检查和记录：

（1）检查进场机械设备的数量、型号、规格、生产能力和完好率；

（2）核实进场机械设备是否符合投标书附表中所列要求；

（3）确定机械设备种类与施工技术要求的适应性；

（4）检查施工机械设备的进场与调配计划是否与工程进度计划相适应，尤其是关键线路在网格计划中的安排；

（5）对类型不合规范或数量不足的施工机械设备，要求承包人限期调整和补足进场；对审验不合格的施工机械设备，要求承包人限期撤离工地；承包人要求替代或更换的施工机械设备，必须事先获得监理工程师的同意；

（6）已经运入现场的施工机械设备，未经监理工程师同意不得擅自运出工地。

以上所提的审查要求，旨在确保承包人所使用的施工机械设备符合合同要求，并具备安全、高效的施工能力。监理工程师通过检查和记录，对施工机械设备的选用和使用进行专业评估，确保施工的顺利进行。

二、检查承包人的施工测量

（1）在合同签订后规定的时间内，监理工程师应向承包人书面提供原始基点、基准线和基准高的方位和数据。承包人应根据监理工程师提供的数据进行测量工作，包括导线、中线和水准点的复测，横断面的检查与补测，以及增设水准点等内容。监理工程师应检查施工单位的测量精度是否符合交通部关于《公路路线勘测规程》的要求。

（2）施工单位必须认真执行设计资料，进行导线的精密复测。复测应采用红外线测距仪或其他满足精度要求的仪器，并确保与相邻施工段的导线闭合。导线的起讫点应与设计单位测定的结果对比，测量精度应满足设计要求。在设计未规定测量精度时，角度闭合差应满足16n（n为测站数），坐标相对闭合差限制在±1/1000mm。如果有导线点无法满足施工要求，应进行加密操作，以确保在道路施工过程中，相邻导线点能够相互通视。对于部分施工导线点，在施工前需进行固定，可采用交点法或其他固定方法。

（3）基准面的恢复线应当与中线主要控制桩相结合，并进行固定。对于高速公路和一级公路，应采用坐标法对中线主要控制桩进行恢复。在恢复中线时，应注意结构物中心和相邻施工段的中线闭合情况。如发现有问题，应及时调查原因并向现场监理工程师报告。

（4）校核检查承包人纵断面高程测量，要求每20m测量一个点，并确保数据闭合且记录完整无涂改。应整理并绘制复测后的纵断面图，并计算填挖高。

（5）校核检查承包人横断面测量，要求每20m测量一个横断面，对于地形变化特殊的地段，应加测若干断面。在记录和说明中要充分描述地貌特征，对土石方计算应进行列表，每20m一段，清楚区分填方和挖方。同时，要提供横断面图、土石方数量表和说明书等资料。

（6）校核检查承包人水准基点的测量，需重新对原设计的水准基点进行全面测量。如果不符合精度要求，应在书面报告中进行说明。水准点必须设置在永久建筑物上，并确保建筑物不易损坏、下沉或受自然环境侵蚀。两个承包单位水准点的衔接标高必须一致，并满足精度要求，即任何水准测量闭合差应达到±20L（mm）的精度（L为水准路线长度）。需列出水准点复测一览表，核实并标明水准点的位置、里程、建筑物特征和高程等信息。

三、审查承包人质量保证体系

由于各标段驻地监理工程师在施工项目中的重要性，对于承包人的质量保证体系进行审查是必要的。以下是该体系的审查要点及要求。

（一）承包人的质量责任人

为确保质量和自检工作的有效性，各标段驻地监理工程师应该批准承包人设立一名合格的工程师作为质量责任人。该负责人需要具备资格，并专职负责质量保证和自检工作。同时，要求该质量责任人进行现场的专门质量管理工作。

（二）承包人质量保证体系

承包人有必要建立完善的质量保证组织体系。各级专职自检人员的选拔应该根据其富有施工经验、具有专业技术职称、熟悉规范和图纸、工作作风优良等条件进行。这些自检人员将承担各项工程施工过程中的现场质量自检任务。各标段驻地监理工程师将负责监督实施工作。

（三）承包人自检职责及要求

1.自检开工条件

负责自检各个单项工程的开工条件，并提供相关技术资料。

2.现场质量自检

在各项工程施工中，对每道工序或工艺进行现场质量自检，确保施工过程中的材料、操作和产品质量符合要求，并得到旁站监理人员的认可。

3.质量缺陷处理

对施工过程中发现的质量缺陷及时采取措施予以清除，并及时记录工程质量事故或安全事故，报告监理工程师进行处理。

4.抽样检验与监督

按照合同规范要求的抽样率、时间和方法，及时通知工地试验室进行取样或现场试验，并监督检查工程现场试样的养护和管理。

5.工程位置和尺寸检测

及时检测各工程部位的位置、高程和几何尺寸，并提供相应的资料以获得旁站监理人员的认可。

6.工序完成自检

对每道工序或单项工程完成后进行自检和测定，并与监理工程师配合进行验收。

7.统计分析和档案建立

对各项工程质量进行统计和分析整理，建立翔实的质量档案，为监理工程师和交工验收提供翔实的施工资料。

（四）承包人试验室（工地试验室）

监理工程师承担监督、检查和批准承包人的工地试验室任务。其中包括确保工地试验室的建筑面积、试验设备和人员配备能够满足本工程各项试验的需求。

（五）承包人工地试验室功能及要求

1.开展标准试验和预先试验

进行各工程开工前的标准试验和预先试验，并将试验结果提交给监理工程师驻地试验室或检测中心进行复验和批准。

2.材料鉴定试验

承担进口材料和工程所需的当地材料的鉴定试验，并将试验结果提交给检测中心进行复查检验和批准。

3.统一协调和管理试验业务

对试验室的试验业务进行统一协调和管理。

4.试验结果统计和档案建立

对全部工程项目的各种试验结果进行数据统计和分析整理，建立全面的试验资料档案，为工程竣工提供翔实的试验资料。

5.施工参数提供和采集

配合施工，提供和采集控制施工质量所需的各种参数。

6.采样试验与检查试验

根据规范规定的抽样频率、时间和方法，进行施工过程中的抽样试验或单项工程完工后的检查试验，并向监理工程师提交试验结果。

（六）监理工程师对承包人的工地试验管理

驻地监理办应当组织试验工程师对承包人的工地试验室进行全面的监督和管理。同时，还负责向项目公司相关部门汇总和上报各标段试验室及人员技术水平情况。对于所有试验仪器，都必须事前进行标定，并按时进行鉴定。所有试验人员必须持有经过业务培训和考核的上岗证书，并严格执行试验和操作规程。对于试样采集和重要试验，一般应有监理人员在场旁站监督。

四、开工报告的审批

承包人在完成所有开工前的工程准备工作后，应在正式开工前的一个月内向监理工程师提交至少四份工程开工报告（包括标段开工报告和分项工程开工报告），具体报告份数由工程建设业主确定。工程开工报告应包括以下五个表格。

（一）施工组织设计报审表

在审查此表时，监理工程师应仔细审查承包人的施工组织设计，包括人员、财务、物料、设备和机械的安排是否合理，能否满足工程需求，以及各种图表是否真实可靠。

（二）施工技术方案报审表

在审查此表时，监理工程师应仔细审查承包人上报的施工技术方案。重点审查各分项工程中采用的工序和施工技术能否满足业主的工程要求。此外，还需审查承包人是否采用了新的施工工艺，该工艺是否有可靠的技术保证，以及在过去的工程中是否有成功的先例。这些内容都是审查的重点。

（三）施工放样报验单

这个表格需要由测量工程师在承包人提交之后进行一一核查。核查内容涵盖上报的各项数据是否在误差允许范围内，能否满足精度要求。测量工程师在进行核查时必须具备高度的责任心和较高的业务素质。

（四）进场材料、设备报验单

监理工程师需要对承包人进场所使用的所有材料进行检测和验证，并核查附件中由中心试验室提供的材料试验报告单的内容。此外，还需逐一核承包人上报的进场设备，包括数量和性能能否满足工程的需要，以及数据是否真实可靠。

（五）分项工程月进度计划

这个表格应包括各个分项工程的月进度计划。在审查时，监理工程师需要确保月进度计划的合理性，以及能否达到业主的要求。

五、试验段工程监理工作要点

在正常路基施工中，监理工程师应审查承包人提交的开工报告及开工准备情况，经审查无异议后即可签发开工令。然而，对于高速公路和一级公路，如果路基经过软土地区，存在特殊设计施工要求，采用新技术、新工艺或特殊建筑材料（如粉煤灰）时，根据承包人的施工水平，监理工程师应书面要求承包人进行路基施工试验。试验段的结果将为全线路基工程施工提供技术依据。

（一）试验段开工申请报告

承包人应在合同约定的期限内向监理工程师提交书面开工申请报告，详细列出试验段方案和准备工作情况，以满足合同、规范和监理程序的要求。

（二）试验段方案及准备

1.试验段的确定

在工程监理中，试验段的确定是一项非常重要的工作。试验段的确定需要综合考虑合同规范、工程特点和监理要求，以确保施工方案的有效性和可行性。以下是对试验段确定的详细说明。

（1）合同规范的考虑：监理工程师应结合合同的约定，明确每一种施工方案的起讫桩号。合同规范通常会指定路基施工的范围和要求，例如填方材料的规格、原地基处理方法、压实机械的选用等。针对不同的施工方案，起讫桩号的确定将有助于确保施工的连续性和一致性，同时，也方便后续施工工序的衔接。

（2）工程特点的考虑：在确定试验段时，需要充分考虑工程的特点。其中包括路基的地质条件、地形地貌、交通流量和设计要求等。例如，在地质条件复杂或地形起伏较大的区域，选择试验段时可能需要特别注意路基的承载能力和稳定性，以及对软土地区的特殊处理要求。此外，还需考虑路段的长度和断面形式对施工的影响。

（3）监理要求的考虑：监理要求是指监理工程师在工程监理中提出的具体要求和建议。监理工程师根据自己的专业知识和经验，可能对施工方案的范围、起讫桩号等进行进一步的调整和指导。监理要求可能基于对工程安全、质量和经济效益等方面的关注，以确保施工进展顺利，并满足设计和合同的要求。

2.制定试验段方案应从下列方面展开研究

（1）填方材料试验；

（2）原地基处理；

（3）压实机械的确定，辗轧层厚与压实工艺；

（4）其他特殊工艺要求的试验（如清淤换填等）；

（5）试验段位置，断面形式及长度；

（6）试验所用的材料和机具应当与将来全线施工的材料机械相同，一种工艺和方法宜采用几种不同方案，以比较选择最佳方案。

3.填方材料要求

（1）承包人应对填方路堤的材料（如挖方土、取土场土）和特殊路段的填筑材料（如灰土、粉煤灰），按合同、规范或监理程序规定的项目或频率提供土工试验报告，包括最大干容重、最佳含水量以及最佳含灰量等，监理试验室复核试验后，审查并通过承包人资料，批准用于试验段工程；

（2）根据土质强度（CBR）决定试行位置；

（3）清除土场或填方材料中有机土及植物残根；

（4）大颗粒土、石块应拣出，过筛或拒绝使用：

（5）清除杂物堆放及处理；

（6）填石路堤石料强度，土方路堤石料强度与最大强度要求。

4.原地面处理

（1）根据填筑路堤高度及表层植被情况，按合同、规范确定原地面表层土清除实施办法；

（2）监理试验室应该审核承包人提供的单位长度路段，如每100m原地面最大干容重测定资料，此资料用于测定原地面压实度；

（3）软土地段原地基处理方法不能满足工程要求的，要根据情况会同有关方面研究解决。

（三）批复试验段申请报告

在工程监理过程中，监理工程师需要对承包人提交的试验段开工申请报告进行审查和批复。以下是对批复试验段申请报告的详细说明。

1.现场考察与准备：监理工程师会对承包人进行试验段准备工作的现场考察。其中包括确认试验段所需的设备、材料和人力资源是否准备充分，以及检查试验段的方案和相关试验资料。监理工程师会仔细审查提交的试验段开工申请报告，确保其符合工程设计、合同规范和监理要求。

2.审查与批复：基于现场考察和对试验段申请报告的审查，监理工程师会评估试验段的准备情况和可行性。如果申请报告符合要求，监理工程师将做出批复，并下达试验段的开工令。批复的内容通常包括对试验段方案的确认、施工时间计划的批准以及承包人在试验段施工应遵守的要求等。

3.试验段开工令的下达：试验段开工令是监理工程师根据批复的结果，向承包人正式下达的开工通知。开工令的下达标志着试验段的正式开工，承包人可以按照批复的要求和计划来组织和实施试验段的施工工作。

（四）试验段施工监理方式

1.试验段的监理工作应由道路监理工程师负责；

2.试验工程师负责有关承包人现场土工试验报告的批复：

3.测量工程师负责施工放样工作检查和批复；

4.现场监理员旁站或检查施工、签发施工记录，但是原地面处理完毕，同意上土和路基验收两个工序必须由道路监理工程师检查、签批。

（五）试验段报告及批复

随着试验段的完工验收，承包人有责任提交试验段总结报告，该报告需经监理工程师批准后方可生效。批准后的试验段总结报告将成为指导全线路基填方施工的基本技术依据。此外，路基填方监理程序还应结合试验段总结报告进行相应的制定或修改。

在进行以上工作的核查过程中，道路结构工程师、试验工程师、测量工程师、驻地监理工程师以及高级驻地监理工程师等专业人员都将发挥重要的作用。他们将分别对试验段报告及批复进行意见的签署，并将这些意见上报给业主。

第四节　路基工程施工阶段监理要点

一、路基回填前压实的监理要点

（1）在路基施工范围内，应将带树根的表层土挖除。挖除的深度由现场监理工程师确定，并将不含树根的表土搬运至承包商提供的贮料堆，并获得监理工程师的同意。

（2）对于含有地表水、淤泥、杂草、垃圾和腐殖土的地基，需要进行排除和清理工作。特别是对于软土地基，要进行特殊处理。

（3）为了使路基土能够均匀压实，需要使用平地机或推土机将原地面推平。推平的平整度误差不能超过5cm。无论是旧路基平整还是新铺平地面，都需要进行辗轧，并达到规定的压实度。

（4）当原地面的横坡为1：5～1：2.5时，需要将原地面挖成台阶状，宽度不小于1m。如果原地面的横坡陡于1：2.5时，需要按照特殊路基设计进行处理。

（5）对于零填方路段，在土质较差的路段，应将地面挖除一层厚度为30cm的土壤进行换土填实，并通过辗轧达到95%的压实度。

（6）路基压实度指标需要逐层检测。其他检查项目在路基封顶时进行检查和评定。

二、碎石土路基施工监理要点

碎石土是公路路基施工中常见的填料，其料源广泛分布在各个山脉。碎石土具有压实后强度高、透水性好、易于施工等特点。

在施工过程中，监理的控制要求如下。

（一）填料

对于碎石土中所含的石料强度大于20MPa的情况，其石料的最大粒径不得超过压石层厚度的2/3，超过这个要求的需要清除。对于石料强度小于15MPa（软质岩）的情况，石料的最大粒径不得超过压石层厚度，超过这个要求的需要剔除。对于高速公路和一级公路的路床顶面以下30～50cm范围内，填料的最大料粒径不得大于10cm，其他公路的最大粒径不得大于15cm。

（二）填筑及压实

应采用分层填筑和压实的方法。填筑和压实应沿着整个路基宽度进行，压实厚度的选择应根据实验数据确定，松铺压实层的厚度最大不得超过40cm。在压实之前，应使用大型推土机进行摊铺和平整，对于个别不平的地方，可以使用人工方法配合辅助以细料找平。在压实机械的选择上，宜选择工作质量在12t以上的重型振动压路机。在压实时，要注意路基边部的压实，并在必要时使用小型夯实机具对路基边缘1m内进行夯实。

（三）检测

需要进行层层报检和层层验收。压实度的检测可以通过工作质量在12t以上的振动压路机进行压实试验。当压实层顶面稳定且不再下沉（无迹可见）时，可判断为密实状态。

三、软土地基路基施工监理要点

软土是指强度低、压缩性高的软弱土层。根据孔隙比和有机质含量等指标进行划分，可将软土分为软黏性土、淤泥质土、淤泥、泥炭质土和泥炭五种类型。淤泥、淤泥质土和软黏性土一般被统称为软土，而有高含量有机质的泥炭和泥炭质土被统称为泥沼。泥沼的压缩性较大，但渗透性强，易于迅速固结，处理相对容易。因此，本节重点讨论天然强度低、压缩性高且透水性小的软土路基施工。

在软土地基上修筑一般断面的路堤时，填筑的最大高度称为极限高度，单位面积的荷载超过极限高度会导致大量沉降和坍滑。因此，在超过极限高度后必须采取加固措施，以确保路堤的稳定和正常使用。

在软土地基上填筑路堤会引起路堤沉降。沉降一部分是由地基固结引起的，另一部分是由于地基的侧向变形。如果对填土速率予以适当控制，地基的侧向变形将处于弹性阶段。然而，如果填土速率过快，地基可能出现局部塑性平衡区，此时引起的沉降既包括弹性变形引起的，也包括超弹性变形引起的。因此，在施工过程中需要控制填土速率，避免发生超弹性变形。

（一）软土地基的加固措施与施工

当路堤经过稳定验算或沉降计算不能满足设计要求时，必须对软土地基进行加固。加固软土的方法很多，下面将介绍一些常用的措施。

1.塑料排水板

塑料排水板是一种带有孔道的板状材料，插入土中即可形成排水通道。它具有施工简单、快捷的特点，并且在国内得到广泛应用，效果良好。

（1）排水板材料

排水板通常在工厂进行生产。根据结构类型，可以分为多孔单—结构型和复合结构型两大类。多孔单—结构型由经过特殊加工的两块聚氯乙烯树脂透水板组成，两板之间仅有若干个突缘相接触的点，形成许多孔隙，因此具有良好的透水性能。这种塑料板具有耐酸碱、不膨胀、不变质等特点。还有一些采用纤维质无纺布和多孔质材料制成的多孔单—结构型排水板，但在土压力作用下，其过水面积减少，排水效果较差。复合结构型由聚氯乙烯或聚丙烯芯板套以滤膜包裹而成，滤膜通常由涤纶类或丙烯类合成纤维制成。复合结构型排水板的宽度通常为100mm，厚度为3~4mm。

选购的塑料排水板应符合质量标准，产品应具备正式商标或牌号，并有出厂检验合格证。在工地上，每10万平方米至少要抽取一个样品进行检验，确保合格后才能使用。

（2）施工方法

安装塑料排水板需要使用插板机将其插入土中。插板机有多种类型，例如轨道式、轮胎式、链条式、步履式等。根据插设方法的不同，可分为套管式插板机和无套管式插板机。

套管式插板机的施工步骤如下：一是通过井架上方的滑轮，将塑料排水板从后面的卷筒中传送，并插入套管内；二是塑料排水板与套管的输送滚轴夹紧，并一起压入土中；三是达到预定深度后，输送滚轴反转松开排水板，上拔套管，使塑料排水板留在土中；四是在接近地面20cm左右的位置将排水板切断。

无套管式插板机直接使用钻杆将塑料排水板压入土中。这种插板机相对轻便，操作简单，速度快。然而，需要注意的是，塑料排水板易受损或随钻杆拔起，因此在地基强度较大的情况下不宜使用。

2.砂井的施工

砂井是一种利用各种打桩机具击入钢管，或使用高压射水、爆破等方法在地基中按一定规律排列的孔眼，并将粗砂灌入其中的工程措施。这样形成的砂柱在饱和软黏土中起到排水通道的作用，因此也被称为排水砂井。为了构成完整的地基排水系统，砂井顶面应铺设砂垫层。

设置砂井，可以改善软土地基的排水条件，缩短排水路径。因此，当地基承受附加荷载时，排水固结过程加速，从而提高地基的强度。塑料排水板和后面要介绍的袋装砂井都是在砂井基础上发展而来的。

砂井适用于路堤超过极限高度或软土层厚度大于5m的情况。砂井的间距和深度应根据软土地层情况和允许的施工期来计算确定，一般砂井直径为20~30cm，具体视施工机械而定，具体的施工方法如下：

（1）打入空心管法

打入空心管法是一种常用于井下工程的方法。它通过在履带起重机的吊臂上安装一个供穿心锤用的导向架，以锤击钢管或使用振动锤夹住钢管施以振动力，来达到冲击或振动式打入钢管的目的。为了确保施工效果，钢管应比砂井长0.5~1.0m，以利于拔管作业。此外，管的底部应配备木桩尖、混凝土桩尖或活瓣桩尖。

具体施工步骤如下：首先，安装桩尖并将钢管固定在需要打入的位置。接着，锤击或借助振动器的力量，使钢管下沉到所需深度。为了消除钢管底部的真空吸力，以便打开活瓣，可以将钢管往上拔出0.5~1.0m。然后，提起重锤和桩帽，再将带漏斗的水灌入钢管上口，首先倒入少量水，然后将砂水交替灌入。最后，以每分钟4~6米的速度缓慢拔出钢管，并通过持续敲击钢管来加速砂子的下落。

（2）射水法

射水法对软土地基的扰动最小。施工时需要大量水和良好的排水条件。具体步骤如下：首先，将套管放置在砂井位置上，然后将射水管放入套管内进行射水，随着套管的徐徐下沉，如果遇到较坚实的土层，可以轻轻用锤敲击套管顶部，以使其下降。当套管达到所需深度后，上下移动射水管，使套管中的土完全流出，然后进行灌砂操作，最后拔起套管完成施工。

（3）爆破法

爆破法适用于浅砂井，一般是6~7m。这种方法需要在钻孔中放置条形药包，然后进行炸扩孔，随后在孔内灌入砂子。制作药包的过程如下：首先，将传爆线的一端弯成环形，并放置在10cm宽的水泥纸袋上，按量放置炸药于纸上。然后将纸包卷紧，并用麻绳牢固扎实。为了防水，可以在外面用宽3~4cm的塑料布进行包裹。最后，用胶布密封药包的两端，使其成为条形药包。药量的确定取决于砂井的直径、土质情况和埋藏深度，需要通过试验来确定。

具体施工步骤如下：首先，使用螺纹钻垂直钻孔，孔比砂井深0.5m，以便容纳药包；其次，使用管子钳夹住铁管和药包，通过人力把它们一起压入孔内，压入深度比砂井深0.2~0.3m，以防止孔底的洄游。最后，将传爆线的一端连接到雷管和导火索上，并进行引爆。当爆炸完成后，需要立即灌水以防止井孔壁塌陷。经过检查后，可以开始进行砂水交替灌入，直到灌满为止。

3.袋装砂井

袋装砂井是一种常用的工程措施，其井径对固结时间的影响相对较小，不像井距那样敏感。从理论上来说，井径只需要满足排水要求即可。通常情况下，软黏土的渗透系数只有砂井的渗透系数的1%左右，因此砂井的理论直径可以设计得很小。然而，一般情况下，砂井的井径过小既无法进行施工，也无法防止因地基变形而导致失效。为了解决这个问题，国内外曾广泛采用网状织物袋装砂井，其直径仅约为8cm。相比一般砂井，袋装砂井省料且造价低廉。此外，袋装砂井不会因施工操作误差或地基发生水平和垂直变形而丧失连续性。

对于袋装砂井的打孔方法，一般采用钢管打入式和射水式，以打入式为例，施工步骤如下：

（1）将内径约为12cm的套管打入土中预定深度；

（2）准备一个比砂井长约2cm的聚氯乙烯纤维织成的袋，底部装入大约一满锹重的砂，并将底口扎紧，然后放入孔内；

（3）将袋的上端固定在装砂漏斗上，通过滑斗口边振动边将干砂灌入砂袋，直至装实装满；

（4）徐徐拔出套管。

4.排水砂垫层是在路堤底部地面上铺设一层较薄的砂层，其作用是在软土顶面增加一个排水面，使在填土过程中产生的荷载逐渐增加，促使软土地基排水固结，使渗出的水能够从砂垫层中排走。

为了确保砂垫层能够通畅排水，需要采用透水性良好的材料，例如中砂和粗砂。此外，为了防止砂垫层被细粒土污染而堵塞，需要在砂垫层的上下两侧设置反滤层。砂垫层的厚度是控制用砂量的重要因素，也是保证整体连续性的主要条件。在确定砂垫层厚度时，需要考虑两个因素：一是不能因地基沉降导致砂垫层断裂，从而影响排水效果；二是不能因为排到砂垫层中的孔隙水头过高而渗入路堤填土，降低路堤的强度和稳定性。一般来说，砂垫层的厚度为0.6~1.0m。

砂垫层适用于施工期限不紧迫、路堤高度不超过极限高度的两倍、砂源丰富且软土地基表面无隔水层的情况。当软土层较薄或底层存在透水层时，砂垫层的效果更好。而前述的塑料排水板、袋装砂井和砂井等加固措施都需要配合设置砂垫层，以进一步提高工程的稳定性和排水效果。

5.土工织物铺垫

土工织物铺垫是一种常用的地基处理方法，可以在软土地基表层铺设一层或多层土工织物。这种方法具有以下几点优点：首先，能够减少路堤填筑后地基的不均匀沉降；其次，可以提高地基的承载能力；最后，土工织物铺垫不会对排水产生不良影响。对于高含水量、超软弱地基（如淤泥等），在采用砂井及其他深层加固方法之前，土工织物铺垫可以作为前期处理的一种手段，以提高施工的可行性。此外，在砂垫层上增铺土工织物，还可以防止填土污染砂垫层情况的发生。

土工织物的铺设过程相对简单。在工厂中，将几幅土工织物拼缝成所需尺寸，一般宽度为3.6～4.5米，长度比路堤宽度多出4～6米，沿路堤坡脚回折2～3米。为了保护土工织物，上下两侧都应铺设厚度为0.2～0.3米的砂垫层。

6.预压

预压是指在软土地基上修筑路堤时，如果工期不紧，可以先填筑一部分或全部的土方，使地基经过一段时间的固结沉降，然后再填足和铺设路面。此外，在修筑涵洞或桥台等结构物处，也可以先进行填土预压，待地基强度达到一定程度后，再挖去填土，建造结构物。在修筑路堤时，还可以预先将土填充到比设计高度高一些，或者加宽填土区域，以加速地基的固结下沉。预压或超载预压方法操作简单，但需要较长时间的固结，通常需要配合采用砂垫层、砂井等排水措施，以满足工期要求。

预压加荷的速率应确保地基只产生沉降而不会失去稳定性。当路堤较高时，可以采用分级加荷的方法，其中第一级加荷尽量大一些。预压时间一般需要0.5～1年，加荷速率可以通过理论计算或以下方法确定：

（1）地面沉降速率：埋设沉降板，在1～2天内进行观测，要求中线表面的日沉降量不超过10毫米。

（2）边桩水平位移：在边桩长10～15米的区段，打入地面约1.0米，要求日水平位移不超过5毫米。

（3）地基孔隙水压力：在地基不同深度埋设孔隙水压力计进行观测，要求孔隙水压力不超过预压荷载应力的50%～60%。

7.挤实砂（碎石）桩

挤实砂桩是一种工程技术，通过冲击或振动的方式，将砂、石等材料挤入软土地基中，以形成直径较大、密实的柱体。此过程的目的是提高软土地基的整体抗剪强度，减少沉降现象，以达到增加土体密实度的目标。与排水砂井不同，挤实砂桩的直径为0.6～0.8米。下面是挤实砂桩的施工步骤：

首先，将套管就位，然后提起芯管并进行灌砂操作。接着，进行锤击，使其下沉到设计深度。当达到所需深度时，再度提起芯管进行灌砂，然后锤击套管和芯管。此时，砂浆被从套管中挤出。随后，提起套管和芯管，进行再度灌砂和芯管锤击的步骤，直到形成一个密实的砂柱。

挤实砂桩还有另一种施工方法，即通过振动作用形成砂柱，这种方法被称为振实砂桩。下面是振实砂桩的施工步骤：

首先，将装有垂直振动器的套管安装到上部位置。接着，通过振动下沉的方式，将砂灌入套管中。在灌砂的同时，通过上下振动套管，使其逐步上提。最终，形成一个密实的砂柱。

8.旋喷柱

旋喷柱是一种利用工程钻机进行地基加固的技术。该技术通过将旋喷注浆管置入预定的地基加固深度，然后通过钻杆的旋转和缓慢上升，以一定压力将预先配制好的浆液从喷嘴喷出，冲击土壤并使其与浆液混合，从而形成具有一定强度的人工地基。旋喷法可根据不同的施工对象和用途来调整灌注材料的用量和浓度，以满足工程所需的强度要求。目前，主要使用水泥浆作为灌注材料。然而，在土壤渗透性较大或地下水流速过大的情况下，为防止浆液流失，可以在浆液中添加三乙醇胺和氯化钙等速凝剂。

9.生石灰桩

生石灰桩是一种地基处理的方法，它将生石灰碎块放置于桩孔中以形成桩体。通常，桩孔的直径为20～40cm，桩长一般不超过12m，也可以采用较小孔径。施工过程中，采用打入或钻进的方法成孔，然后填入2～5cm的生石灰块。此外，生石灰桩可以掺入一定数量的粉煤灰或砂，有时还会加入少量的石膏，以促进反应并提高桩体的强度。这种方法可以改善土壤的工程性能，并提高地基的承载能力。

10.换土

换土是一种地基处理的方法，通过人工或机械挖除路堤下的全部软土，然后填充高强度的黏性土、砂、砾石、卵石或片石等渗水性材料，以根本改善地基状况，并避免未来的问题。换土方法适用于软土层较薄且易于排水的施工情况。在水塘、河沟和古代埋藏沟谷等地，软土层较薄且局部分布，通常采用换土方法进行处理。在软土地区，由于地下水位较高且开挖难度较大，因此在进行人工或机械开挖换土时，换土深度一般不宜超过2m。

在机械开挖方面，可以使用索铲挖掘机、抓斗等设备。在开挖边坡时，从垂直到1：0.2的边坡角度逐步开挖。如果需要抽水，容易引起边坡坍塌。因此，在换填材料时应选择无须排水并具有压实性的材料。

抛石挤淤是一种强制换土的方法。它不需要抽水或挖掘，施工简便。此方法适用于湖塘、河流等长期积水且难以排干的水域区域，表层没有硬壳，土壤呈液态，且厚度较薄，可以将片石压实至底部坚硬层。一般在软土层厚度为3～4m时应使用石块。石块的大小根据软土的密实程度而定，通常不小于0.3m。抛填片石时，从中间开始向两侧渐次展开，使淤泥向两侧挤出。当石块露出水面后，使用重型压路机进行辗轧，然后在上部铺设反滤层，并进行填土。当下部地层具有明显的横向坡度时，片石的抛填应从高处向低处进行，并在低处增加填充量以保持稳定。

爆破排淤是另一种换土方式，利用爆炸时产生的张力作用，将软土扬弃或压实后，用高强度的清水土或普通黏性土进行填充，以达到换土的目的。采用爆破排淤的施工方法可以应对换土深度较大、施工效率要求较高、软土层较厚以及路堤较高且施工时间紧迫的情况。

爆破排淤可以分为先填后爆和先爆后填两种施工方法。前者适用于稠度较高的软土，先填的路堤随着爆破而沉降，避免回流。后者适用于稠度较低的软土情况。

11.反压护道

反压护道是一种在路堤两侧填筑一定宽度和高度的护道来维持路基稳定的技术。它利用力学平衡原理来实现。

通常，反压护道采用单级形式。由于反压护道本身不能超过极限高度，因此反压护道适用于路堤高度不大于极限高度1倍的情况。单级反压护道的高度一般选择路堤高度的1/3～1/2。

尽管反压护道简单易行，但需要占用较大的地面空间，而且在填料来源困难的地区难以应用。此外，反压护道只能解决软土地基下路堤的稳定性问题，并不能解决沉降问题，甚至可能加剧沉降的程度。

（二）多雨潮湿地区路基施工监理要点

在多雨潮湿地区进行路基施工时，需要特别关注以下几个监理要点，以确保施工质量和路基稳定。

1.排水设施及场地选择

在选择施工场地时，应特别注意排水情况。机具停放地、库房和生活区域都必须选择地势较高且不易被水淹的地点，并配备可靠的排水和防洪设施，以预防洪水造成的危害。

2.场地准备工作

在开工前的场地准备阶段，需要特别注意排除地面积水。对于低洼地带，应沿用地两边挖掘大断面的纵向排水沟，并引导至出水口。在纵向排水沟之间，还应挖掘横向排水沟，并确保彼此之间互相贯通，使地表不积水。

3.土壤处理

在多雨潮湿地区，原始地面通常含水量较高。针对这种情况，需要采取以下处理方法：

（1）对于含水量过大的潮土，如果深度在2米以内，可挖除湿土，并更换为适宜的干燥土壤或挖方石渣、天然砂砾等，并分层进行压实，以达到规定的标准要求。

（2）对于挖除淤泥后的上层湿土，应通过翻松、耙碎以及掺入5%～10%的生石灰粉进行压实。压实层的厚度应根据需要达到规定的压实度，以确保形成稳定的土壤加固层。

（3）当存在可利用的非风化大块岩石时，在挖除软湿土后，可铺设约50厘米厚的石块层，并填嵌石渣后使用重型压路机进行辗轧成形，然后填筑路堤。对于二级以下公路，还可以采用抛填片石挤淤的方法，在整理辗轧成形后进行路堤填筑。

4.路基稳定和填方边坡防护

在多雨潮湿地区，土壤的含水量较大，地下水位较高，容易影响路基的稳定和填方边坡的安全。因此，建议采用浆砌护坡和相应的防护措施来保护填方边坡。对于二级以下公路，也应考虑采取适当的防护措施。

5.路堤填筑施工

每层填筑的路堤表面应具有2%～4%的横向坡度，以便排水。当天的填土必须在当日完成压实，以确保施工的连续性和填土的稳定性。

6.坡脚护坡道

在路堤坡脚护坡道之外，应设置加大断面的石边沟，以降低地下水位，进一步保证路基的稳定性。

第三章　建筑施工安全专项设计概论

第一节　危险性较大分部分项工程安全管理

一、危险性较大工程安全监管

危险性较大工程的安全监控管理体系是指在危险性较大的分部分项工程实施全过程中，为避免施工中存在或可能导致的事故风险而建立的一套包含策划、实施与运行方案、检查、监督、监测和纠正等制度的有机整体。同时，该体系也包括效果评价以及持续改进等措施。

（一）危险性较大工程的监管原则

1.全过程监管原则

将施工前的施工许可证审查、实施过程中的监测检查和危险性较大分部分项工程在准备阶段、实施阶段和验收阶段等全过程监督管理有机结合起来，实现对危险性较大工程进行全过程监督管理。

2.分类分级论证原则

将工程建设中可能遇到的各类危险源按照不同分部分项工程进行分类和分级。特别对于超过一定规模的危险性较大分部分项工程，应委托不同专业的安全专家进行分析论证。各级政府监管部门要加强对安全专项方案论证的监管。

3.动态监管原则

危险性较大分部分项工程的内容和级别可能会随着设计变更、施工方案的改变以及周边环境和气候条件等变化而变化。因此，必须及时掌握动态变化的情况，并进行巡查、检查和督导。

4.责任到人原则

按照分级监管的责任分工，每一级监管人员负责对危险性较大分部分项工程进行监督管理，并进行验收。如果监管不力导致重大事故，应严肃追究有关部门和人员的责任。

5.分级督导原则

在危险性较大分部分项工程的监督管理过程中，当地建设行政主管部门和建设工程安全监督管理机构除了认真履行管理职责外，还应根据危险性较大分部分项工程的分级，接受上级建设行政主管部门和建设工程安全监督管理机构的分阶段督导。

6.重点监控原则

施工企业是危险性较大分部分项工程安全生产管理的第一责任人。根据施工企业的施工能力、管理水平、信誉度和项目的风险度，确定危险性较大分部分项工程的监控重点和监控领域，以优化监管资源，强化监管效果。

通过遵循以上监管原则，建立健全的安全监控管理体系，可以有效降低危险性较大工程的事故风险，保障工程的安全和可靠运行，同时为工程安全提供科学的、专业的监督管理体系。

（二）危险性较大分部分项工程的监管内容

危险性较大分部分项工程的监管内容主要涉及对施工单位、监理单位及其从业人员是否执行以下重要工作的监督检查：

（1）是否建立了危险性较大分部分项工程安全管理制度，包括相关的安全管理制度文件、工作流程和责任分工。

（2）是否进行了危险性较大分部分项工程的辨识，并制定了相应的控制措施，如危险源识别、风险评估和应对措施的确定。

（3）是否独立编制了危险性较大分部分项工程的施工安全专项方案，并经过企业内部审批，是否经项目总监理工程师审核；对于需要专家论证的专项方案，是否按照要求在属地安全生产监督机构的监督下组织召开了专家论证会，并按照专家论证意见进行了修改和完善。

（4）在安全专项方案实施前，是否由项目技术负责人向现场管理人员和作业人员进行安全技术交底，确保相关人员具备必要的安全操作技能和意识。

（5）施工单位和监理单位是否建立了危险性较大分部分项工程的监控台账，包括工程实施档案，以便及时记录和跟踪工程的进展情况。

（6）在专项方案实施过程中，是否落实了预防监控措施。施工单位是否指定专人进行现场监管，并按照规定进行监测。监理单位是否进行了现场监理，确保工程遵守相关安全规范和标准。

（7）对需要进行验收的危险性较大分部分项工程，施工单位和监理单位是否组织相关人员进行验收，确保工程符合设计要求和施工规范。

（8）危险性较大分部分项工程实施过程中的预警监测是否按计划进行，制定的应急预案是否合理可行，以及在遇到紧急情况时能否立即启动实施救援措施，确保及时有效地应对突发事件和事故。

（三）安全监管的方法

1.危险性较大分部分项工程信息上报制度

建立并执行危险性较大分部分项工程信息上报制度，要求施工单位、监理单位和相关部门及时上报工程的安全信息，包括施工进度、安全风险情况、事故记录等，以便监管部门及时了解和评估工程的安全状况。

2.安全专项方案的专家论证制度

对危险性较大分部分项工程的安全专项方案，建立专家论证制度，即委派专业的安全专家对方案进行评估和审查，确保方案符合相关安全要求和规定。专家论证意见应被充分考虑，并作为方案修改和完善的依据。

3.信息化实时监控制度

利用信息化技术，建立实时监控系统，对危险性较大分部分项工程进行监控和数据采集。通过监测设备、传感器等手段，实时获取工程施工过程中的安全数据并进行分析评估，及时发现和解决潜在的安全隐患，以提高监管效果和响应速度。

（四）监督管理的实施

监理单位应当对危险性较大分部分项工程的安全专项方案实施情况进行现场监理。对于未按照安全专项方案实施的情况，监理单位应责令施工单位整改，并及时向建设单位报告。建设单位在接到监理单位的报告后，应立即责令施工单位停工整改。如果施工单位仍然拒不停工整改，建设单位或监理单位应及时向住房城乡建设行政主管部门报告，以便采取进一步的监管措施。

（五）处罚要求

根据有关法律法规，对于有以下情形之一的建设单位、监理单位和施工单位，各级住房城乡建设行政主管部门应依法采取相应处罚措施：

（1）建设单位未按规定提供危险性较大的分部分项工程清单和安全管理措施，并未责令施工单位停工整改，同时未向住房城乡建设行政主管部门报告。根据法规，该行为将受到相应的处罚。

（2）监理单位未按照规定对危险性较大的分部分项工程进行专项方案的审核，或未执行相应的监理职责，住房城乡建设行政主管部门应根据法规对监理单位采取适当的处罚。

（3）施工单位未按照规定编制和执行适当的安全专项方案。根据法规，住房城乡建设行政主管部门应对此类违规行为给予相应的处罚。

（六）危险性较大的分部分项工程的验收要求

为了确保危险性较大的分部分项工程按照规定进行验收，施工单位和监理单位应组织相关人员进行验收工作。只有验收合格，并由施工单位项目技术负责人及项目总监理工程签字后，方可进入下一道工序。

1.验收的主要内容

（1）材料验收：对危险性较大的分部分项工程涉及的工程结构安全性主要材料进行验收。其中包括产品合格证、使用指标要求以及各类抽检报告等。

（2）隐蔽工程验收：对危险性较大的分部分项工程，在上道工序将被下道工序遮盖前，必须进行隐蔽工程验收。

（3）分段验收：对面积较大或工程量较大的危险性较大的分部分项工程，可根据工程的伸缩变形缝或现场的实际情况划分区段进行分段验收。

（4）总体验收：危险性较大的分部分项工程完成后，对其进行总体验收。

2.验收的依据

（1）与危险性较大分部分项工程有关的国家、行业、地方的安全法律、法规、规范、规定、规程、技术标准等。

（2）与危险性较大分部分项工程有关的图纸、工程技术资料等。

（3）危险性较大分部分项工程的施工技术与安全专项方案。

3.检查核实的主要内容

（1）确认是否存在方案变更，并核实变更后的方案是否按照规定进行审批。

（2）验证所使用的施工设备和设施是否进行了进场报验和验收。

（3）检查是否按照专项方案组织施工，并确定是否设置监控点和配置检测设备。

（4）检验各项工程参数的偏差是否在专项施工方案的设计要求控制允许范围内。

（5）针对高大模板支撑系统、深基坑支护系统、悬挑脚手架等的材料和安装进行组织验收，并重点关注其质量和安全性。

二、各责任主体的安全监控职责

建设工程项目的各参与单位都是项目的安全责任主体，其各层次人员都应该明确并履行相应的安全监控职责。

（一）建设单位的安全监控职责

1.建设单位法定代表人的安全监控职责

（1）必须遵守国家安全生产法律和法规的规定，确保建设工程的安全生产，并承担相应的建设工程安全生产责任。

（2）不得对勘察、设计、施工、工程监理等单位提出不符合建设工程安全生产法律、法规和强制性标准规定的要求，不能随意压缩合同约定的工期。

（3）要保证支付工程所需的安全技术措施费用。

（4）不得以明示或暗示的方式要求施工单位购买、租赁、使用不符合安全施工要求的安全防护用具、机械设备、施工机具及配件、消防设施和器材。

（5）负责建立健全本单位危险性较大工程的安全监控体系。

2.项目负责人的安全监控职责

（1）在申请领取施工许可证或办理安全监督手续时，应提供危险性较大的分部分项工程清单和相应的安全管理措施。

（2）不得随意压缩施工工期和建设造价，必须确保支付工程所需的安全技术措施费用。

（3）督促施工方编制、审核、审定安全专项方案，并组织召开安全专项方案的专家论证会。

（4）协调设计、勘察、监理、施工等各参建方的工作。

（5）监督施工单位和监理单位按照强制性标准、法律、法规、规范以及安全专项方案的要求实施。

（6）对于未按照专项方案执行的施工单位，应立即责令其停工整改，如果施工单位拒不整改，应及时向当地建设主管部门报告情况。

3.建设单位相关责任人的安全监控职责

（1）参与施工安全专项方案的审核，并参加施工安全专项方案的专家论证会。

（2）督促设计、勘察、监理、施工各方对危险性较大工程实施过程进行监控，并检查各方在监控实施方面的情况。

（3）参与危险性较大工程实施过程各阶段的安全检查和验收。

（二）施工单位的安全监控职责

1.施工单位法定代表人的安全监控职责

（1）依法对本单位的安全生产工作负责，并建立健全安全生产责任制度。

（2）制定安全生产规章制度和操作规程，并确保其得到执行。

（3）保障本单位安全生产所需的资金投入。

（4）设立安全生产管理机构，并配备专职安全生产管理人员。

（5）负责建立健全本单位危险性较大工程的安全监控体系。

2.施工单位技术负责人的安全监控职责

（1）负责审批危险性较大工程的施工安全专项方案。

（2）参与施工安全专项方案的专家论证会。

（3）定期巡查施工安全专项方案的实施情况。

3.施工单位分公司相关责任人的安全监管责任

（1）制定并执行危险性较大分部分项工程的安全管理制度。

（2）审查项目开工报告时，检查项目部提交的危险性较大分部分项工程的清单和管理措施，确保符合条件后方可开工。

（3）对危险性较大分部分项工程清单进行审核并备案。

（4）组织人员编制危险性较大分部分项工程的施工安全专项方案，并组织施工技术、安全、质量等部门的专业技术人员进行审核。

（5）指导项目部组织应急救援预案的培训和演练。

（6）参与施工安全专项方案的专家论证会。

（7）检查项目部危险性较大分部分项工程安全专项方案的实施情况，督促项目部派人对专项方案的执行进行现场监督和按规定进行监测。

（8）参与危险性较大工程各阶段的安全验收，定期检查项目部的安全生产情况。

4.项目经理的安全监管责任

（1）对危险性较大的分部分项工程全面责任，包括实施全过程的安全监管。

（2）负责制定项目部危险性较大工程的安全管理制度，以及建立健全项目部危险性较大工程的安全监控体系。

（3）审批项目危险性较大工程的清单，确保施工所需的人员、财务和物资供给到位。

（4）参加施工安全专项方案的专家论证会，为方案的制定和实施提供专业意见和指导。

（5）负责组织项目部应急救援预案的培训和演练，确保在紧急情况下能够及时、有效地应对突发事件。

（6）负责组织危险性较大工程实施各阶段的安全验收，确保工程施工过程安全合规。

5.项目部相关责任人的安全监控责任

（1）负责组织项目部危险性较大分部分项工程的辨识，以及各阶段重大危险源的辨识工作。

（2）需要了解和掌握施工安全专项方案的相关要求，确保方案能够得到有效贯彻执行。

（3）参加施工安全专项方案的专家论证会，为方案的制定和调整提供专业意见和指导。

（4）负责制定重大危险源的控制措施，并组织实施项目部应急救援预案的培训和演练。

（5）负责确保采购的材料规格和质量符合规范和专项方案的要求。

（6）必须严格按照施工安全专项方案组织施工，不得擅自修改或调整方案内容。

（7）负责向现场管理人员和作业人员进行安全技术交底，确保他们理解和遵守施工安全要求。

（8）需要不断检查危险性较大工程实施过程中安全监控和监测的执行落实情况，及时纠正安全措施中存在的问题。

（9）负责组织各班组在各工序中进行安全质量的自检和互检，以及危险性较大工程各阶段的安全验收工作。

6.项目施工专业班组长的安全生产责任

（1）负责对班组作业人员进行施工安全技术交底，确保他们了解工作任务和安全执行程序。

（2）严格按照施工安全专项方案的要求进行施工，不得擅自违章作业。

（3）负责检查班组的安全生产情况，及时发现和解决存在的安全隐患。

（4）负责组织班组对所施工的工序进行自检，确保施工质量和安全合规。

（5）需要参与班组工序交接的互检，确保工序之间的安全衔接和顺利推进。

（三）监理单位的安全监控职责

1.监理单位法定代表人的安全监控职责

（1）负责根据法律、法规和工程建设强制性标准的要求，履行安全监理职责，并承担对建设工程安全生产的监督责任。

（2）应制定严格的安全管理制度，特别是针对危险性较大的分部分项工程，制定相应的安全管理规程，确保在工程施工过程中的安全风险得到有效控制。

（3）负责建立和完善本单位的危险性较大工程安全监控体系，确保监理工作能够全面、系统地监控工程施工过程中的安全问题，并及时采取相应的措施进行风险控制和安全防范。

2.监理单位技术负责人的安全监控职责

（1）负责审查施工组织设计中的安全技术措施或专项施工方案，确保其符合工程建设强制性标准的要求。

（2）承担筛选和确定危险性较大的分部分项工程的责任，并将其纳入监理规划和实施细则，制定相应的安全监理工作流程、方法和措施。

（3）负责审批本单位的监理规划，确保监理工作能够按照计划有序进行，并保证安全监控工作的质量和效果。

3.项目监理工程师的安全监控职责

（1）负责审核施工安全专项方案，确保其符合工程建设的安全要求，并具备可行性和有效性。

（2）参加施工安全专项方案的专家论证会，提供专业意见和建议，确保方案的可行性和有效性。

（3）负责组织编制监理规划、监理实施细则和旁站方案，具体落实对危险性较大的分部分项工程的监理工作和安全技术措施。

（4）参与并检查项目部应急救援预案的培训和演练，确保应急准备工作的充分性和有效性。

（5）督促检查危险性较大工程的各项监理工作，确保工程施工过程中的安全问题得到及时解决和处理。

（6）按照控制要求，组织对危险性较大的分部分项工程各道工序的安全验收，确保工程施工符合安全标准和规范要求。

（7）对违反专项方案实施的情况，项目监理工程师应当责令整改，并及时向建设单位和当地建设主管部门报告。

4.项目专业监理工程师的安全监控职责

（1）负责审查施工安全专项方案，确保其针对特定专业的安全要求和工程建设强制性标准。

（2）参加施工安全专项方案的专家论证会，提供专业意见和建议，确保方案的科学性和可行性。

（3）抽查施工企业项目部安全技术交底情况，确保施工人员具备必要的安全技术知识和操作能力。

（4）参与并检查项目部应急救援预案的培训和演练实施情况，确保应急救援措施的有效性和可行性。

（5）负责对施工方进场的机械设备、设施和材料进行检查，确保其符合安全要求和规范。

（6）负责对施工方的各项安全检查验收情况进行检查，确保施工现场的安全管理和控制措施得到有效执行。

（7）参加危险性较大工程的安全验收，评估工程施工的安全性和合规性。

（8）负责现场检查、巡查和旁站监理，对专项方案的实施情况进行检查和评估，及时发现和解决安全问题。

5.项目监理员的安全监控职责

（1）协助监理工程师抽查施工企业项目部的安全技术交底，评估交底效果和质量。

（2）参与项目部应急救援预案的培训和演练，提供支持和协助，确保应急救援工作的顺利进行。

（3）协助监理工程师对施工方进场的机械设备、设施和材料进行检查，发现问题及时报告和督促整改。

（4）协助监理工程师对施工方的各项安全检查验收情况进行检查，确保施工现场的安全管理和控制措施得到有效执行。

（5）参加危险性较大工程的安全验收，协助评估工程施工的安全性和合规性。

（6）协助监理工程师对专项方案的实施情况进行现场检查、巡查和旁站监理，确保方案得到有效执行，并及时发现和解决安全问题。

三、重大安全事故的应急救援

重大安全生产事故的发生通常会导致一定的人员伤亡，为了确保万无一失，对于危险性较大的分部分项工程，必须编制安全生产事故的应急救援预案。

（一）现场应急救援小组组成及职责

1.组成

现场必须成立安全生产事故应急救援小组，由项目经理担任组长，包括工程抢险组、救护组、通信材料组、安全保卫组等成员。

2.职责

安全生产事故应急救援小组的职责是对突发事件作出应对，负责组织和协调救险人员、器材、车辆、通信联络等救援工作，具体职责如下：

（1）工程抢险组负责具体的抢险救援工作，防止事故扩大，并尽力救出伤员。

（2）救护组负责现场对伤员进行紧急救治，尽快将其送往医院抢救。

（3）通信材料组负责确保与医院、消防、电力、公安局、上级主管部门的通信通畅。

（4）安保组负责维护现场秩序，保障绿色通道的畅通。

（二）控制现场事态发展的技术措施和抢救手段

1.成立应急抢险专家库，一旦出现险情，紧急联系专家制定有效的抢险救援方案。

2.利用吊车、切割机、型钢支架等设备和设施，在专家和专业技术人员的指挥下，防止事态扩大，并尽力抢救被困的伤员。同时，立即与医院进行电话联系，做好准备抢救伤员的工作。

（三）现场抢救运送伤员的应急措施

（1）救护组成员必须经过专业培训，具备一定的救护专业知识。同时，需要定期进行再培训和有针对性的应急救护演练。

（2）在现场，救护组应该尽快采取止血、止痛、吸氧、防止休克等紧急处理措施。在救治和搬运伤员过程中，不得强行拉扯，应按规定进行整体搬运，以防止二次伤害。如果伤员停止呼吸，应立即进行人工呼吸心肺复苏，并尽快将其送往医院抢救。

（四）应急救援的工作程序

（1）当事故发生时，应急救援小组的成员应立即向组长汇报，随后由组长立即向公司汇报，如有必要还应向当地政府相关部门报告。

（2）应急救援领导小组应组织项目部所有员工参与事故应急救援和抢险工作，旨在迅速控制事故蔓延，并配合和协助调查处理工作。

（3）如果事故发生时，组长和其他小组成员不在现场，那么由现场其他人员充当临时现场救援人员，负责现场救援指挥工作。

（4）项目部将指定专人负责事故资料的收集、统计、审核和上报工作，并严格遵守事故报告的真实性和时效性要求。

（5）在得到业主和监理单位的同意后，可以进行现场清理工作，以恢复生产。

（6）将现场调查情况向相关单位领导报告。

（7）对于事故中的死亡者，应做好善后工作，并对其家属进行安抚。

（8）事故处理完毕后，需要将所有调查资料分别报送给业主、监理单位和相关安全管理部门。

第二节　建筑施工安全专项方案的编制与实施

一、建筑施工安全专项方案的编制

（一）施工安全专项方案的编制目的

（1）编制建筑施工安全专项方案是一项重要的举措，旨在全面提高施工现场安全生产管理水平，并有效预防伤亡事故的发生，以确保职工的安全和健康。同时，它也是满足检查评价工作标准化和规范化管理需求的必要措施，更是衡量企业现代化管理水平优劣的重要标志。

（2）编制建筑施工安全专项方案是贯彻落实有关建设工程质量、安全技术标准和规范的重要措施，旨在加强建设工程项目的安全技术管理与安全生产监督管理，有效预防建筑施工安全事故的发生，从而全面保障人民群众的生命和财产安全。在建筑施工过程中存在着诸多安全风险，如高处坠落、机械伤害、电气触电等，这些潜在的危险给施工工人和周围人员带来了巨大的安全隐患。编制建筑施工安全专项方案的目的是通过科学而系统的管理措施，确保建筑施工安全，防止事故发生。

（3）编制建筑施工安全专项方案的目标是进一步强化建筑施工安全监督管理工作，完善建设工程各方主体的安全生产责任落实，特别是落实建筑施工企业的安全生产责任制度。通过此方案，旨在推动企业加大对安全的投入，提高施工现场的安全防护水平，并提升建筑业从业人员，尤其是进城务工人员的操作技能和安全防范能力，以有效遏制建筑施工中高处坠落、各类坍塌等重大、特大事故的发生。

（二）建筑施工安全方案编制

建筑施工安全方案的编制应由施工总承包单位负责组织进行。在其中涉及起重机械安装拆卸工程、深基坑工程、附着式升降脚手架等专业工程，并进行分包的情况下，可以由专业承包单位负责组织编制相应的专项方案。

施工现场的安全管理工作需要有一份详细而全面的方案来指导和落实。施工总承包单位作为整个施工过程的主要责任方，有责任组织编制施工安全方案，并确保其得到严格执行。这样可以有效地将风险控制和安全管理融入施工工艺和作业流程中，在确保施工进度的同时，最大限度地降低事故和伤害的发生风险。

对于一些特殊工程，如起重机械安装拆卸工程、深基坑工程以及附着式升降脚手架工程等，其专业性和技术要求较高。因此，在这些专业工程的分包实施中，专业承包单位负责组织编制相应的专项方案，以确保施工安全和施工质量。

专项方案的编制涉及多方合作和专业知识的运用。施工总承包单位或专业承包单位需要与相关领域的技术专家和工程师密切合作，根据具体施工项目的特点和要求进行安全风险评估和分析，并提出相应的管理措施和应急预案。

在编制过程中，需要详细描述施工过程中可能出现的风险点，并制定相应的防范和控制措施。同时，应考虑在方案中加入施工现场的布置和安排，人员的培训和教育，施工设备的选用和维护，以及应急救援预案等方面的内容。

总之，建筑施工安全方案的编制应由施工总承包单位负责组织进行。在涉及分包的专业工程中，专业承包单位有责任组织编制相应的专项方案。通过多方合作和专业知识的运用，编制出全面而具体的施工安全方案，可以有效提高施工现场的安全管理水平，降低事故风险，并最大限度地保障施工人员和周围人员的安全。

（三）建筑施工安全专项方案的编制思路和步骤

1.调查收集详细信息及相关技术资料

对工程进行全面的调查研究，收集关于该工程的详细信息，包括施工图纸、地勘报告、规范要求等技术资料。这些信息对于准确评估工程的安全风险和确定适当的安全措施至关重要。

2.工程实际情况分析和危险源辨识

根据收集到的信息，对工程的实际情况进行细致分析，特别是针对可能存在的危险源进行准确的辨识。危险源可能包括施工过程中的高空作业、电气设备、起重机械等潜在风险。

3.安全分析与评价及安全等级分类

对辨识出的危险源进行安全分析和评价，确定各个危险源的潜在风险程度。根据评价结果，将工程按照安全等级分类，有助于制定相应的安全控制策略和措施。

4.进行安全专项方案编制计算

针对安全等级分类后确定的各个危险源，进行全面的专项方案编制计算。其中包括风险评估、安全控制措施的设计和方案的制定。确保每个危险源都有与之相应的安全对策，以最大限度地降低施工风险并保障工人安全。

（四）建筑施工安全专项方案的编制依据

建筑施工安全专项方案的编制依据主要包括以下几个方面：

1.针对建筑勘察、设计与施工的现行国家规范、规程和标准

编制过程要符合我国国家规范的要求，确保方案具有合法性和可操作性。具体依据应详细列举在附录中。

2.建筑物设计文件图纸、地质报告、地下管线及周边建筑物调查报告

通过研究建筑物设计文件图纸，了解工程的设计方案。同时，地质报告可以提供有关地质条件和可能存在的地质灾害信息。此外，有关周边建筑物和地下管线的调查报告也能为专项方案的编制提供重要依据。

3.施工组织设计文件及其相关文件

施工组织设计文件和其他相关文件包含了施工过程中的各种计划、方案和安全控制措施。这些文件提供了编制专项方案所需的关键信息，如施工工序、材料选择、人员配置等。

（五）建筑施工安全专项方案编制内容与格式

1.建筑施工安全专项方案编制的主要内容

（1）工程概况：要详细描述危险性较高的分部分项工程概况，包括施工平面布置、施工要求和技术保证条件。这些内容对于了解工程的整体情况以及确定安全措施具有重要意义。

（2）编制依据：建筑施工安全专项方案的编制依据主要包括相关法律法规、规范、标准、图纸（国标图集）、施工组织设计等。这些依据是方案编制的理论基础和指导，确保方案具有合规性和可操作性。

（3）危险源辨识：根据工程的特点、施工工艺、施工方法、施工步骤、施工设备和工程周边环境等因素，全面辨识可能影响质量和安全的危险源。重点分析具有主动力学性能的危险源，如地基沉降、荷载、爆炸等。由于每个工程的条件各异，危险源也不同，因此需要根据具体情况进行仔细的分析、比较和辨识。

（4）方案选型和设计文件：在编制过程中，需确定适用的方案选型和设计文件，包括设计计算书和设计施工图纸。这些文件是保证施工安全的关键，必须满足相关标准和规范。

（5）施工计划：制定详细的施工计划，包括施工进度计划和材料与设备计划等。施工计划的制定要考虑安全因素，并合理安排施工序列和时间节点，确保施工安全和质量。

（6）施工准备和部署：制定施工准备和部署计划，包括质量检测和相关观测预警措

施，以及现场平面布置图。这些准备工作的合理安排和落实对于施工过程的安全和顺利进行至关重要。

（7）施工工艺技术：详细描述施工工艺技术，包括技术参数、工艺流程、施工方法和检查验收要求等。这些技术要求和规定对于施工现场的操作和管理具有指导作用，确保施工安全和质量。

（8）施工安全保障措施：制定施工安全保障措施，包括组织保障、技术措施、管理措施、应急预案和监测监控等方面。这些措施旨在保障施工安全，降低事故发生的风险，并能及时应对各种应急情况。

（9）劳动计划：制定劳动计划，包括组织安排专职安全生产管理人员和特种作业人员等。合理的劳动计划和编组安排是施工安全的重要保障，确保每个工作岗位都有专业人员进行安全操作。

（10）应急预案：制定全面的应急预案，包括预案适用范围、重特大事故应急处理指挥系统及组织构架、指挥部系统职责和责任人、重特大事故报告和现场保护、应急处理预案等。应急预案应针对各种可能发生的紧急情况，确保其得到及时有效的应对和处理。

2.安全专项方案标题与封面格式

（1）标题：安全专项方案的标题应为"××工程××安全专项方案"，若经过专家论证审查报告的修订，需在标题上标注"按专家论证审查报告修订"。

（2）封面内容设置：封面应包括编制、审查和审批三个栏目，分别由编制人签字、公司技术部门负责人审核签字和公司技术负责人审批签字。

（六）安全专项方案编制的注意事项

（1）安全、质量、进度和投资应在全项方案中相互联系、相互促进，实现有机结合。

（2）在构筑物设计中，临时安全措施的构建重点是解决与永久结构交叉部分的相互影响，包括荷载、位移和结构变形等问题。这种交叉部分既是施工管理人员与建筑设计人员的接触点，也是他们的盲区。因此，施工安全专项方案的重点在于解决施工管理人员在构筑物设计中力学模型构建方面的协调问题。需要将次要影响因素约束和简化，建立相关的力学模型，并进行局部和整体的强度、刚度和稳定性验算。对于简化后的影响因素，通过采用适当的构造措施，确保力学模型的约束条件成立。

（3）对于相互关联且存在较大危险性的工程，需要进行系统分析，重点对交叉部分的危险源进行具体的分析，并采取相应措施予以控制。例如，在进行深基坑土方开挖支护以及地下水人工降水等分项工程时，需要系统考虑并统一编制施工安全专项方案。

（4）在编制安全专项方案时，必须结合安全生产保证体系。在安全策划阶段，应根据不同的专业施工项目和施工现场的实际情况进行编制，并将相关的安全技术措施与施工工艺和方法相结合。

（5）各类施工安全专项方案应根据工程特点、施工现场环境、施工方法、劳动组织、作业方法、使用的机械、动力设备、变配电设施、架设工具等因素确定。需要采取切实可行的措施和方法，确保施工安全，并使之具有可操作性。

（6）必须系统地阐述危险源辨识与分析、安全与质量控制措施、事故预防处理措施等内容，从而形成规范化、程序化和系统化的施工安全专项方案。

（7）在方案中应明确安全检查的组织机构，安全检查的目的、内容、形式和要求，以实现安全生产的可控性。

（七）方案自查程序与审查要求

1.施工安全专项方案的自查程序

施工安全专项方案由建筑施工企业专业工程技术人员编制，施工企业技术负责人审查签字后，提交监理单位审查。监理单位由专业监理工程师初审，监理单位总监理工程师审查签字，即初审完成。

2.建筑施工安全专项方案审查要求

建筑施工安全专项方案中有关的设计计算，必须由施工单位委托具有设计资质的单位设计或经设计单位复核审查，并加盖设计单位图章方才有效。

监理单位对专项施工方案的审核重点是该方案的编制、审核、组织实施的应急措施可行性以及行为主体和客体是否符合国家、行业及地方的法律法规、规范标准、规程等。

（八）建筑施工安全专项方案专家论证和修改程序

对于具有一定规模的危险性较大的分部分项工程，建筑施工企业应当组织受工程安全、质量监督部门认可的专家进行论证审查，并根据专家论证会的意见和建议，对工程进行修改和完善后方可进行施工。

1.专项方案论证组成员要求

各地住房城乡建设主管部门应根据本地区实际情况，根据专业类别建立省、市两级专家库。一、二级重大事故隐患危险性较大的工程安全专项方案的论证和审查，可由设区市专家库的专家组成。特级重大事故隐患和周边环境、地质、结构复杂的一级重大事故隐患危险性较大的工程安全专项方案的审查，应由省级专家库的专家组成。

2.专家论证的主要内容

（1）对安全专项方案的内容进行审查，确保其完整性，并评估方案的可行性。

（2）审查安全专项方案中计算书和验算依据的准确性，确认其是否符合相关现行标准和规范。

（3）审查安全施工要求能否在工地实际条件下得以满足，考虑方案的可行性。

（4）审查施工安全专项方案审查程序的规范性，确保程序符合规定。

3.安全专项方案论证的具体要求

针对危险性较大的分部分项工程的安全专项方案论证有以下具体要求：

（1）充分辨识危险源。危险性较大分部分项工程的安全专项方案主要内容是对工程的危险源进行充分的辨识。专家论证应对专项方案中关于工程危险源辨识的全面性和充分性进行评估，确保分析和评价具有针对性。

（2）方案的适宜性。专项方案应根据危险源制定相应的安全技术方案，并选择适当的工艺和技术措施。专家论证需要对专项方案中选取的工艺和技术措施的适宜性进行分析和评估。

（3）安全专项方案的安全性和可靠性。论证中需要审查安全专项方案涉及的技术参数、构造要求、设备选型和数量是否符合规范要求。此外，还需要评估方案是否包含有针对性的监控方案、应急预案和救援预案等，以确保专项方案安全可靠。

（4）安全专项方案的实施价值。专家论证还应在确保专项方案安全可靠的基础上对方案的优化和经济性进行评价，评估方案在保证安全可靠性的前提下是否具有实施的价值。

4.安全专项方案的修改

施工单位有责任严格按照专项方案进行组织施工，不得擅自对专项方案进行修改或调整。针对危险性较大的分部分项工程，如果其专项方案超过一定规模，施工单位应根据论证报告对专项方案进行修改和完善。修改后的方案需要经施工单位的技术负责人、项目总监理工程师以及建设单位的项目负责人签字才能组织实施。若专项方案经过论证后需要进行重大修改，施工单位应按照论证报告的要求进行修改，并重新组织专家进行论证。

二、建筑施工安全专项方案的实施

（一）安全生产技术交底

在施工安全专项方案实施之前，编制人员或项目技术负责人有责任向现场管理人员和作业人员进行安全技术交底，并确保参与技术交底的人员签字确认。技术交底的主要内容如下：

（1）有关工程项目施工作业特点、危险源和危险点的介绍；

（2）针对危险源和危险点采取的具体防范措施；

（3）相关的安全操作规程和标准；

（4）安全操作的要求和注意事项；

（5）应当注意的其他安全事项；

（6）应急预案的启动和应急组成员的职责分工；

（7）发生事故后采取的避难和紧急救援措施等。

（二）安全生产技术交底效果检查

项目监理部门有责任对施工方在危险性较大工程中进行的安全生产技术交底的实施情况及其效果进行检查，主要包括以下内容：

（1）是否按照规定组织了各级安全生产技术交底；

（2）安全生产技术交底的主要内容是否完整且具有针对性；

（3）在施工过程中对安全生产技术交底进行抽查，检查其实施效果。

（三）施工专项方案实施监督管理

施工单位有责任指派专人对安全生产专项方案的实施情况进行现场安全监督和按规定进行监测。如果发现未按照安全施工专项方案进行施工的情况，应要求立即整改。同时，如果发现紧急情况可能危及人身安全，应立即组织作业人员撤离危险区域。

（四）应急预案和应急救援预案的演练

在实施危险性较大的分部分项工程之前，项目经理或项目技术负责人应有针对性地组织应急救援预案的演练，该预案包含在安全施工专项方案中。演练的步骤和内容应至少包括以下几个方面：

（1）进行应急预案和应急救援预案的培训或交底。确保相关人员对预案内容和操作程序有充分的了解和掌握。

（2）组织实施应急预案和应急救援预案的演练。通过模拟真实的危险情况和应急事件，验证预案的可行性和有效性。例如，可以进行应急疏散的模拟演练、危险物质泄漏的处理演练等。

（3）对应急预案和应急救援预案的演练效果进行评价。通过观察和评估演练过程中的表现和结果，判断预案在实际应急情况下的应对能力和有效性。

（4）根据演练情况对应急预案和应急救援预案提出修改建议。根据演练中发现的问题和不足，及时调整和完善预案内容，以提高应对突发事件的能力。

（5）项目监理工程师应对演练的实施情况进行抽查，并保留有关应急预案和应急救援预案演练的抽查记录，以确保演练的质量和有效性。

（五）施工安全专项方案实施评价

在危险性较大的分部分项工程的安全专项方案实施完成后，施工单位的技术负责人或安全负责人应及时组织相关人员对实施情况进行评价。该评价应包括以下几个方面：

（1）对危险性较大分部分项工程的安全专项方案实施效果进行适用性评价。评估方案的可行性和实际应用效果能否有效预防和控制安全风险。

（2）对危险性较大分部分项工程的安全专项方案实施效果进行经济性评价。评估方案的成本效益，包括能否合理利用资源、提高工作效率和减少生产成本等方面的评价。

（3）对危险性较大分部分项工程的安全专项方案实施效果进行安全性评价。评估方案的安全措施是否完善，能否确保施工人员和相关人员的人身安全。

（4）对危险性较大分部分项工程的安全专项方案组织实施效果进行评价。评估方案的执行情况和组织管理水平，包括是否按照计划和要求进行施工、安全培训和相关工作的履行情况等。

（5）对是否涉及现行管理规章制度的修正进行评价。评估方案是否需要对现有的管理规章制度进行修订和完善，以更好地适应特定工程的安全管理需求。

（6）对是否涉及现行施工工法、作业指导书的修正进行评价。评估方案是否需要对现有的施工工法和作业指导书进行修订，以提供更具针对性的施工指导和操作规程。

（7）对危险性较大分部分项工程的安全专项方案存在的缺陷和不足进行评价，提出改进和完善的建议。评估方案在实施过程中可能存在的问题和改进空间，以持续提升工程安全管理水平。

第三节　建筑施工安全专项设计计算编制

建筑施工安全专项设计计算是以满足结构目标可靠度的概率极限设计理论和方法为基础，用于保证施工安全的设计计算。它在建筑施工安全专项方案中扮演着核心资料和主要技术依据的角色。本节主要阐述的内容包括该部分的主要职责要求、计算方法以及实践应用。

一、建筑施工安全专项设计计算的主要职责要求

为确保建筑施工安全设计计算书的有序进行，施工企业应根据本单位的具体情况制定相关人员的职责。其中包括项目经理的职责、项目技术负责人的职责、项目安全资料员的职责以及项目材料设备员的职责。监理公司也应制定现场监理工程师的职责。

施工企业应负责汇集整理其承包范围内的工程施工安全技术资料。对于实行总包的工程项目，总包单位负责审查各分包单位编制的施工安全设计计算书和施工安全资料。分包单位应各自负责整理分包项目的施工安全技术资料和施工安全设计计算书。对于未实行总包的工程项目建设单位，应委托一家施工单位负责收集、整理各分包单位的施工安全资料。

施工企业应加强对建筑施工安全设计计算书资料管理工作的领导。各级职能部门的管理工作应配备具备工程技术知识的人员。这些人员需要经过建委或企业的培训考核合格后方可从事该项管理工作。在工程项目施工现场，应指派专人负责资料的收集和管理工作。

必须明确建筑施工安全设计计算书及安全技术资料的管理职责。项目部应实行项目经理、总工程师负责制。项目必须建立健全的岗位责任制，明确各部门及专业责任人员的职责。

二、建筑施工安全专项设计计算的作用和编制流程

（一）安全专项设计计算书的作用

1.作为编制建筑施工安全专项方案的主要依据

经过项目总工（项目技术负责人）审批后，建筑施工安全设计计算书可作为编制施工组织设计或施工安全专项方案的主要依据。施工组织设计或专项施工方案编制完成后，需提交给监理工程师进行审批。

2.利用计算书的数据进行设备调配或采购

在施工组织设计或施工安全专项方案批准后，材料设备员根据施工组织设计和施工安全专项方案中计算书所规定的设备规格和数量进行设备的调配或采购。

3.按照施工组织设计或施工安全专项方案组织施工

经过监理工程师批准后，施工员按照施工组织设计或施工安全专项方案组织施工。如果出现问题，应及时向项目总工（项目技术负责人）报告，并不得随意变更。任何变更都需要经过审核批准后方可进行。

（二）编制建筑施工安全专项设计计算书的项目

（1）天然地基塔吊基础设计计算；

（2）落地式楼板模板支架和满堂楼板模板支架计算；

（3）格构式型钢井架设计计算；

（4）落地式钢管脚手架的设计计算；

（5）大型构件起重吊装的设计计算；

（6）临时用电的设计计算；

（7）地基基坑及山体边坡的支护设计计算。

（三）建筑工程设计计算书编制流程

项目安全员要按照施工安全专项设计计算书编制总流程图的要求，逐项进行建筑施工安全设计的计算工作。特别需要注意的是，在计算过程中必须考虑本企业和本项目部现有的机械设备情况，并根据其进行相应的计算。如果计算结果中只有部分项目符合要求，就需要重新调整计算参数并重新进行计算。如果按现有机械设备的计算结果仍无法满足项目要求，就需要根据企业的财力和设备情况，确定所需机械设备的型号，并决定是在公司范围内进行调整还是购买新设备。最后，将完成的建筑施工安全专项设计计算书打印出来。

建筑施工安全专项设计计算书编制总流程如下：

（1）项目技术负责人员与施工人员、设备员、材料员、安全员和资料员共同熟悉图纸和相关规范。

（2）形成计算参数，收集所需的计算参数。

（3）使用电脑进行自动计算，生成Word格式的计算书。

（4）检查计算结果，如有项目不符合要求，则调整计算参数直到所有项目符合要求。

（5）打印计算书。

（6）将计算书作为编制建筑施工安全专项设计方案和施工组织设计的依据。

（7）编制建筑施工安全专项设计方案和施工组织设计。

（8）将建筑施工安全专项设计方案和施工组织设计报送公司总工程师进行批准。

（9）将建筑施工安全专项设计方案和施工组织设计报送监理工程师进行批准。

以上是建筑施工安全专项设计计算书的编制总流程，每一步都需要严格按照要求进行操作，以保证施工过程安全可靠。其中涵盖了计算参数的确定、自动计算、检查和调整、打印计算书，以及后续的专项设计方案和施工组织设计的编制和审批。在整个流程中，各项工作需要紧密合作，确保施工安全设计准确有效。

三、结构设计基本概念

（一）作用及作用效应

施工设施的结构在安装、施工和使用期间要经受多种力的"作用"。为了确保设计的结构既可靠又经济，需要进行两个方面的研究。首先，需要研究各种力对结构产生的不同效应；其次，需要研究结构或构件内在抵抗这些效应的能力。因此，结构设计的首要任务是确定"作用"在结构上的不同类型和大小。

1.作用的定义

施工设施的结构在安装、施工和使用期间所面临的力学作用是设计过程中必须认真考虑和分析的重要因素。在结构设计中，作用被定义为施加在结构上的集中力或分布力，以及引起结构外部变形或约束变形的原因。

2.作用的分类

（1）根据作用形式分类

根据作用形式的不同，可将分为两类：直接作用和间接作用。直接作用是指以力的形式直接施加在结构上。这些力可以是结构自重产生的荷载，也可以是人员或设备的重量以及诸如风压、雪压或土压等外部荷载。直接作用是通过施加力的方式直接影响结构的受力状态，对结构产生直接的力学效应。间接作用是指引起结构外部变形或约束变形的原因。这些作用不以力的形式直接施加在结构上，而是通过影响结构的固有性质和环境条件引起的。间接作用包括基础沉降、温度变化、混凝土墙的收缩和徐变、焊接变形等。这些作用会导致结构的变形和应力分布的变化，进而影响结构的安全性和稳定性。

（2）根据作用时间分类

建筑结构和施工临时设施的作用按随时间的变异性和出现的可能性分为永久作用、可变作用和偶然作用。

永久作用指那些不随时间变化或变化相对较小且可以忽略的作用。这些作用可对结构产生持久的影响。永久作用包括结构自重、脚手架的自重、模板及支撑体系的自重、土压力、预应力、基础沉降、焊接等。结构自重和土压力通常被称为永久荷载或恒荷载。

可变作用指那些随时间变化且变化幅度相对较大的作用。这些作用对结构产生短期的、非持久的影响。可变作用包括安装荷载、混凝土振捣荷载、施工人员荷载、施工设备及机具荷载、楼面活荷载、屋面活荷载和积灰荷载、风荷载、雪荷载、吊车荷载、温度变化等。这些荷载（除了温度变化）通常被称为可变荷载或活荷载。

偶然作用指那些在结构设计基准期内不一定会发生，但一旦发生，其大小和持续时间都有非常大的作用。

通过深入理解作用的定义和分类，结构设计师可以全面评估结构的受力情况，并针对不同类型的作用选择适当的分析方法和设计策略。合理考虑直接和间接作用对结构性能的影响，可以确保结构设计的可靠性和经济性。因此，在结构设计中对作用的认识和分析至关重要。

3.荷载代表值

结构所承受的荷载是一种随时间变化且不确定的变量。这些荷载包括风荷载（其大小和方向都是变化的）以及施工活荷载（大小和作用位置会随时间而变化）。即使是恒荷载（如脚手架和脚手板的自重），其荷载值也会随材料比重的变化以及实际尺寸与设计尺寸的偏差而变化。

在设计表达式中，直接引用反映荷载变异性的各种统计参数会带来很多困难，并且不便于实际应用。为了简化设计表达，我们通常给荷载一个规定的量值，称为荷载代表值。这个值可以根据在设计基准期内具有最大概率分布的某个分值来确定。如果缺乏充足的数据支持，我们可以依据工程经验和分析来确定荷载代表值。

对于永久荷载，我们采用标准值作为荷载代表值。对于可变荷载，我们采用标准值、准永久值、组合值或频遇值作为荷载代表值。

通过确定荷载代表值，我们可以简化设计表达式，并使其更方便应用于实际工程。采用这种方法的基础是对荷载的概率特性和统计性质的充分理解，以及基于可靠性分析和工程经验的合理评估。在结构设计中，正确选择荷载代表值对于确保结构的安全性和可靠性至关重要。因此，合理确定荷载代表值是结构设计中的一项关键工作。

4.作用效应

作用效应是指直接作用和间接作用对结构所产生的内力和变形的影响。这些作用导致结构内部的力和结构体的变形发生变化。具体而言，直接作用和间接作用都会引起以下效应：内力（包括弯矩、剪力、轴力和扭矩等）和变形（包括挠度、转角、拉伸、压缩和裂缝等）。

直接作用于结构的荷载，例如结构自重、人员重量、设备重量以及各种外部荷载。这些荷载通过施加力的方式直接影响结构的内力和变形。例如，荷载在结构中的作用点位置和大小将导致弯矩的产生，而荷载的分布形式和大小会引起剪力和轴力的产生。

间接作用是由于一些特殊原因引起的结构变形，例如基础沉降、温度变化、混凝土收缩和徐变、焊接变形等。这些作用不以力的形式直接施加在结构上，但会导致结构发生内力的变化和变形。例如，基础沉降会引起结构产生不均匀的变形，导致弯矩和剪力的变化。

四、极限状态设计方法

当整个结构体系或其中一部分超出某一特定状态，无法满足设计规定的特定功能要求时，称之为极限状态。为了对结构的各种极限状态进行明确定义，国际组织如欧洲混凝土委员会、国际预应力混凝土协会和国际标准化组织等一般将极限状态分为两类：承载能力极限状态和正常使用极限状态。而加拿大曾提出了三种极限状态的分类，包括破坏极限状态、损伤极限状态和使用极限状态。其中，损伤极限状态指混凝土出现裂缝或碎裂导致的损伤，由于对人身安全的危险性较小，因此相比于破坏极限状态，允许出现较大的失效概率。

此外，国际上还有一种结构的极限状态被称为"破坏—安全"极限状态或条件极限状态。当超越这种极限状态并导致破坏时，允许结构发生局部损坏，但已经损坏的局部结构的其他部分应具备适当的可靠度，能够继续承受降低的设计荷载。这一指导思想是考虑到偶然事件发生后，要求结构仍然保持完整无损是不现实的，也是无必要且不经济的。因此，只要求结构不因此产生更严重的损失。这种设计理论可以应用于桥梁抗震和连拱推力墩的计算等领域。

除了承载能力极限状态和正常使用极限状态的分类，随着技术进步和科学发展，工程结构上还需要考虑"连续倒塌极限状态"。这种极限状态表示当某个构件局部被破坏或发生破损时，整个结构仍然能够在一定时间内保持必要的整体稳定性，防止发生连续倒塌。

所谓结构的可靠度设计一般是将具有概率意义的极限状态方程转化为极限状态设计表达式。这种设计方法被称为概率极限状态设计。在工程结构设计中，可使用概率意义上的可靠度、可靠概率或可靠指标来评估结构的安全性。实际上，结构设计永远无法达到绝对可靠，最多只能说其不可靠概率或失效概率相当小，一般应小于5%。

五、建筑施工安全专项设计的基本方法

在进行建筑结构设计时，设计人员需要遵循安全、适用、耐久和经济合理的一般原则。下面是结构设计的一般过程和方法。

（一）方案设计

施工临时设施的方案设计包括结构选型、结构布置和尺寸估算。根据建筑物的设计方案确定结构选型，并进行定位轴线和构件的布置。根据变形条件和稳定条件估算水平构件尺寸，以及根据侧移限制条件估算竖向构件。

（二）荷载与力学分析

采用线弹性、塑性或非线性等分析方法进行静力分析（内力分析和变形分析）和动力分析。确定临时设施的永久荷载和可变荷载，其中永久荷载包括临时设施或架体等结构自重和附件自重，可变荷载包括作业层上的人员、施工设备、施工材料的自重以及风荷载。

1.永久荷载的分项系数应取1.2，可变荷载的分项系数应取1.4

对于构件变形的正常使用极限状态验算，应采用荷载效应的标准组合的设计值，各种荷载分项系数均应取1.0。在设计施工临时设施的承重构件时，应根据使用过程中可能出现的荷载选取最不利组合进行计算。

2.施工临时设施构件受力计算

进行施工临时设施结构设计时，对构件计算应根据其受力的数量和位置进行。

（三）构件设计

施工临时设施的构件设计主要包括控制截面选取、荷载与内力组合下的截面设计、节点设计和构件的构造设计。通过承载力极限强度计算公式计算各构件的强度和稳定性，通过正常使用极限状态验算挠度和变形。

（四）耐久性设计

在满足强度要求的基础上，根据使用要求、施工环境、施工周期等条件，对施工结构或构件的耐久性进行必要的设计和校验。

（五）特殊要求设计

对具有特殊功能要求的施工结构或构件，需要根据其受力特征和使用要求，按照特殊要求进行设计和计算，并绘制相应的施工图纸。

（六）绘制结构施工图

基于设计计算结果，绘制相应的施工临时设施施工图，包括结构布置图、构件施工图、大样图以及施工说明等。

第四章 建设工程监理组织

第一节 组织的基本原理

组织是管理过程中不可或缺的重要职能，尤其在建设工程监理中，建立一个精干高效的项目监理机构，并使其正常运行，是实现监理目标的前提条件。因此，组织的基本原理是监理工程师必备的基础知识。

一、组织与组织结构

（一）组织的内涵

组织的定义可理解为利用分工与协作、设立层次化的权力和责任制度来组成的人的群体，旨在使系统达到特定目标。

"组织"一词从不同的角度来讲含义各异。首先，作为实体，组织是一群具有正式关系的人，他们组合在一起为了实现组织自身的目标而存在。对于正式组织来说，这种关系反映了人们在职务和职位结构上的正式安排。组织必须设定明确的目标，并以此为导向，确定每个人的职责和任务，并确保各项活动之间的协调一致和高效率。

其次，组织也是一个过程，主要指人们为了实现特定目标而创建组织结构，并为适应环境变化而维持和调整这种结构，使组织能够发挥作用。管理者需要根据工作需求精心设计组织结构，明确每个职位的任务、权力、责任、相互关系以及彼此间的信息沟通渠道，以便使参与者能够在实现目标的过程中发挥出超越个人协作能力的效应。同时，管理者还需要根据环境变化对组织结构进行改革、创新或重构。合理的组织结构只是实现特定目标的前提条件，要有效地完成组织的任务，各级管理者还需要主动、合理地协调人力、物力、财力和信息，以保证组织结构高效运行。

作为生产要素之一，组织相较于其他要素具有明显的特点：其他要素可以相互替代，例如通过增加机器设备等劳动手段就可以替代一部分劳动力，然而组织不能被其他要素替代，也不能替代其他要素。相反，组织仅仅是使其他要素能够合理配合并发挥增值作用的要素。换句话说，组织可以提高其他要素的使用效率，确保它们的协调运作并达到更高的综合效益。

（二）组织结构的内涵

组织结构是指组织内部构成以及各部分间建立的相互关系和联系方式的稳定性。下面几种描述反映了组织结构的基本内涵：一是确定正式关系与职责的形式；二是分配任务和活动给组织的各个部门或个人的方式；三是协调各个分离活动和任务的方式；四是组织内权力、地位和等级关系的安排。组织结构的核心内容包括复杂性、规范性以及集权与分权性。

1.组织结构的复杂性

组织结构的复杂性是指组织内部的差异性，包括横向差异性、纵向差异性和空间分布差异性。这些差异的变化都会影响到组织结构的复杂性程度。横向差异性是指组织成员之间的差异性以及由社会劳动分工引起的专业化和部门化；纵向差异性指管理层级的层数和层级之间的差异程度；空间分布差异性描述了组织的管理机构、工作地点及人员在地理上的分布差异。组织的发展和其他任务以及管理权力在地理上的分布性决定了组织的空间扩展和分布的可行性。

2.组织结构的规范性

组织结构的规范性是指组织内各项工作的标准化程度，包括方针政策、规章制度、工作程序和工作过程的规范化程度。组织的规范程度会因技术和专业工作的不同而有所差异，也随着管理层次和职能分工的不同而变化。提高组织的规范性可以带来效益，因为工作越规范，工作自由度就越小，这意味着成本越低。

3.组织结构的集权与分权性

组织结构的集权与分权性是指决策权在组织结构中的集中程度和集中在哪个层级。高度集权意味着决策权高度集中在组织的最高管理层；低度集权即分权，意味着决策权分散在组织的各个管理层和员工中。因此，分权可以使组织受益良多。然而，在某些情况下，集权也可能更有利。

二、组织设计

组织设计是一个涉及组织活动和组织结构的细致过程，其有效性对于提高组织活动效能具有重要的影响。组织设计的要点：一是组织设计是管理者在系统中建立最优相互关系的合理化、有意识的过程；二是该过程不仅考虑系统的外部要素，还考虑系统的内部要素；三是组织设计的结果是形成有机的组织结构。

（一）组织构成因素

组织构成一般采用从上至下逐渐扩大的形式，并由以下四个关键因素构成：管理层次、管理跨度、管理部门和管理职能。这些因素之间相互关联，互相制约。

1.管理层次

管理层次指的是从组织的最高管理者到最基层实际工作人员之间的等级层次数量。管理层次可以分为三个层次：决策层、协调层和执行层/操作层。决策层的任务是确定组织的目标、制定大政方针和实施计划，其必须高效而精干；协调层主要负责参谋和咨询工作，成员需要具备较高的业务能力；执行层的任务是直接组织和调动人力、财力、物力等具体活动内容，其成员需要具有实干精神并能够坚决执行管理指令；操作层的任务是从事操作和完成具体任务，其成员需要具备熟练的操作技能。这三个层次在功能和要求上有所不同，标志着不同的职责和权限，并同时反映了组织机构中人员数量的变化规律。

组织的最高管理者到最基层实际工作人员的权责逐层递减，而人数逐层递增。如果组织缺乏足够的管理层次，将导致其运行陷入无序的状态。因此，组织必须确立必要的管理层次。然而，管理层次过多也不适宜，不仅会造成资源和人力的浪费，还会导致信息传递的延迟、指令走样和协调困难。

2.管理跨度

管理跨度是指上级管理人员直接管理的下级人数或部门数。由于每个人的能力和精力是有限的，上级管理人员能够有效指挥的下级数量也有一定的限度。

管理跨度的大小取决于需要协调的工作量，而该工作量是根据下级人数的几何级数变化而变化的。管理跨度具有很大的弹性，并受多种因素的影响。其中包括管理人员的性格、才能、个人经历、授权程度以及被管理者的素质。此外，它还与职能难易程度、工作地点的远近、工作的相似程度以及工作制度和程序等客观因素有关。确定适合的管理跨度需要积累经验，并在实践中进行必要的调整。一般来说，一个组织中高级和中级管理人员的有效管理跨度宜为3~9人（或部门），而低级管理人员的有效管理跨度可以稍大一些。

3.管理部门

管理部门是指组织结构中由工作人员组成的若干管理单元。部门的划分是对管理劳动进行分工，将不同的管理人员安排在不同的管理岗位和部门中，通过他们在特定环境和相互关系中的管理工作，使整个管理系统有机地运转。

合理的部门划分对于发挥组织的效能非常重要。如果部门划分得不合理，将导致控制和协调困难，同时，也会造成人员空置和人力、物力、财力的浪费。管理部门的划分应该根据组织目标和工作内容来进行，形成既相互分工又相互配合的组织架构。

4.管理职能

进行组织设计时，需要对各个部门的职能进行组织、设计和确定，以实现纵向领导、检查和指挥的灵活性，确保指令传递快速、信息反馈及时；同时，还要实现横向各个部门之间的联系和协调，使各部门具有明确的职责和责任，各部门人员能够尽职尽责。

在管理职能的划分中，要考虑使纵向的领导、检查和指挥机制具备灵活性，以实现指令的快速传递和信息的及时反馈。同时，也要确保各个部门之间相互联系、协调一致，使它们在组织结构中有明确的职责和责任。这样才能有效地实现管理职能的目标。

（二）组织设计的依据

组织设计是组织管理中至关重要的一环，它的目的是确保组织能够高效运转并实现既定的战略目标。组织设计的依据可以从多个方面加以考虑。

1.组织战略

组织必须选择与其条件相适应的战略，并相应地在组织结构上进行配合，以确保组织战略的有效执行。不同的战略选择会产生不同的组织结构需求，例如，市场竞争战略可能需要扁平化和灵活的结构，而产品创新战略可能需要跨部门的协作和创新能力。

2.组织环境

组织所处的环境中存在各种不确定因素，对于这些变化，组织只能努力适应。因此，组织结构必须能够灵活应对环境的变化，及时进行调整和优化。对环境变化的敏感性和应变能力，成为组织设计应重点考虑的因素。

3.组织规模

组织规模的增长会导致水平差异的增加，并且可能扩大地区差异。随着组织规模的扩大，组织结构的规范化程度也会提高，高层管理者难以直接控制庞大的下属团队，从而造成分权。因此，在组织设计过程中，必须考虑到组织规模对结构复杂性的影响，以实现组织协调和管理的有效性。

4.技术

不同的生产技术和方式，需要相应的组织结构来支持其运作。对于稳定的常规技术，组织结构通常需要高度规范化；而对于变化较大的工程型技术，组织结构可能更加灵活，但集权化程度较高；而工艺性技术适合具有适度规范化和分权管理的结构。非常规技术则可能需要采用有机式组织结构，以降低规范化程度，更好地适应创新和变化。

综上所述，组织设计的依据是多方面的，并且需要综合考虑组织战略、组织环境、组织规模和技术等因素。通过科学合理地进行组织设计，可以使组织更加专业化和学术化，提高工作效率和适应性，从而推动组织实现其战略目标。

（三）组织设计的原则

1.集权与分权统一的原则

在项目监理机构的设计中，集权和分权并不是绝对的概念。集权指的是总监理工程师掌握监理权力，而专业监理工程师是其命令的执行者；分权则是在总监理工程师的授权下，各专业监理工程师在自己的管理范围内拥有足够的决策权，而总监理工程师主要发挥协调作用。确定项目监理机构是采取集权还是分权的形式，需要综合考虑工程建设的特点、监理工作的重要性，以及总监理工程师和专业监理工程师的能力、精力、工作经验和态度等因素。

2.组织分工协调原则

组织分工协调原则是保证组织高效运行的基本要素。在设置监理组织机构时，需要正确处理内部人员之间的关系、领导与被领导的关系，以及部门之间错综复杂的关系。要减少或避免组织内部的行为矛盾和冲突，使各种组织要素协调统一。为此，首先要理顺各种关系，包括领导与被领导关系、部门的隶属与从属和相互作用关系。其次，要规范组织的工作任务体系。进一步完善工作制度，如请示汇报制度、工作会议制度、业务考核制度、职责和奖惩制度等。最后，建立各种协调机制，各级组织都应建立协调功能团队，使协调功能团队与任务执行功能团队相分离，真正发挥其对内部纵向和横向的协调作用。

3.管理跨度和管理层次相统一的原则

管理跨度和管理层次相统一是另一项基本原则。管理跨度的扩大可以减少管理层次，加快信息传递，减少信息失真，并使信息反馈及时。这样可以减少管理人员，降低管理成本。然而，如果上级主管需要协调的工作量增大，可能导致组织失控。因此，要根据组织内部条件和外部环境的不同，综合权衡，适当确定管理跨度和管理层次的数量。

4.责、权、利对等原则

责、权、利对等原则是指在监理组织中，明确划分职责、权力和利益，并确保它们之间的对等关系。每个岗位职务的管理者在承担规定的工作任务和责任时，也必须规定相应的权力和利益。责、权、利是相对于特定岗位职务来说的，不同的岗位应有不同的责、权、利，但应始终保持对等。责大于利容易影响管理人员的积极性、主动性和创造性，使组织缺乏活力；权大于责容易导致职权滥用，危及整个组织系统的运行。因此，确保责、权、利的对等关系对于组织的效能至关重要。

5.才职相称原则

每个工作的分配都应该基于完成该工作所需的知识和技能。通过考察个人的学历、经验，进行测试和面试等方式，了解其知识、经验、能力和兴趣，并进行评估比较。在职务设计和人员评审方面，应采用科学的方法，使个人的才能与其职务的要求相适应，实现才职相称，充分发挥个人所长。

6.效益原则

效益原则是现场监理组织设计中的另一个重要原则。在组织结构中，各部门和人员应围绕组织目标充分协调，在最合适的结构下，用较少的人员、较少的层次和较少的时间实现管理效果，做到精简高效。这样可以让每个人都有工作可做，让每项工作都有人负责，确保质量和数量，保持工作负荷饱满，提高效率。

三、组织机构活动基本原理

（一）要素有用性原理

一个组织机构的基本要素包括人力、物力、财力、信息和时间等。在运用要素有用性原理时，首先需要认识到这些要素在组织活动中的实用性，从而充分发挥每个要素的作用。根据不同要素的作用大小、主次和质量，合理地安排、组合和使用它们，以实现人力充分发挥才能、财力充分利用和物力充分运用的目标，最大限度地提高对各要素的利用率。

所有要素都具有作用，这是它们的共同特点，然而，要素不仅具有共性，还有个性。例如，即使是监理工程师这一职位，由于专业、知识、能力和经验等方面的差异，所能发挥的作用也会不同。因此，管理者在组织活动过程中不仅要认识到所有要素的作用，还需要具体分析每个要素的特殊性，以充分发挥每一个要素的作用。

（二）动态相关性原理

组织系统在静止状态下相对静止，而在运动状态下绝对运动。组织系统内部的各要素既相互联系又相互制约，既相互依存又相互排斥。这种相互作用推动组织活动的进步和发展。这些相互作用的因素被称为相关因素。充分发挥相关因素的作用是提高组织管理效果的有效途径。在事物组合的过程中，由于相关因素的作用，可以使其发生性质变。整体效果不等于各局部效果的简单相加，各局部效果之和与整体效果不一定相等，这就是动态相关性原理。

（三）主观能动性原理

人类和宇宙中的其他事物的共同属性是运动，它们都是客观存在的物质。然而，人类与其他事物不同之处在于，人类具有生命、思想、感情和创造力。人类的特点在于能够制造工具并使用工具进行劳动，通过劳动改造世界也改造自己，能够继承并在劳动中运用和发展前人的知识，从而发挥自身的主观能动性。作为生产力中最活跃的因素，组织管理者的重要任务就是激发人的主观能动性。一旦能动性得到发挥，将会产生良好的效果。

（四）规律效应性原理

在管理过程中，组织管理者需要掌握规律，按照规律行事，将注意力集中在事物内部、本质和必然的联系上，以实现预期目标并取得良好的效果。规律和效应之间存在密切的关系，成功的管理者了解只有努力揭示规律，才有可能取得效果；而要取得良好的效果，就必须主动研究规律，并坚决按照规律行事。只有充分理解和遵循规律，才能在组织管理中取得成功。

第二节　建设工程项目组织能力

一、建设工程项目组织管理基本模式

建设工程项目组织管理的模式主要有平行承发包模式、设计/施工总分包模式、项目总承包模式、项目总承包管理模式、设计和（或）施工联合体承包模式等。

（一）平行承发包模式

1.平行承发包模式的结构

平行承发包模式是指业主将工程项目的设计、施工等任务进行分解，分别发包给若干设计单位和施工单位，与各方签订承包合同。各设计单位之间的关系是平行的，各施工单位之间的关系也是平行的。

平行承发包模式的关键在于合理分解和分类综合项目，以确定每个合同的发包内容，便于优选承包商。在进行任务分解和确定合同数量、内容时，首先应考虑工程项目的性质、规模和特点。对于规模大、范围广、专业多、工期长的工程项目，通常需要较多的合同数量。同时，需要考虑市场情况，根据承包商的规模大小和市场分布情况，力求项目分解发包与市场结构相协调。合同任务和内容应适应大、中、小承包商的竞争，符合市场惯例、市场范围以及相关规定。最后，根据项目贷款协议的要求，考虑贷款适用范围以及贷款人的资格情况。

2.平行承发包模式的优点

（1）可以充分发挥不同设计单位和施工单位的专业优点，提高项目的质量和效率。

（2）可以增加竞争性，促使各方在设计和施工中不断改进和创新。

（3）可以实现分工合作，加快项目进度，缩短工期。

（4）可以分散风险，避免一个承包商出现问题导致整个项目受阻。

（5）可以减轻业主的管理压力和负担。

3.平行承发包模式的缺点

（1）需要较复杂的合同管理和协调工作，增加了管理成本和难度。

（2）各个设计单位和施工单位之间的信息交流和协同工作可能存在困难，需要加强沟通和协作。

（3）需要业主对各个合同与承包商进行管理和监督，以确保各方按合同约定履行责任。

（二）设计/施工总分包模式

1.设计/施工总分包模式的结构

设计/施工总分包模式是一种在建设工程项目组织管理中常见的模式。在该模式下，业主将全部设计任务委托给一个设计单位作为设计总承包，同时将全部施工任务委托给一个施工单位作为施工总承包。总承包单位还可以将其中一部分任务分包给其他的承包单位，从而形成一个设计总合同、一个施工总合同以及若干个分包合同的组织结构。

2.设计/施工总分包模式的优点

（1）有利于建设工程的组织管理：业主只需与一个设计总包单位或一个施工总包单位签订合同，减少了合同数量，有利于简化业主的合同管理工作，减少协调工作量。此外，该模式激发了监理与总包单位之间多层次协调的积极性。

（2）有利于投资控制：总包合同价格可以较早确定，监理单位也更容易进行控制。

（3）有利于质量控制：该模式下，分包单位进行自我控制，在总包单位的监督下，同时接受工程监理单位的检查与认可，有利于提高质量控制水平。

（4）有利于工期控制：总包单位具备控制工期的积极性，使各分包单位之间相互制约，有助于整体进度的协调控制，并有利于监理工程师对工期的控制。

3.设计/施工总分包模式的缺点

（1）建设周期较长：在该模式下，设计图纸完成后才能进行施工总包的招标，无法实现设计阶段和施工阶段的紧密衔接，且施工招标所需时间较长。

（2）总包报价可能较高：对于规模较大的建设工程，通常只有大型承建单位具备总包资质和能力，竞争相对不激烈。另外，总包单位会在分包报价的基础上加收管理费用，并将其作为整体报价向业主提出，导致总体报价偏高。

（三）项目总承包模式

1.项目总承包模式的结构

工程项目总承包是指业主将一个工程项目的设计任务和施工任务全部委托给一个总承包单位的管理模式。总承包单位可以负责完成整个项目的设计和施工任务，也可以在获得业主认可的前提下将部分设计任务和施工任务分别委托给其他设计单位和施工单位。根据这种模式进行发包的工程项目通常被称为"交钥匙工程"，因为总承包单位将一个已满足交付条件的项目交给业主。

2.项目总承包模式的优点

（1）合同管理范围整齐单一，有利于控制投资：在总承包模式下，合同范围明确，只与一个总承包单位签订合同，有利于业主对投资进行控制和管理。

（2）减轻业主的协调工作量：业主与总承包单位之间的协调工作相对较少，许多协调工作被转移到项目总承包单位和其余分包单位之间进行，进一步减轻了业主的工作负担。

（3）设计阶段与施工阶段相衔接，有利于控制进度：总承包模式通常可以实现设计阶段与施工阶段的无缝衔接，有利于对项目进度进行控制和管理。

3.项目总承包模式的缺点

（1）合同管理难度较大，易引发合同纠纷：由于合同条款在总承包模式下不易准确确定，合同管理的难度较大，容易引起较多的合同纠纷。

（2）承包方风险较高，选择总承包单位相对困难：对于承包方来说，总承包模式下的风险较大，选择合适的总承包单位相对困难，需要充分考虑各方面的因素。

（3）业主主动性受限，难以实现全面、准确的工程质量和功能要求：在总承包模式下，业主的主动性受到一定限制，工程质量标准和功能要求难以全面、准确地实现。

（四）项目总承包管理模式

1.项目总承包管理模式的结构

工程项目总承包管理模式是指建设业主将项目的设计和施工的主要阶段委托给专门从事设计与施工组织管理的单位，并通过分包的方式将任务分配给多个设计和施工承包商，并对其进行项目管理。相对于项目总承包模式而言，项目总承包管理模式不直接参与设计和施工，而是将承接的设计和施工任务全部分包，并站在项目总承包的角度对项目进行管理。在这种模式下，建设单位可以派遣一部分人员进行协调工作，同时对项目总承包管理单位的工作进行监督。而项目总承包管理单位拥有自己的设计、施工实体，成为设计、施工、材料和设备采购的主要力量。

2.项目总承包管理模式的优点

项目总承包管理模式的优点在于合同关系简单，有利于合同管理和组织协调，同时有助于控制项目的进度和投资。

3.项目总承包管理模式的缺点

（1）由于项目总承包管理单位与设计、施工单位之间是总包与分包的关系，后者才是项目实施的基本力量。因此，监理工程师对分包项目的确认工作成为非常关键的问题，需要进行有效的管理和控制。

（2）项目总承包管理单位自身的经济实力通常较弱，而承担的风险相对较大。因此，在采用这种承发包模式时，应该持慎重态度，充分评估风险并确保能够有效应对。

（五）设计和（或）施工联合体承包模式

1.设计和（或）施工联合体承包模式的结构

对于大型和特大型土木工程项目，由于其规模庞大且技术含量较高，通常需要数家设计和施工单位组成设计和施工联合体来参与承包。在这种承包模式下，业主与一个由若干设计和（或）施工单位组成的联合体签订合约，将工程项目的设计和施工任务委托给联合体来完成。

2.设计和（或）施工联合体承包模式的优点

（1）风险共担：设计和（或）施工联合体承包模式可以有效地分担项目风险。各参与单位共同承担项目的风险和责任，减轻了单一承包商面对项目风险的压力。

（2）管理和技术优势：通过联合多个设计和施工单位，可以充分利用各方的管理和技术优势。不同单位之间的专业知识和经验相互补充，能够提高整体的施工水平和效率。

（3）承包能力增强：设计和（或）施工联合体承包模式能够整合各参与单位的资源和能力，提升整体的承包能力。联合体能够更好地处理项目需求和应对挑战，提供更完整、综合的解决方案。

3.设计和（或）施工联合体承包模式的缺点

（1）内部合同管理复杂：设计和（或）施工联合体需要签订内部合同来明确各方之间的经济关系和责任。内部合同的管理和执行需要更加细致和复杂的协调措施，可能增加项目管理的工作量和难度。

（2）沟通和协调成本高：联合不同的设计和施工单位可能面临来自沟通和协调方面的挑战。不同单位之间的工作合作和信息交流需要更加密切和高效，增加了沟通成本和协调成本。

（3）可能存在合作风险：设计和（或）施工联合体的成功运作依赖于各方之间的合作和配合。如果合作关系出现问题，可能影响项目进展和工程质量，增加了一定的风险。

二、建设工程监理模式

建设工程监理模式的选择与建设工程组织管理模式密切相关，监理模式对建设工程的规划、控制、协调起着非常重要的作用。下面针对前述的建设工程组织管理模式介绍几种监理模式。

（一）平行承发包模式条件下的监理模式

与建设工程平行承发包模式相适应的监理模式有两种主要形式。

第一种形式是业主委托一家监理单位对整个工程项目进行监理。这种监理模式对监理单位提出了较高的要求，需要具备较强的合同管理、组织协调和全面规划能力。在这种模式下，业主的工作量较小，只需与一家监理单位进行协调，适用于比较简单的工程项目。对于较为复杂的工程项目，监理单位可以根据项目承包商的情况组建多个监理分支机构，分别对各个承包商进行监理，由项目总监负责整体协调，以确保监理工作的整体性。

第二种形式是业主委托多家监理单位分别对承包商进行监理。这种监理模式使监理单位的监理对象比较单一，有利于对承包商进行管理。然而，项目监理工作被分解，不利于总体规划和协调。业主需要与各个监理单位分别签订合同，并承担协调各监理单位的任务。这种模式适用于业主管理能力较强且工程项目较为复杂的情况。

（二）设计/施工总分包模式条件下的监理模式

在设计/施工总分包模式下，业主有两种选择：一种是委托一家监理单位对项目的全过程进行监理，另一种是根据设计阶段和施工阶段分别委托监理单位进行监理。前者的优点在于监理单位能够综合考虑设计阶段和施工阶段的工程投资、进度和质量控制，使监理工作能够在整体上进行合理的规划和协调。此外，这种模式还有助于监理工程师更好地了解设计思路和设计意图，从而有利于施工阶段的监理工作顺利进行。

虽然总包单位对承包合同负有乙方最终责任，但分包单位的资质和能力直接影响工程的质量、进度等目标的实现。因此，监理工程师在工作中必须对分包单位的资质认真地进行审查和确认，确保分包单位具备相应的资质和能力。

（三）项目总承包模式条件下的监理模式

在工程项目总承包模式下，业主与总承包单位签订一份工程承包合同，通常会选择委托一家监理单位进行监理工作。这种模式要求监理工程师具备较全面的知识，能够有效地协调项目各方面的工作。

（四）项目总承包管理模式条件下的监理模式

在工程项目总承包管理模式下，业主与承包方只签订一份总承包合同，因此更适合选择委托一家监理单位来进行监理工作。这样可以便于监理单位对总分包合同以及总承包商的分包等活动进行管理。尽管项目总承包管理单位和监理单位都对项目进行管理，但两者在性质、立场和内容上存在明显差异，因此在实施管理过程中需要相互协调，但不能互相取代。

（五）设计和（或）施工联合体承包模式条件下的监理模式

在设计和（或）施工联合体承包模式下，由于联合体对外一般有一个明确的代表负责承包合同的履行，因此业主通常会委托一家监理单位进行监理工作。这种监理模式下的合同管理较为简单，但监理单位在协助业主选择联合体方面起着关键作用。在选择过程中，监理单位需要综合考虑联合体成员的技术、管理、经验、财务状况和信誉等因素，同时，还需要考虑各成员之间的协调与组合，以确保联合体的顺利运作。

第三节　建设工程项目监理实施程序与原则

一、建设工程项目监理实施程序

建设监理单位在接受业主委托后，需要选派拟任总监理工程师提前介入工程项目，一旦签订监理合同，则意味着监理业务正式成立，并进入工程项目建设监理实施阶段。

（一）确定项目总监理工程师，成立项目监理机构

为确保监理工作高效进行，监理单位应根据建设工程的规模、性质和业主对监理的要求，委派经验丰富且称职的人员担任项目总监理工程师，该工程师将代表监理单位全面负责该工程的监理工作。通常情况下，在监理单位承接工程监理任务，参与工程监理的投标、拟定监理方案以及与业主商签委托监理合同时，就应选派经验丰富的人员担任主持人。一旦监理任务确定并签订委托监理合同后，该主持人即可正式担任项目总监理工程师的角色。通过这种提前介入的方式，项目的总监理工程师能够早期了解业主的建设意图和

对监理工作的要求，从而更好地与后续工作衔接。总监理工程师在监理工作中扮演着一个重要的角色，他既对监理单位负责，也对业主负责。

构建项目监理机构是监理工作中的关键环节，其人员构成是监理投标书中的重要内容，也是业主在评标过程中认可的因素之一。总监理工程师在组建项目监理机构时，应根据监理方案的要求以及委托监理合同的内容进行组建，并在监理规划和具体实施计划的执行过程中进行及时的调整，以确保监理团队的稳定和高效运作。监理机构的人员应具备丰富的监理经验和专业知识，能够胜任各种监理职责，并在工程项目的不同阶段提供全面的监理支持。通过合理组建项目监理机构，监理单位能够更好地履行监理职责，确保工程项目的顺利进行。

（二）编制工程项目的监理规划和制定监理实施细则

工程项目的监理规划是一份纲领性文件，旨在指导项目监理组织全面开展监理活动，为监理人员有效进行监理工作提供依据和指导。在监理规划的指导下，需要结合工程项目的实际情况，制定相应的实施细则，以具体指导工程项目的投资控制、质量控制和进度控制。

（三）监理工作交底

在实施监理工作之前，通常会提前说明监理工程项目管理工作的重点、难点以及需要注意的问题，以增强监理工作的针对性和预见性。

（四）规范化地开展监理工作

监理工作的规范化体现在以下几个方面：

1.工作的时序性

监理的各项工作应按照一定的逻辑顺序有序展开，确保监理工作能够有效地实现目标，避免工作状态的无序和混乱。

2.职责分工的严密性

建设工程监理工作由不同专业、不同层次的专家群体共同完成，彼此之间严密的职责分工是协调进行监理工作和实现监理目标的重要保证。

3.工作目标的确定性

在职责分工的基础上，每项监理工作都应明确具体的目标，并规定完成时间，以便通过报表和资料检查来评估监理工作及其效果。

（五）参与验收，签署建设工程监理意见

建设工程施工完成后，监理单位应在正式交验之前组织竣工预验收。如发现有问题，应及时与施工单位沟通并提出整改要求。监理单位应参加业主组织的工程竣工验收，并签署监理单位的意见，这样可以确保监理单位对工程质量和合规性进行审核，并为工程移交提供专业判断的依据。

（六）提交建设工程监理资料和监理工作总结

在完成项目建设监理任务后，监理单位有责任向业主提交完整的监理档案资料，其中包括监理设计变更和工程变更的文件资料，监理指令性文件，各种签证资料以及其他根据约定需要提交的档案资料。此外，监理单位还需要提交详尽的监理工作总结，具体包括以下内容：

1.向业主提交的监理工作总结

在这部分总结中，监理单位需要概述监理委托合同的履行情况，评价监理任务或目标的完成情况，并提供由业主提供的办公用房、交通设备、试验设施等清单作为监理活动使用的证明。同时，必须清楚地说明监理工作已经顺利结束。

2.向社会监理单位提交的工作总结

这部分需要总结监理单位在工作中积累的经验，包括可采用的各种技术方法或经济组织措施的经验，签订合同和协调关系的经验等。同时，还需要指出在监理工作中存在的问题，并提出改进的建议，以便进一步提高监理工作的质量。

二、建设工程监理工作内容

建设工程监理工作主要包括控制工程造价、建设工期和工程质量，进行工程建设合同管理和信息管理，以及安全监管，同时，还需要协调各相关单位的工作关系，称之为"三控三管一协调"。建设工程安全生产监管已经成为监理单位的法定职责。下面将对各阶段的具体工作内容进行详细介绍。

（一）建设前期阶段

（1）进行投资决策咨询，包括提供投资建议和相关信息分析，为业主的决策提供技术支持和参考。

（2）编制项目建议书和项目可行性研究报告，对项目的可行性、前景和经济效益进行评估和分析。

（3）进行项目评估，包括对已有的规划方案、环境影响评价等进行审查和评估，确

保项目的可行性和合规性。

（二）设计阶段

（1）审查和评选设计方案，对设计方案进行综合评估，确保设计方案符合规范和要求，并满足业主的需求。

（2）选择勘察设计单位，在设计过程中选择合适的勘察设计单位并与其协作，确保勘察设计的准确性和可行性。

（3）核查设计概算书，对设计概算进行审核和核对，确保概算的合理性和准确性。

（三）施工准备阶段

（1）协助建设单位编制招标文件，包括编制招标公告、技术规格书、合同草案等，确保招标过程的顺利进行。

（2）核查施工图设计和概（预）算书，确保施工图设计和概（预）算的准确性和一致性。

（3）协助建设单位组织招标投标活动，参与和协调招标投标活动，确保招标过程的公平、公正和透明。

（4）协助建设单位签订勘察设计合同，并监督合同的实施，确保合同的履行和合规性。

（5）协助建设单位与中标单位商签承包合同，在合同签订过程中提供支持和指导。

（四）施工阶段

（1）协助建设单位与承包单位编写开工报告，确保开工报告的准确性和完整性。

（2）确认承包单位选择的分包单位，对承包单位选择的分包单位进行审查和确认。

（3）对施工组织设计方案进行审批和核准，确保施工的合理组织和安排。

（4）依据合同约定和施工计划，下达开工指令，确保施工按计划进行。

（5）审查承包单位提供的材料设备采购清单，确保材料设备的规格和质量满足要求。

（6）检查工程使用的材料设备的规格和质量，确保施工的质量和安全性。

（7）对施工过程中的技术措施和安全防护设施进行检查和评估。

（8）主持协商工程设计变更，对超出委托权限的变更进行协商和决策，确保变更的合规性。

（9）督促履行承包合同，主持协商合同条款的变更，调解合同双方的争议，处理索赔事项。

（10）检查工程进度和施工质量，参与分部分项工程的验收，签署工程付款凭证，确保工程进度和对质量的控制。

（11）督促整理承包合同文件和技术档案资料，组织整理承包合同相关文件和技术档案资料，确保档案的完整性和准确性。

（12）组织工程预验收，编写工程质量评估报告，评估工程的质量和完工情况。

（13）对承包单位提供的工程结算资料进行核查，确保结算的准确性和合规性。

（五）工程保修阶段

在工程建设完成后的规定保修期内，监理单位将承担负责的角色，对工程质量状况进行全面检查，鉴定可能存在的质量问题并确定责任方。同时，监理单位将积极督促责任单位采取必要的措施对质量问题进行修正，以确保工程质量的稳定和可靠。

在工程保修阶段，监理单位需要进行以下工作：

1.完善检查程序

监理单位应制定详细的工作计划和检查程序，确保覆盖工程的各个方面和关键部位。这将有助于全面检查工程质量问题，并发现可能存在的缺陷和隐患。

2.质量鉴定与责任追究

通过对工程质量的详细检查和评估，监理单位将鉴定工程存在的问题，并确定责任方。其中包括确认责任单位、责任人以及问题的具体性质和原因等。监理单位应根据相关法规和合同约定，对质量问题追究责任。

3.质量问题修正督促

一旦质量问题被确认，监理单位应积极与责任单位进行沟通和协调，督促其及时采取修正措施。监理单位应加强对责任单位的监督，确保问题得到及时解决和修复。

4.建立记录和报告

监理单位应建立详细的记录，包括对质量问题的描述、责任单位的整改情况以及监理单位的督促行动等。同时，监理单位应及时向业主和相关方面提供相关的报告和信息，确保问题得到全面记录和跟踪。

5.协调关系与沟通

在工程保修期内，监理单位扮演的是协调者的角色，积极与业主、责任单位和相关方面进行沟通和协作。通过及时的沟通和有效的协调，监理单位积极推动质量问题的解决，确保工程质量得到最终保障。

三、建设工程项目监理实施原则

监理单位受业主委托对建设工程实施监理时，一般应遵循以下几项原则。

（一）公正、独立、自由的原则

监理工程师应基于按合同约定的权利、责任和利益进行工作，并确保维护各方的合法权益，同时协调业主和监理单位之间的一致性。公正原则保证了监理工程师在决策和执行过程中的客观性，独立原则使其不受其他利益方的影响，自主原则确保他们拥有自主决策和实施监管任务的权利。

（二）权责一致的原则

总监理工程师作为监理单位的代表，应当全面履行建设工程委托监理合同，并承担相关合同中规定的监理单位向业主所承担的义务和责任。因此，在委托监理合同实施过程中，监理单位应给予总监理工程师充分的授权，使其能够有效地开展监理活动，并确保监理工作的高效性和连续性。

（三）总监理工程师负责制的原则

总监理工程师作为工程监理的责任主体，要对业主和监理单位负责。他们在监理工作中拥有权力主导作用，全面领导和指导着建设工程的监理工作。总监理工程师不仅承担着保护国家利益的责任，而且对业主投资项目的效益、监理单位的监理效益以及项目监理机构内的所有监理人员的利益也负有责任。总监理工程师应确保监理活动符合国家利益和法律法规要求，为业主投资项目创造经济效益，保障监理单位的盈利能力，并同时关心和支持项目监理机构内所有监理人员的发展与利益。

（四）严格监理、热情负责的原则

监理人员应严格按照国家政策、规范、标准和合同要求来控制建设工程的目标。他们应当依据既定的程序和制度，运用合理的技能进行工作，并以谨慎而勤奋的态度对承包单位进行严格监督。同时，他们应该向业主提供热情的服务。这意味着监理人员要全力以赴，确保工程的合规性和质量，同时关注业主的需求并提供全面的支持。

（五）综合效益的原则

建设工程监理活动既要考虑业主的经济效益，也必须兼顾社会效益和环境效益，实现三者的有机统一。虽然建设工程监理是在业主的委托和授权下进行的，但监理工程师应首先严格遵守国家的建设管理法律、法规和标准。他们应以高度负责的态度和责任感，对业主负责，追求最大的经济效益，同时要对国家和社会负责，谋求最佳的综合效益。只有在符合宏观经济效益、社会效益和环境效益的前提下，业主投资项目的微观经济效益才能得以实现。因此，监理工程师在监理活动中需综合考虑各种因素，确保工程的可持续发展和社会的整体利益。

第四节 建设工程项目监理机构设置

一、项目监理机构组织形式

工程项目监理机构的组织形式应该根据工程项目的特点、采用的合同模式以及业主委托的任务，依据建设监理行业的特点和监理单位自身情况，科学合理地确定。目前存在的建设监理组织形式主要包括直线制监理组织、职能制监理组织、直线职能制监理组织和矩阵制监理组织等。

（一）直线制监理组织

直线制监理组织形式可以分为按子项目划分和按建设阶段划分。对于小型工程建设，也可以根据专业内容进行分解。

直线制监理组织形式简单明了，各个职位按垂直系统直线排列。总监理工程师负责整个项目的规划、组织、指导和协调，而子项目监理组负责各个子项目的目标控制，同时领导现场专业或专项组的工作。

直线制监理组织结构简单，权力集中，命令统一，职责明确，决策迅速，隶属关系明确。然而，这种形式要求总监理工程师具备全能型的业务和技能，适用于将监理项目划分为若干相对独立子项的大中型建设项目。

（二）职能制监理组织

职能制监理组织在总监理工程师下设置了一些职能机构，按照职能角度对下层监理组实施业务管理。职能机构通过总监理工程师的授权，在授权范围内向主管业务发出指令。

职能制监理组织的优势在于明确目标控制的分工，职能机构通过发挥专业管理能力来提高管理效率。总监理工程师的负担减轻，但容易产生多头领导的问题，职能协调也较为复杂。主要适用于工程项目地理位置相对集中的项目。

（三）直线职能制监理组织

直线职能制监理组织形式吸收了直线制监理组织形式和职能制监理组织形式的优点，形成一种综合的组织形式。指挥部门拥有向下指挥和发布命令的权力，并对该部门的工作负全面责任；职能部门则作为指挥部门的参谋，只能就业务对指挥部门提供指导，而不能直接指挥和发布命令。

直线职能制组织具有集中领导、职责明确、管理效率高等优点，适用范围较广泛。然而，职能部门与指挥部门之间也容易产生矛盾，不利于信息和情报的传递。

（四）矩阵制监理组织

矩阵制监理组织由纵向的职能系统和横向的子项目系统组成矩阵结构，各专业监理组同时受到职能机构和子项目组的直接领导。

矩阵制监理组织形式加强了各职能部门的横向领导，具有良好的机动性和适应性。它使权力在上下左右的集权和分权之间达到最优的结合，有利于解决复杂和困难问题，也有利于培养监理人员的业务能力。然而，由于纵横协调的工作量较大，容易产生矛盾。

矩阵制监理组织形式适用于将监理项目划分为若干相对独立子项的大中型建设项目，有利于总监理工程师对整个项目进行规划、组织、协调和指导。同时，它有利于监理工作的要求统一和规范化，并能够有效调动子项工作班子的积极性，强化责任制。然而，在采用矩阵制监理组织形式时，需要注意确保指令的唯一性，并明确规定当指令发生矛盾时应该执行哪一个指令。

二、项目监理结构的建立步骤

（一）确定项目监理机构目标

项目监理机构的建立必须以建设工程监理目标为基础。在委托监理合同中明确定义的监理目标的基础上，制定总目标，并明确划分监理机构的分解目标。

（二）确定监理工作内容与范围

根据监理目标和委托监理合同中规定的监理任务，详细列出监理工作内容，并进行分类归并与组合。在归并与组合监理工作时，需要考虑对监理目标控制的便捷性，并综合考虑工程项目的组织管理模式、工程结构特点、合同约定的工期要求、工程的复杂程度、工程管理及技术特点等。同时，还要考虑到监理单位自身的组织管理水平、监理人员的数量和技术业务特点等因素。

如果需要对工程建设的全过程实施监理，监理工作可以按照设计阶段和施工阶段进行归并与组合。

（三）制定工作流程和信息流程

为了实现监理工作的科学有序进行，需要根据监理工作的客观规律制定工作流程和信息流程，以规范化地展开监理工作。工作流程应该涵盖从项目启动、监理计划编制、工程文件审核、现场巡查、质量检查、施工过程监控到竣工验收等各个环节。信息流程则要确保监理工作中的各种信息及时、准确地流转和传递，包括与业主的沟通、监理报告的编制、问题整改的跟踪等。

通过对以上建立步骤的执行，可以使项目监理机构的组织形式更加科学、规范，从而提高监理工作的专业性和学术性，确保工程项目的有效监管。

三、项目监理机构人员配置及职责分工

（一）项目监理机构人员配置

项目监理机构的人员配置应根据项目的监理任务范围、内容、期限以及工程的类别、规模、技术复杂程度和工程环境等多个因素进行综合考虑。此外，还需要符合委托监理合同对监理深度和密度的要求，以体现项目监理机构的整体素质，并满足监理目标控制的要求。

1.项目监理机构的人员结构

项目监理机构应具有合理的人员结构，主要包括以下几个方面的内容。

（1）合理的专业结构：项目监理人员的结构应根据监理项目的性质和业主的要求进行配备，以适应不同性质项目的监理工作需要。不同项目和业主对监理的要求会有所差异，因此需要有针对性地配置专业监理人员，确保专业结构的合理性。

（2）合理的技术职称结构：项目监理组织的结构应与监理工作的要求相匹配，要求高、中、初级职称与监理工作的需求相称，并且在不同阶段的监理过程中可以适当进行调整。在施工阶段，项目监理机构需要监理人员具备相应的技术职称结构。

（3）合理的年龄结构：项目监理机构的年龄结构应合理安排老年、中年和青年人的分布。老年人拥有丰富的经验，中年人具有良好的综合素质，年轻人拥有充沛的精力。合理配置不同年龄层次的监理人员，能充分发挥各个年龄层次的优势，有利于提高监理工作的效率和质量。

2.项目监理机构监理人数的确定

项目监理机构在确定监理人数时，应充分考虑以下因素：

（1）项目的规模和复杂程度：规模庞大、技术较复杂的项目往往需要配置更多的监

理人员，以确保对各个业务领域的全面监督和管理。

（2）监理任务的期限：如果项目的时间紧迫，需要在有限的时间内完成监理任务，可能需要增加监理人员的数量，以提高工作效率和保证监理质量。

（3）监理工作的密度要求：根据监理合同的要求，确定监理的深度和密度，进而确定监理人员的数量。

综上所述，项目监理机构的人员配置应根据多方面因素进行综合考虑，具体包括项目的性质、要求、规模、复杂程度、工期以及监理合同的要求等。合理的人员结构和适当数量的监理人员能够保证监理工作的有效进行，实现对项目监理目标的控制。

（二）项目监理组织各类人员的基本职责

在某些情况下，监理工作可能会委托给专业咨询机构或专业监测、检验机构进行。在这种情况下，项目监理机构的监理人员数量可适当减少。

1.总监理工程师的职责

总监理工程师是项目监理机构的负责人，由工程监理单位的法定代表人书面任命。总监理工程师的职责包括：

（1）确定项目监理机构人员及其岗位职责。

（2）组织编制监理规划，并审批监理实施细则。

（3）根据工程进展和监理工作情况，调配监理人员，并检查他们的工作。

（4）组织召开监理例会。

（5）组织审核分包单位的资格。

（6）组织审查施工组织设计和（专项）施工方案。

（7）审查工程开工、复工报审表，并签发工程开工令、暂停令和复工令。

（8）组织检查施工单位现场质量和安全生产管理体系的建立及运行情况。

（9）组织审核施工单位的付款申请，并签发工程款支付证书，还要负责审核竣工结算。

（10）组织审查和处理工程变更。

（11）调解建设单位与施工单位之间的合同争议，并处理工程索赔事宜。

（12）组织验收分部工程，并审查单位工程质量检验资料。

（13）审查施工单位的竣工申请，组织工程竣工预验收，并编写工程质量评估报告，参与工程竣工验收。

（14）参与或配合工程质量安全事故的调查和处理。

（15）组织编写监理月报和监理工作总结，并整理监理文件资料。

2.专业监理工程师的职责

专业监理工程师是项目监理机构中按专业或岗位设置的专业监理人员。专业监理工师应履行以下职责：

（1）参与编制监理规划，并负责编制监理实施细则。

（2）审查施工单位提交的涉及本专业的报审文件，并向总监理工程师报告。

（3）参与审核分包单位的资格。

（4）指导、检查监理员的工作，并定期向总监理工程师报告本专业监理工作的实施情况。

（5）检查进场的工程材料、构配件和设备的质量。

（6）验收检验批、隐蔽工程和各个分项工程，同时参与分部工程的验收。

（7）处理发现的质量问题和安全事故隐患。

（8）进行工程计量。

（9）参与工程变更的审查和处理。

（10）组织编写监理日志，并参与编写监理月报。

（11）收集、汇总和整理监理文件资料。

（12）参与工程竣工预验收和竣工验收。

3.监理员的职责

监理员是从事具体监理工作的人员，与项目监理机构中的其他行政辅助人员不同。监理员应具备中专及以上学历，并经过监理业务培训。他们应履行以下职责：

（1）检查施工单位在工程中使用的人力和主要设备的情况。

（2）进行见证取样。

（3）复核与工程计量有关的数据。

（4）检查工序施工的结果。

（5）发现施工作业中存在的问题，并及时向专业监理工程师报告。

四、项目监理机构所需设施配置

项目监理机构所需设施配置对于驻地监理人员有效地执行工程项目的监理工作至关重要。为了满足监理工作的需要，各种试验、检验技术设备以及必要的办公和生活设施必不可少。

（一）办公室

如果监理办公设施由建设单位提供，应在招标文件中详细注明以下内容：办公室的空间大小、在工地现场的位置、所使用的建筑材料、设施设备（例如公共设施、暖/冷气设备、门窗面积、照明设备、家具、办公设备、照相机、安全设备、急救箱、茶几、厨房设备、通道、停车棚等）、维修和保安措施以及付款方式。

（二）实验室

需明确以下内容：一般试验设备、材料试验设备、土壤和集料试验设备的配置，实验室在工地中的位置、面积、地面和装饰要求，实验室的冷/暖系统、通风条件、供水、供电和电话等设施。此外，承包商也可以根据合同的约定建立自己的实验设施，监理工程师派员进行测试和试验监控。若项目位于城市地区，许多试验也可以在工地外的专业实验室进行。

（三）勘测设备

勘测设备主要包括计量、放线和检测所需的设备，如经纬仪、测距器、自动水准仪等。若勘测设备由建设单位提供，需注明设备的类别、数量、维护措施和付款方式等事项（勘测设备通常适合租用）。

（四）运输工具

如果运输工具由建设单位提供，需要明确运输工具的类别、数量、燃料和备件供应、保险、司机提供、维护和付款方式等。

（五）通信器材

通信器材对于监理人员来说是必不可少的工具，主要包括电话、对讲机、流动无线电话等。通信器材的供应取决于工地所需的技术复杂程度和后勤服务水平。如果通信器材由建设单位提供，需要注明器材的类别、数量、性能和付款方式等。

（六）宿舍和生活设施

监理人员的宿舍选择是根据工程的具体情况和地理位置而定，需要考虑烹调设施、洗衣设施、社交设施、水电供应、营地保安措施以及访客住宿设施等因素。监理人员的宿舍和生活设施必须在工程动工之前做好准备。

以上是项目监理机构所需的基本设施配置，这些设施将为驻地监理人员提供必要的条件，确保他们能够高效地履行监理工作的职责。在实际项目中，根据具体情况可能需要进一步补充和调整设施配置，以满足特定项目的监理需求。

第五章　分部分项工程安全监理

第一节　分部分项工程安全监理

分部分项工程安全监理，特别是对危险性较大的分部分项工程的安全监理，是项目监理机构实施安全监理的重点之一。实施好分部分项施工安全监理，为整个工程的安全控制奠定了基础。监理人员需要熟悉相关的要求和规定，并严格按照专项方案的编制、审核及论证要求进行安全监理工作，确保方案审核的严谨性。他们应该在事前和事中控制中有依据，保证事后检查验收有明确的标准。本节根据相关法规、标准规范，并参考一些科学规范的做法，介绍和阐述了工程实体的分部分项工程的相关规定和具体要求。

一、地基与基础工程

（一）地基处理

（1）对于灰垫层、灰土桩等施工，必须采取粉化石灰和过筛的石灰，同时施工人员应戴上口罩、风镜、手套、套袖等防护用品。在夯填施工前，应先检查电线的绝缘情况和接地线，并确保开关符合要求。严禁夯击电线。

（2）在夯实地基时，设备必须垫稳。如果遇到软弱地基，应当使用长枕木或路基板进行支垫。在提升夯锤之前，必须卡牢回转刹车，以防止夯锤起吊后吊机转动失稳，导致倾翻事故的发生。

（3）在夯实地基时，现场操作人员必须戴安全帽。在夯锤起吊后的15米范围内，不得站立在吊臂和夯锤下方。

（二）桩基础工程

1.打（沉）桩

（1）在进行打桩之前，必须对邻近施工范围内的原有建筑物、地下管线等进行彻底检查。对于受到影响的工程，必须采取有效的加固防护措施或者隔震措施，以免震坏原有建筑物和构造物，并加强观测，确保施工的安全性。

（2）打桩机行进道路必须平整坚固，如果有必要，应铺设道砟，并经过压路机辗轧使其紧实。

（3）在进行打（沉）桩之前，应全面检查打桩机的各个部件和润滑情况，确保钢丝绳完好，并及时解决发现的问题。检查完毕后，必须进行试运转，严禁使用有故障的设备进行工作。

（4）打（沉）桩机架的安装应该垫铺平稳和牢固。吊装桩时，必须保证桩的强度达到设计要求，吊装点必须符合设计要求。

（5）在进行打桩时，严禁用手拨正桩头垫料。不得在桩锤未打到桩顶之前起锤或过早刹车，以防止损坏桩机设备。

2.灌注桩

（1）在施工之前，必须认真查明邻近建筑物的情况，并采取有效的防震措施。

（2）灌注桩的成孔机械操作必须保持垂直和平稳，以防止成孔时突然倾倒或者冲（桩）锤突然下落，造成人员伤亡或设备损坏。

（3）在冲击锤（落锤）操作时，在距离锤6米范围内，不得有人员行走或进行其他作业。非工作人员不得进入施工区域。

（4）在灌注桩已完成成孔而未灌注混凝土之前，必须采用盖板封严或设置护栏，以防止土方掉落或人员坠入孔内。

（三）地下建筑防水工程

（1）由于卷材中的某些组成材料和胶黏剂具有一定的毒性和易燃性，所以在材料保管、运输和施工过程中，必须注意防火和预防中毒、烫伤事故的发生。

（2）在涂料配料和施工现场，必须采取安全及防火措施，并确保所有施工人员严格遵守操作要求。

（3）在施工过程中，必须做好基坑和地下结构的临边防护，以防止抛物、滑坡和坠落事故的发生。

（4）在高温天气下施工时，必须采取防暑降温措施。

以上是对分部分项工程安全监理的一些具体要求和规定。在实际工程中，还需根据具体情况进行补充和调整，以确保施工过程安全顺利。

二、主体结构工程

（一）钢筋混凝土工程

1.模板工程

（1）模板安装

①支模过程中应遵守安全操作规程，如遇途中停歇，应将就位的支顶、模板连接稳固，不得空架浮搁。

②模板及其支撑系统在安装过程中，必须设置临时固定设施，严防倾覆。

③拼装完毕的大块模板或整体模板，吊装前应确定吊点位置，先进行试吊确认，方可正式吊运安装。

④安装整块柱模板时，不得将其支在柱子钢筋上代替临时支撑。

⑤支设高度在3m以上的柱模板，四周应设斜撑，并应设立操作平台，低于3m的可用马凳操作。

⑥支设悬挑形式的模板时，应有稳定的立足点。支设临时构筑物模板时，应搭设支架。模板上有预留洞时，应在安装后将洞盖好。

⑦当层间高度大于5m时，若采用多层支架支模，则应在两层支架立柱间铺设垫板，且应平整，上下层支柱要垂直，并应在同一垂直线上。

⑧当模板高度在5m以上时，应搭脚手架，设防护栏，禁止上下在同一垂直面操作。

⑨在模板上施工时，堆物（钢筋、模板、木方等）不宜过多，不准集中在一处堆放。

⑩模板安装就位后，要采取防止触电的保护措施，施工楼层上的配电箱必须设漏电保护装置，防止漏电伤人。

（2）模板拆除

①高处、复杂结构模板的拆除，事先应有可靠的安全措施。

②拆楼层外边模板时，应有防高空坠落及防止模板向外倒跌的措施。

③在模板拆装区域周围，应设置围栏，并悬挂明显的标志牌，禁止非作业人员入内。

④拆模起吊前，应检查对拉螺栓是否拆净，在确无遗漏并保证模板与墙体完全脱离后方准起吊。

⑤模板拆除后，在清扫和涂刷隔离剂时，模板要临时固定好，板面相对停放，之间应留出50~60cm宽的人行通道，模板上方要用拉杆固定。

⑥拆模时，临时脚手架必须牢固，不得用拆下的模板做脚手板。

⑦拆除组合钢模板时，上下应有人接应，模板随拆随运走，严禁从高处抛掷。

⑧拆除基础及地下工程模板时，应先检查基坑状况，如有不安全因素时，必须采取安全措施后，方可作业。拆除的模板和支撑件不得在基坑上口1m以内堆放，应随拆随运走。

⑨拆模必须一次性拆清，不得留有无支撑模板。混凝土板有预留孔洞时，拆模后，应随时在其周围做好安全护栏，或用木板将孔洞盖住。

⑩拆4m以上模板时，应搭脚手架或工作台，并设防护栏杆。严禁站在悬臂结构上敲拆底模。

（3）滑模与爬模

①滑模装置的电路、设备均需做接零保护，手持电动工具设漏电保护器，平台下采用36V低压照明，动力电源的配电箱按规定配置。主干线采用钢管穿线，平台上不允许乱拉电线。

②滑模平台上设置一定数量的灭火器，施工用水管可用作消防水管。操作平台上严禁吸烟。

③各类机械操作人员应按机械操作技术规程操作、检查和维修，确保机械安全。

④滑模平台上的物料不得集中堆放，一次吊运钢筋数量不得超过平台上的允许承载能力，并应分布均匀。

2.混凝土工程

（1）为确保混凝土运输和浇筑过程的安全性，必须在运输和浇筑部位设置适当的安全防护栏杆和操作平台。

（2）现场施工负责人有责任为机械作业提供必要的条件，如道路、水电供应、机棚或停机场地，并消除可能对机械作业造成妨碍或不安全的因素。夜间作业时应确保有充足的照明设施。

（3）机械进入作业地点后，施工技术人员需与操作人员进行沟通，明确施工任务和采取的安全措施。操作人员应熟悉作业环境和施工条件，听从指挥，并遵守现场安全规则。

（4）操作人员在作业过程中应专注于正确操作，注意机械的工作状态，严禁擅自离开工作岗位或将机械交给未经授权的人员操作。同时，无关人员不得进入作业区域或机械操作区。

3.预应力工程

（1）预应力工程必须配备符合规定要求的设备，并随时检查，及时更换不符合安全要求的设备。

（2）在进行预应力筋的张拉操作时，应采取相应的措施，防止预应力筋尾端弹出可能造成的伤害，严禁与电线搭接，电线必须保持绝缘以防露出裸露部分。

（3）预应力筋张拉轴线前方严禁任何人员站立。

（4）在使用油泵之前必须进行常规检查，特别要注意检查安全阀的功能是否正常。

（5）在输油路线的使用过程中，遵循"三不用"原则，即遇到输油管破损不得使用，接口损伤不得使用，接口螺母不拧紧不用。严禁带压检修油路。

（6）在使用油泵时，不得超过额定油压的限制，使用千斤顶时也要遵守规定的最大行程限制。同时，油泵和千斤顶的连接必须正确且牢固。

（7）对于张拉平台、脚手架、安全网和张拉设备等，现场施工负责人应组织技术人员、安全员和施工班组共同进行检查，只有在检查合格后才能使用这些设备。

（8）在使用锥锚式千斤顶进行预应力钢丝束的张拉时，必须先使千斤顶缸体进油，确保压力表针有启动信号后再打入楔块。

（9）在进行镦头锚固的过程中，随时拧紧螺母以保持稳固。

（10）在双向张拉的预应力筋中，必须采取相应的防护措施来保护两端与预应力筋接触的部位。

4.钢筋工程

（1）进行钢筋的调直、切断、弯曲、除锈、冷拉等工序时，要确保加工机械具备完善有效的安全装置，并且动力线路要采用钢管穿过地坪引入，机壳要连接保护零线。

（2）建筑物内钢筋的堆放必须分散进行，高空绑扎和安装钢筋时，严禁将钢筋集中堆放在模板或脚手架上。

（3）在进行高空或深坑的钢筋绑扎和骨架安装时，必须搭设脚手架和马道。

（4）对于绑扎长度超过3m的柱子钢筋，必须搭设操作平台，严禁站在钢筋骨架上绑扎，已经绑扎的柱子骨架应使用临时支撑进行牢固固定，以防倾倒。

（5）在绑扎圈梁、挑檐、外墙和边柱的钢筋时，应搭设外脚手架或悬挑架，并按照规定安装好安全网。脚手架必须由专业的脚手架工搭设，并符合安全技术操作规程。

（6）在进行构筑物钢筋的绑扎时（如烟囱、水塔等），严禁站在钢筋骨架上进行操作，必须采取安全措施，使用合适的上下工具。

（二）砌体工程

1.砌块砌体工程

（1）在吊放砌块之前，必须仔细检查吊索和钢丝绳的安全可靠程度，严禁使用不灵活或不符合要求的设备。

（2）楼层上堆放的砌块重量不得超过楼板的承载能力限值。

（3）在进行砌块工程时，所使用的机械设备必须具备安全可靠的性能，并配备有限位保险装置。

（4）作业层的周围必须进行封闭围护，同时设置防护栏杆和安全网。

（5）在楼层内的预留孔洞、电梯口、楼梯口等处，必须采取栏杆进行围护，并加盖盖板进行保护。

（6）施工过程中产生的落地灰和碎砌块必须及时清理并集中堆放，以便进行装车或装袋运输，严禁从楼上或架子上抛下这些物料。

（7）在吊装砌块和构件时必须注意重心位置，严禁吊装有破裂、脱落或存在安全隐患的砌块。

（8）安装砌块时，不得站在墙上进行操作，并且在墙体设置受力支撑或缆绳等时，应注意对施工过程中稳定性较差的窗间墙和独立柱必须加强稳定支撑。

（9）如果遇到刮风等天气情况，导致砌块和构件在空中摆动不稳时，应立即停止吊装作业。

2.填充墙砌体工程

（1）进行砌体施工时必须搭设稳固的脚手架。

（2）在进行外墙施工时，必须配置外墙防护和施工脚手架，并且要封闭墙体与脚手架之间的间隙，以防止高处掉落物品伤人。

（3）严禁站在墙上进行画线、吊线、清扫墙面和设置模板等施工作业。

（4）在脚手架上堆放普通砖的最大层数不得超过2层。

（5）在操作过程中，必须保持专注，严禁嬉笑打闹，以防发生意外事故。

（三）钢结构工程

1.钢结构焊接工程

（1）在进行钢结构焊接时，应配置具有独立开关的电焊机，该开关应安装在防雨的闸箱内，拉合闸时应侧向操作并戴手套。

（2）焊钳和焊接电缆必须具备良好的绝缘性能，连接必须牢固。更换焊条时，应戴手套进行操作。在潮湿环境中工作时，应站在绝缘胶板或木板上进行作业。

（3）在进行焊接预热时，应采取石棉布或挡板等隔热措施，确保焊接工件在预热过程中的安全性。

（4）严禁焊接电缆和地线与钢丝绳接触，更不能用钢丝绳或机电设备代替地线。所有地线接头必须连接牢固。

（5）在更换工作场地或移动焊接电缆时，应切断电源，并且严禁手持电缆爬梯登高。

（6）当多台焊机集中施焊时，焊接平台或焊件必须接地，并配备隔光板，确保施焊过程中的安全性。

（7）遇到雷雨天气时，应立即停止露天焊接工作，确保工作人员的安全。

（8）进行焊接工作前，施焊场地周围应清除易燃易爆物品，必要时进行覆盖或隔离，以降低火灾风险。

2.钢结构安装工程

（1）在进行钢结构安装时，必须按照规定的安装工艺和程序进行，严禁随意改变或颠倒操作程序。

（2）在钢结构吊装过程中，为了防止人员、物料和工具坠落或飞出造成安全事故，必须铺设安全网。安全平网应设置在梁面以下2m的位置，要求在建筑平面内全面铺设。安全竖网应设置在建筑物外围，以防止人员和物品从高处坠落，一般应为两节柱的高度。

（3）为了方便柱子的接合施工，接柱处应设置操作平台，该平台固定在下一节柱子的顶部。

（4）在刚刚安装的钢梁上，应该设置用于存放电焊机、空压机、氧气瓶、乙炔瓶等设备的平台，放置距离需符合安全生产的相关规定。

（5）为了方便施工人员登高作业，在吊装柱子之前，必须先将登高钢梯固定在钢柱上。为了便于柱梁节点的紧固工作，还需在柱梁节点下方安装挂篮脚手。

（6）对施工使用的电动机械和设备，必须进行接地，并严禁使用绝缘破损的电线和电缆，以防止设备漏电现象的发生。施工用电设备和机械的电缆应集中放置，并随楼层的施工逐层升高。每层楼面都需单独设置配电箱，满足该层楼面施工所需的电力供应。

（7）在施工过程中，应注意火灾防范，提供必要的灭火设备和消防监护人员，确保施工现场的安全。

3.钢结构涂装工程

（1）在施工现场使用乙醇、苯、丙酮等易燃材料时，严禁烟火和明火设备的使用，并应配备必要的消防器材以确保施工安全。

（2）涂漆施工场地必须具备良好的通风条件，对于通风不良的环境，必须安装适当的通风设备来确保工人的健康和安全。

（3）在喷涂硝基漆或其他挥发性较大的易燃性溶剂涂料时，严禁使用明火，并且必须严格遵守防火规定，以防止发生火灾或爆炸事故。

（4）在进行高空作业时，必须系安全带，并且在双层作业时应戴安全帽。同时，还需仔细检查跳板、脚手架、吊篮、云梯、绳索、安全网等施工工具，确保其完好无损、牢固可靠，无腐蚀或搭接不良等潜在隐患。

（5）电线在工作场所应按照防爆等级的规定进行安装。电动机的起动装置和配电设备应选择防爆型号，以防止漆雾飞溅到照明灯泡上。注意保证电气设备的安全性。

第二节　危险性较大的分部分项工程安全监理

一、危险性较大的分部分项工程范围

（一）危险性较大的分部分项工程范围

1.基坑支护、降水工程

基坑支护、降水工程是指那些开挖深度超过3m（含3m）或虽未超过3m但地质条件和周边环境复杂的基坑（槽），需要进行支护和降水处理的工程。

2.土方开挖工程

土方开挖工程是指开挖深度超过3m（含3m）的基坑（槽）的工程。

3.模板工程及支撑体系

（1）各类工具式模板工程：包括大模板、滑模、爬模、飞模等不同类型的模板工程。

（2）混凝土模板支撑工程：指搭设高度在5m及以上、搭设跨度在10m及以上、施工总荷载在10kN/m²及以上、集中线荷载在15kN/m及以上，并且高度大于支撑水平投影宽度的相对独立无联系构件的混凝土模板支撑工程。

（3）承重支撑体系：指用于钢结构安装等需要满足支撑需求的体系。

4.起重吊装及安装拆卸工程

（1）采用非常规起重设备、方法，并且单件起吊重量在10kN及以上的起重品安装工程。

（2）采用起重机械进行安装的工程。

（3）起重机械设备自身的安装和拆卸工程。

5.脚手架工程

（1）搭设高度在24m及以上的落地式钢管脚手架工程。

（2）附着式整体和分片提升脚手架工程。

（3）悬挑式脚手架工程。

（4）吊篮脚手架工程。

（5）自制卸料平台、移动操作平台工程。

（6）新型及异型脚手架工程。

6.拆除、爆破工程：

（1）建筑物、构筑物拆除工程。

（2）采用爆破拆除的工程。

7.其他

（1）建筑幕墙安装工程。

（2）钢结构、网架和索膜结构安装工程。

（3）人工挖扩孔桩工程。

（4）地下暗挖、顶管及水下作业工程。

（5）预应力工程。

（6）采用新技术、新工艺、新材料、新设备，并且尚无相关技术标准的危险性较大的分部分项工程。

（二）超过一定规模的危险性较大的分部分项工程范围

1.深基坑工程

（1）开挖深度超过5m（含5m）的基坑（槽）的土方开挖、支护和隆水工程。

（2）虽未超过5m深度，但地质条件、周围环境和地下管线复杂，或会影响毗邻建筑物（构筑物）安全的基坑（槽）的土方开挖、支护和降水工程。

2.模板工程及支撑体系

（1）工具式模板工程：包括滑模、爬模、飞模等不同类型的模板工程。

（2）混凝土模板支撑工程：指搭设高度在8m及以上、搭设跨度在18m及以上、施工总荷载在15kN/m²及以上、集中线荷载在20kN/m及以上的工程。

（3）承重支撑体系：用于钢结构安装等需要满足支撑需求的体系，能够承受单点集中荷载700kg以上。

3.起重吊装及安装拆卸工程

（1）采用非常规起重设备、方法，并且单件起吊重量在100kN及以上的起重吊装工程。

（2）起重量在300kN及以上的起重设备安装工程，以及高度在200m及以上的内爬起重设备的拆除工程。

4.脚手架工程

（1）搭设高度在50m及以上的落地式钢管脚手架工程。

（2）提升高度在150m及以上的附着式整体和分片提升脚手架工程。

（3）架体高度在20m及以上的悬挑式脚手架工程。

5.拆除、爆破工程

（1）采用爆破拆除的工程。

（2）码头、桥梁、高架、烟囱、水塔或拆除中容易引起有毒有害气体或液体、粉尘扩散以及易燃易爆事故的特殊建筑物、构筑物的拆除工程。

（3）可能影响行人、交通、电力设施、通信设施或其他建筑物、构筑物安全的拆除工程。

（4）文物保护建筑、优秀历史建筑或历史文化风貌区控制范围内的拆除工程。

6.其他

（1）施工高度在50m及以上的建筑幕墙安装工程。

（2）跨度在36m及以上的钢结构安装工程，以及跨度在60m及以上的网架和索膜结构安装工程。

（3）开挖深度超过16m的人工挖孔桩工程。

（4）地下暗挖工程、顶管工程、水下作业工程。

（5）采用技术新工艺、新材料、新设备，并且尚无相关技术标准的危险性较大的分部分项工程。

二、二级以上（含二级）项目范围

对于列入二级及以上工程范围的项目，施工单位有必要编制专项施工方案，并在经项目监理机构审核通过后方可实施。建设部的《工程监理企业资质管理规定》（建设部令第158号）规定了监理企业在不同资质等级下可以承担相应类别和级别的专业工程项目。以下是对相关二级工程项目类别和级别的简述：

（一）房屋建筑工程

1.一般公共建筑

指层数为14（含14）~28层，跨度为24（含24）~36m（不包括轻钢结构），单项工程建筑面积为1万（含1万）~3万平方米。

2.高耸构筑工程

指高度为70（含70）~120m的工程。

3.住宅工程

指建筑面积为6万（含6万）~12万平方米的工程，其中单项工程层数为14（含14）~28层。

（二）市政公用工程

（1）城市道路工程：指城市次干路工程、城市分离式立交桥以及单孔跨度在100m以下的桥梁，长度在1000m以下的隧道工程。

（2）给水排水工程：指日供水量为2万~10万吨给水厂，日处理量为1万~5万吨的污水处理工程，给水和污水泵站流量为1~3m³/s，雨水泵站流量为5~15m³/s，给水管道直径为1~2.5m，排水管道直径为1.5~2.5m。

（3）燃气热力工程：指总储存容积为1000m³以下的液化气贮罐场（站），供气规模为15万立方米/天以下的燃气工程，中压以下的燃气管道和调压站，以及供热面积为50万~150万平方米的热力工程。

（4）垃圾处理工程：指日处理量为500~1200t的垃圾焚烧和填埋工程。

（5）风景园林工程：指总投资为1000万~3000万元的工程。

（6）地铁轻轨工程。

综上所述，对于超过一定规模且具有较大危险性的分部分项工程以及二级及以上工程的施工，项目监理机构应当制定安全监理实施细则。

第三节　分部分项工程专项方案的编制

专项施工方案的审核和批准是进行分部分项安全监理的至关重要的阶段，也是监理工程师进行监督和控制的基本依据。本节旨在介绍各专项方案的编制内容与要求，以供监理人员在实施安全监理控制时参考。

一、基坑支护、降水工程施工方案

（一）编制说明及依据

在这一部分中，将简要阐述安全专项施工方案的编制目的，以及编制方案所依据的相关法律法规、规范性文件、标准、规范及图纸（国家标准图集）、施工组织设计等。同时，还应描述所使用的计算软件的名称、版本等信息，以及对标准规范的有效性进行评估和采用最新标准规范的说明。

（二）工程概况与施工难点分析

这一部分简要描述工程的位置、周边建筑物、道路、管线等环境情况，基坑平面尺寸、基坑开挖深度、工程地质情况、水文地质情况、气象条件（包括极端天气状况、最低温度、最高温度、暴雨等）、施工要求和技术保证条件，同时对施工难点、重点部位和工序进行分析。

（三）方案选择与总体施工安排

这一部分需要说明支护（降水）结构选型的依据以及支护（降水）系统的整体安排，以及支护工程的使用时间和降水工程的持续时间。

（四）施工部署

（1）管理机构及劳动力组织：在这一部分中，应简要描述质量、安全管理机构的组成，并提供质量、安全管理机构的网络图。同时，概述劳动力组织的情况。

（2）施工目标、施工准备、施工劳动力投入计划、主要材料设备计划及进场时间、材料工艺的试验计划、施工现场平面布置、施工进度计划和施工总体流程的阐述和说明。

（3）对施工的难点和重点进行分析和说明，特别是支护和降水工程对周围建筑的影响，并简要描述采取的保证措施。

（五）主要施工方法及技术措施

（1）描述施工技术参数、工艺流程（包括设计的基坑开挖工况）、施工顺序、施工测量、土石方工程施工、基坑支护的施工工艺、变形观测以及基坑周边建筑物（地下管网）的保护措施。

（2）方案中应包括基坑支护平面图、立面图、剖面图以及节点大样施工图、降水井点布置图和构造图。还需提供监测基坑水平、竖向和相邻建筑物的沉降变形技术措施以及基坑周边地下管网的监测和保护措施。

（六）质量保证措施

这一部分描述施工质量标准和要求，以及保证施工质量的技术措施和施工质量标准。

（七）安全环保措施

这一部分包括安全生产组织措施和施工安全技术措施的描述，其中应包括：
（1）坑壁支护方法及控制坍塌的安全措施。

（2）基坑周边环境及防护措施。

（3）施工作业人员的安全防护措施。

（4）基坑临边防护及坑边载荷的安全要求，进行危险源辨识、施工用电的安全措施等。

（5）环保文明施工措施。

（八）施工应急处置措施

方案中应有应急救援处置措施，内容应包括：各方主体的职责、针对各种突发情况的应急处理方案、应急物资储备、应急演练、报警救援及联络电话、异常情况报告制度等，以及针对每项安全事故的应急措施。

第一，冬季、雨季、台风和夏季高温季节的施工措施。

第二，支护结构的设计计算书（降水或截水计算书）。

第三，各种图表。

（1）施工材料机械设备表。

（2）施工进度计划表。

（3）质量安全环境因素辨识表。

（4）施工布置平面图。

（5）支护结构的施工图、节点图。

（6）降水或截水施工图。

（7）基坑内外排水图节点及示意图。

二、土方开挖工程施工方案

（一）编制依据

安全专项施工方案的编制目的是确保工程施工安全、高效、有序地进行，并减少事故发生的可能性。方案的编制依据包括相关法律法规、规范性文件、标准、规范以及图纸（国标图集）、施工组织设计等。在编制方案时，需要注意及时更新和采用最新的标准规范，确保方案的有效性。

（二）工程概况

（1）工程概况部分应包括工程地址、施工场地的地形和地貌情况，以及对施工环境的描述，如运输道路、卸土点位置、邻近建筑物、地下基础、管线、电缆坑基、防空洞以及地面上施工范围内障碍物和堆积物的状况。同时，还需要考虑供水和供电等因素。

（2）工程概况部分还应包括基坑的平面尺寸、开挖深度与坡度、地下水位标高、工程地质情况以及关于水文地质情况的描述，同时，还需提及测量控制点的位置。

（3）气候条件部分需描述极端天气状况、最低温度、最高温度和暴雨等气象要素。

（4）施工重点与难点分析部分应对施工过程中的重点和难点进行分析，并提及主要的施工要求和技术保证条件等。

（三）施工计划（方案选择）

在施工计划部分，应选择并确定土方开挖的方式，并描述施工进度计划、材料与设备计划以及劳动力计划（包括专职安全生产管理人员和特种作业人员等）。

（四）施工工艺

（1）施工工艺部分应包括土方开挖设计，描述基坑开挖的工况、开挖顺序和工艺流程、测量放线、开挖路线、范围、各层底部标高，边坡坡度，排水沟、集水井位置和流向，弃土堆放位置等。其中，重点要注意对定位放线的控制，包括对建筑物的定位桩、轴线、方位和几何尺寸进行复核。

（2）施工工艺部分还需控制土方开挖的过程，包括检查挖土标高、截面尺寸、放坡和排水，并对基坑（槽）进行验收。

（五）监测监控

监测监控部分应包括对基坑、周围建筑物和构筑物、道路管线的监测方案以及保护措施。同时，还需要考虑土方开挖变形的监测措施。

（六）安全、文明施工环境保证措施

这一部分应包括组织保障和技术措施，包括避免基坑漏水和渗水的措施、边坡放坡及避免坍塌的安全措施、机械化联合作业时的安全措施、施工作业人员的安全防护措施、临边防护及坑边荷载的安全要求等。此外，还应考虑环境保护措施，如避免扬尘和遗洒等。

（七）应急处置措施

在应急处置措施部分，应制定针对土方工程施工过程中可能发生的各种紧急情况（如坍塌、涌水、流砂等）的处理方案，并提供救援报警和联系电话，异常情况报告制度等。同时，针对每项安全事故，应制定相应的应急措施。

三、起重吊装工程施工方案

针对采用非常规起重设备和方法且单件起吊重量在10KN及以上的起重吊装工程以及采用起重机械进行安装的工程，其施工方案应包括以下内容。

（一）编制依据

施工方案的编制应基于相关法律、法规、规范性文件、标准、规范以及图纸（国标图集）、施工组织设计和起重吊装设备的使用说明等。

（二）工程概况

（1）工程概况应包括工程名称、结构形式、层高以及其他相关的建筑设计情况。

（2）起重吊装部位应明确，并描述主要构件的重量、尺寸和形状。

（3）需要明确工程进度要求，施工平面布置，施工难点分析和施工技术保证条件。

（三）施工部署

（1）明确吊装的内容，安排吊装步骤并确定适用的吊装设备。

（2）提供施工进度计划以及材料与设备计划。

（3）包括劳动力计划，例如专职安全生产管理人员、特种作业人员（司机、信号指挥、司索工）等。

（四）施工要求

（1）描述运输与吊装设备的选型，吊装设备的性能以及运输架设的安排，并进行构件强度的验算。

（2）明确运输、堆放、拼装、吊装的顺序，以及构件的绑扎、起吊、就位、临时固定、校正和最后固定等工作步骤。

（3）提供工序质量控制的要点，包括检查验收标准和方法等。

（五）施工质量与安全保证措施

（1）根据现场情况分析吊装安拆过程中需要重点注意的质量安全问题，详细描述组织保障、技术措施和监测监控等安全保证措施。

（2）针对可能发生的紧急情况和事故类型，从组织机构、物资设备、应急联络、险情与事故处置等方面提供相应的应对措施。

四、起重设备安装、拆卸施工方案

（一）塔吊安装、拆卸方案

1.工程概况

工程名称、地点、结构类型、建筑面积、高度、层数、标准层高。安装位置平面和立面图。

2.塔吊主要技术参数及进场安装条件

（1）塔吊的基本性能与工作数据。包括塔吊的型号、规格、回转半径、起重力矩、起重量、扭矩、起升高度（安装高度）、附墙道数、整机（主要零部件）重量和尺寸、塔吊基础受力、用电负荷等。

（2）塔吊进场前对塔吊进行验收的要求；对塔吊的结构、工作机构、保护装置、电气系统等进行全面检查的要求。

（3）基础处理设计施工要求和附着装置设置的安排，对爬升工况的分析确认及附着点的安排。

3.安装顺序、工艺要求和质量安全规定

（1）详细描述塔吊安装的程序、方法及安全技术；顶升的程序、方法及安全技术；附着锚固作业的程序、方法及安全技术；内爬升的程序、方法及安全技术；塔吊拆除的程序、方法及安全技术。

（2）要安装部件的重量和对吊点位置的分析确定，安装、顶升、附着、拆除等各个作业工序的质量控制要点、质量标准及保证措施。

（3）对施工电源的要求，安装时对气候、场地等环境条件的要求等。

（4）塔吊工作机构和安全装置调试的内容、方法、质量标准等。

4.基础承载及有关节点的受力计算

（1）描述对塔吊基础的选型与结构设计要求。

（2）根据塔吊地基（如灰土地基、原状土或地下室底板）及其承载力，进行塔吊基础承载能力计算，确定塔吊基础几何尺寸、钢筋配置、混凝土强度等级等。

（3）描述辅助机械设备支承点承载能力（如汽车式起重机在地下室顶板上支承点承载能力验算，以确定地下室顶板是否需要采取加固措施）。

（二）施工升降机的安装拆除方案

1.工程概况

（1）简单描述工程名称、地点、结构类型、建筑面积、建筑高度、层数、标准层高、计划工期等。

（2）描述设备选择有关的参数，确定设备安装位置、数量。

（3）明确设备的使用时间，分析现场安装、使用、拆除的环境条件。

2.基础施工要求

描述基础的位置、尺寸，对地基的要求、防排水措施等。如将地下室顶板作为地基需进行承载力计算或楼板加固。

3.施工升降机的装拆工艺

（1）描述装拆组织机构、机具设备、装拆顺序、顶升和附着的程序等，特别是拆卸前应对升降机的金属结构、工作机构、安全装置、电气系统等进行全面检查的要求。

（2）附着及做法。描述附着道数、附墙架的间距和导轨架最大自由端的高度；每次附着道数、标准节节数，升降机最终安装高度，建筑物最高点标高等。

4.装拆质量标准与安全措施

（1）描述装拆工艺要求，质量安全控制要点。

（2）明确劳动防护用品和安全装置的使用要求，禁止作业的情况，现场警戒的安排，容易出现误操作和避免方法等。

（3）描述验收和试运转的规定。根据设备安装、使用、拆卸说明书和有关技术标准，安装后进行质量验收和试运转试验的要求。

5.应急处置措施

在安装与顶升、使用、拆除过程中可能遇到的紧急情况、事故类型，从人员组织、物资设备、应急联络、现场处置等方面应采取的应对措施。

第四节 危险性较大的分部分项工程安全监理控制要点

一、基坑支护

（一）方案控制要点

在土木工程中，基坑开挖可以分为放坡开挖和支护开挖两大类，每种类别都需要制定相应的土方开挖专项施工方案。基坑支护主要适用于非放坡式土方开挖工程，因此，在编制基坑支护专项施工方案的情况下，通常不再编制土方开挖专项施工方案。

基坑支护可以采用不同的结构类型：

1.排桩或地下连续墙

适用于基坑侧壁安全等级为一、二、三级的情况。对于软土场地，悬臂式结构的高度不宜超过5米。当基坑底部的地下水位高于地面时，应考虑采用排水、排桩等地下连续墙技术。

2.水泥土墙

适用于基坑侧壁安全等级为二、三级的情况。基坑所在地基的承载力在水泥土墙施工范围内不应超过150kPa。基坑深度也不宜超过6米。

3.钉墙

适用于基坑侧壁安全等级为二、三级的非软土场地。基坑深度不宜超过12米。当基坑底部的地下水位高于地面时，应采取降水或截水措施。

4.逆作拱堵

适用于基坑壁安全等级为二、三级的情况。不适用于淤泥或淤泥质土地。拱墙轴线的矢跨比不宜小于1/8，基坑深度不宜超过12米。当基坑底部的地下水位高于地面时，应采取降水或截水措施。

5.放坡

适用于基坑侧壁安全等级为二、三级的情况，前提是施工场地具备放坡的条件。放坡可以独立使用，也可以与其他结构类型结合使用。当基坑底部的地下水位高于坡脚时，应采取降水或截水措施。

以上是基坑支护常用的结构类型及其适用条件。在实际工程中，应根据基坑的具体情况和要求，选择合适的支护结构类型，并采取相应的降水或截水措施，以确保基坑施工的安全性和稳定性。

（二）现场监控要点

（1）监理工程师须严格遵守经审批的支护设计和施工方案，对基坑支护施工进行监督。

（2）基坑的开挖应按照自上而下、逐层进行，当多台机械同时开挖时，挖土机之间的距离应大于10米。严禁先挖坡脚或逆坡挖土，绝不允许超挖。

（3）在进行基坑开挖操作时，应随时关注土壁的变动情况，一旦发现裂纹或部分塌方现象，应及时采取支撑或放坡措施，并要遵循以下原则：先开槽支撑，支撑后再挖，采用分层开挖方法，严禁超挖，并需密切关注支撑的稳固性和土壁的变化情况。

（4）当多台机械同时进行挖掘时，必须进行边坡稳定性的验算，挖土机应与边坡保持一定的安全距离，以防止滑坡事故的发生。

（5）在进行深基坑开挖时，应事先确定上下阶梯、支撑或靠梯，或者开设斜坡道，并采取相应的防滑措施，严禁在支撑上下踩踏。对于深度超过2米的基坑，应设置红白相间的安全栏杆来确保边缘安全。

（6）监理工程师应要求施工单位按照基坑监测方案认真观察和记录高程、孔径、支护等方面的数据，以及基坑水平位移、基坑周边道路和建筑物的沉降、支护桩的应力和变形、支撑轴力等。在施工的关键时期，需要进行24小时的跟踪测量，以便及时发现安全隐患并启动应急预案，采取相应的抢救措施。

（7）监理工程师应要求施工单位制定基坑堵漏、土方坍塌等抢险措施，并确保相应的抢险设备和材料提前到位，如压密注浆设备、水泥、沙袋、备用钢支撑等。抢险班组成员必须全员到位，抢险人员应24小时值班。

（8）监理工程师应检查施工单位是否切实落实了与相邻基坑的建筑物、构筑物、管道、高压线路等相关的安全防范措施。

二、土方开挖工程

土方开挖工程是指不需要进行基坑支护的工程项目中的土石方开挖工程，包括整体开挖和深度超过2米的沟槽开挖。

（一）方案控制要点

对于土方开挖深度大于等于5米的工程，必须编制和审查符合深基坑土方开挖的技术安全要求的专项施工方案。

专项施工方案需要核实开挖边坡坡度是否符合工程地质勘察报告的建议值，土方开挖施工图纸的规定值以及《工程建设强制性标准条文》的规定值。如果设计单位提供的土方开挖图没有规定边坡值或写有由施工单位现场决定边坡值的字样，那么边坡值可以采用地质报告的建议值，但不能小于该建议值。

（二）现场监控要点

（1）监理工程师需要核实所有土方施工机械的报验手续。所有土方施工机械在进场前必须经过验收确认合格，并有记录。否则，不能进场施工。

（2）监理工程师应严格检查土方开挖的上开口线、土方开挖工艺、每层开挖深度、开挖工序标高控制以及边坡底线的线位是否按照土方开挖方案进行施工。如有重大变化，应重新审核方案。

（3）当土方开挖深度超过2米时，监理工程师应现场核实基坑周围的安全设施，如防护栏杆等。

（4）在机械挖土与人工挖土同时作业时，人员不得进入挖土机的作业半径范围内。如果必须进入，必须等待挖土机停止作业后，才能进入进行坑底清理和边坡找平作业。

（5）挖土机作业位置的土质和支护条件必须满足机械作业的荷载要求。

（6）土方开挖至坑底标高的最后一步必须由人工完成。不得使用机械一次性挖至设计标高。人工挖土应在打垫层之前进行，以减少开挖时间。

三、拆除与爆破工程

（一）人工拆除要点

（1）人工拆除应采用自上而下、分层进行，不得数层同时进行交叉拆除。未拆除部分必须采取临时加固措施。

（2）人工拆除的顺序应是：楼板（屋面）、非承重墙、梁、承重墙、柱，遵循先拆非承重结构、后拆承重构件的次序进行。屋面拆除，应由跨中向两端对称进行。

（3）人工拆除建筑墙体时，不得采用挖掘或推倒的方法。

（4）人工拆除钢梁时，应在确保其下落时可以被有效控制的条件下，方可切断两端钢筋。

（5）拆除柱子时，应沿柱子底部剔除混凝土，采用人工定向牵引，先切断三面钢筋。保留牵引力方向正面钢筋，然后沿牵引力方向将柱子缓慢放倒。

（6）拆除石棉瓦等轻型屋面结构工程时，应搭设跳板。拆除固定铁件应站在主龙骨上操作，严禁踩在石棉瓦上操作。

（7）拆除作业人员必须站在稳固的结构部位上，必要时须搭设工作平台。

（8）被拆除的楼板上不得有多人聚集，不得在楼板上堆放材料和被拆除的构件，防止荷载集中造成坍塌事故。

（9）拆除管道和容器时，必须查清残留物的种类、化学性质，采取有效措施方可拆除，防止中毒和易燃气体对人体造成伤害。

（二）机械拆除要点

（1）采用机械拆除建筑物时，应从上至下、逐层分段进行，应先拆除非承重结构，再拆除承重结构。拆除框架结构建筑物，必须按楼板、次梁、主梁、柱子的顺序进行施工。对只进行部分拆除的建筑物，必须先对保留部分加固，再进行分离拆除。

（2）施工中必须由专人负责监测被拆除建筑物的结构状态，并做好记录。当发现有不稳定状态的趋势时，必须立即停止作业并采取有效措施，消除隐患。

（3）拆除施工时，应按照施工组织设计选定的机械设备及吊装方案进行，严禁超载作业或任意扩大使用范围。供机械设备使用的场地必须保证足够的承载力，作业中机械不得同时回转行走。

（4）人、机不可立体交叉作业，机械作业时，在其回转半径内不得有人工作业。机械严禁在有地下管线处作业，如果一定要作业，必须在地面垫2～3m的整块钢板或走道板，以保护地下管线安全。

（5）进行高处拆除作业时，对较大尺寸的构件或沉重的材料，必须采用起重机具及时吊下。拆卸下来的各种材料应及时清理，分类堆放在指定场所，严禁向下抛掷。

（6）拆除钢屋架时，必须采用绳索将其拴牢，待起重机吊稳后，方可进行气焊切割作业。吊运过程中，应采用辅助措施使被吊物处于稳定状态。

（7）拆除桥梁时应先拆除桥面的附属设施及挂件、护栏等。

（三）爆破拆除要点

（1）爆破拆除工程应根据周围环境作业条件、拆除对象、建筑类别、爆破规模，采取相应的安全技术措施。应对爆破拆除工程作出安全评估，并经当地有关部门审核批准后方可实施。

（2）从事爆破拆除工程的施工单位，必须持有工程所在地公安部门核发的《爆炸物品使用许可证》，承担相应等级的爆破拆除工程。爆破拆除设计人员应具有承担爆破拆除作业范围和相应级别的爆破工程技术人员作业证。从事爆破拆除施工的作业人员应持证上岗。

（3）爆破施工单位必须向工程所在地公安部门申请《爆炸物品购买许可证》，到指定的供应点购买爆破器材，严禁赠送、转让、转卖、转借。

（4）运输爆破器材时，必须向工程所在地公安部门申请领取《爆炸物品运输许可证》，派专职押运员押送。按照规定路线运输。

（5）爆破器材的临时保管地点，必须经当地法定部门批准。严禁同时保管与爆破器材无关的物品。

（6）爆破拆除的预拆除施工应确保建筑物的安全和稳定。预拆除施工可采用机械和人工方法拆除非承重的墙体或不影响结构稳定的构件。

（7）爆破拆除施工必须在确保周围建筑物、构筑物、管线、设备仪器和人身安全的前提下进行。

（8）对烟囱、水塔类构筑物采用定向爆破拆除时，爆破拆除设计应控制建筑倒塌时的触地振动。必要时应在倒塌范围内铺设缓冲材料或开挖防震沟。

（9）进行爆破拆除施工时，应对爆破部位进行覆盖和遮挡，覆盖材料和遮挡设施应牢固可靠。

（10）为保证地面爆点附近建筑物和地下构筑物的安全，可以分散爆点，并且分段延时起爆、隔离起爆以减少振动。

（四）安全技术管理要点

第一，在进行拆除工程之前，根据工程特点、构造情况和工程量等因素，应编制施工组织设计或安全专项施工方案。该方案必须经过施工单位技术负责人和总监理工程师签字批准后方可实施。如果在施工过程中需要进行变更，必须经过原审批人的批准后方可实施。

第二，对于爆破拆除和被拆除建筑面积大于1000m²的拆除工程，必须编制安全施工组织设计；而对于被拆除建筑面积小于1000m²的拆除工程，则需要编制安全施工方案。

第三，所有从事拆除作业的人员必须办理相关手续、签订劳动合同，并接受安全培训。只有通过考核合格后，才能上岗从事作业工作。

第四，在拆除工程施工之前，必须对施工作业人员进行书面的安全技术交底，确保他们了解相关安全事项。

第五，拆除工程施工必须建立安全技术档案，其中应包括以下内容：

（1）拆除工程施工合同和安全管理协议书。

（2）拆除工程安全施工组织设计或安全专项施工方案。

（3）安全技术交底记录。

（4）脚手架及安全防护设施的检查验收记录。

（5）劳务用工合同和安全管理协议书。

（6）机械租赁合同和安全管理协议书。

第六，每天拆除施工结束后，所有机械设备必须远离被拆除建筑。施工期间使用的临时设施必须与被拆除建筑物保持安全距离。

第七，在拆除工程施工过程中，一旦发生重大险情或生产安全事故，必须立即启动应急预案，排除危险因素，组织抢救，并保护现场。同时，还需要及时向相关部门报告。

第六章　建设工程安全风险及管理与事故处理

第一节　建设工程风险管理概述

一、风险的概念与分类

（一）风险概念

在国内学术界，风险被定义为与潜在损失有关的不确定性。换句话说，风险是指在给定的情况和特定的时间内，可能发生的结果与预期结果之间的差异或与实际结果之间的差异。

风险的本质及其具备的条件可以总结为以下三点：

1.存在性

指风险因素的存在。风险是基于某种不确定性，可能导致潜在的损失或负面影响。只有存在潜在的风险因素，才会引发风险。

2.不确定性

指风险因素发生的不可预测性。风险的发生并非确定的，这意味着无法准确预测风险事件的发生概率或具体结果，只能在一定的范围内进行评估。

3.损失后果

指风险发生后可能引起的损失或不利后果。风险的存在使得在某种情况下可能会发生不利的结果或损失。因此，风险的评估和管理需要考虑可能产生的损失后果，以制定相应的应对措施。

以上是风险概念的基本要素，它们对于理解和评估风险的性质、范围以及可能带来的影响十分关键。在风险管理和决策过程中，深入理解和分析风险的本质和产生的条件，对于制定有效的风险管理策略和采取适当的措施具有重要意义。

（二）风险分类

1.按风险类型分

按风险类型，风险分为纯风险和投机风险。纯风险是指只会造成损失而不会带来收益的风险。投机风险则是指既可能造成损失也可能创造额外收益的风险。纯风险和投机风险两者往往同时存在。

2.按风险产生的原因分

按风险产生的不同原因，风险分为社会风险、经济风险、自然风险、技术风险。其中，社会风险、经济风险、自然风险可归为非技术风险。技术风险如设计、施工等方面的缺陷、错误、工艺落后、施工安全措施不当等。

3.按风险影响分

按产生的风险影响不同，风险分为环境风险、公司风险、市场/行业风险、项目/个体风险等。

（1）环境风险

环境风险可以分为两大部分：一是自然环境风险，包括天气状况的影响，自然力的影响如泥石流、水灾、滑坡和地震等自然现象，自然环境条件可能会对建造施工过程产生显著的、有时是不可抗力的重大影响。二是社会和经济环境风险，一般来讲，社会和经济风险是不可控的。

（2）公司风险

公司风险是指那些会对公司正常的生产经营活动造成影响的事件。所有企业都是在市场内运作，公司风险和项目风险之间存在着必然的内在联系，因为企业必须最终承担一个不确定风险性项目所产生的后果。

（3）项目风险

项目风险是指那些会对项目正常地施工与管理活动造成影响的事件。项目风险和公司风险之间存在着内在联系。如果施工承包单位的一个主要项目亏损，其后果必将影响该公司的财务状况甚至产生全局性的负面影响。

（4）个体风险

个体风险是指那些会对个体造成影响的事件。一个项目在某一层次可能包括上百个子项和工作。实际操作人员对其每天遇到的困难有最直观的了解。因此，许多风险从现场实际作业或企业管理底层的角度，是相对容易被发现并及时得到治理的。但是，实际操作人员和基层管理人员一般只关心自己的项目，很少能将其面临的施工管理不确定性与其他项目和全公司的类似情况联系起来考虑。

二、建设工程风险管理

建设工程风险，是指影响建设工程目标实现的事件发生的可能性，也就是影响建设工程投资、进度、质量和安全目标实现的事件发生的可能性。

（一）建设工程风险的特点

与建设工程施工的特点相联系，建设工程风险呈现出同样的特点。

1.风险大

建设工程涉及的风险因素和风险事件发生的概率都相对较高，其中一些风险因素和风险事件的发生概率甚至非常高。一旦这些风险因素和风险事件发生，往往会导致严重的损失。因此，明确这一点对于确立风险意识至关重要。只有高度重视建设工程的风险问题，才能够主动地进行预防和控制。

2.个别性

不同类型的建设工程具有不同的风险特征。即使是同一建设工程在不同的地点进行施工，其风险也会有所不同。同样，如果由不同的施工承包单位进行施工，建设工程的风险也会有所差异。因此，建设工程风险具有个体差异的特点。

3.复杂性

建设工程涉及的风险因素和风险事件非常多，并且彼此之间相互影响，形成复杂的关系网络。这导致建设工程风险具有复杂性，同时，也增加了对建设工程风险识别的复杂性。

4.工程建设各方主体均有风险

尽管所有参与建设工程的各方主体都面临风险，但各方的风险范围、种类和受影响程度各不相同。工程建设各方主体可能会遭遇不同的风险事件，并且这些事件给建设工程带来的后果也可能是截然不同的。

（二）建设工程风险管理

风险管理是一个涵盖风险识别、确定、度量以及制定、选择和实施风险处理方案的复杂过程。在建设工程领域，风险管理并没有特殊性，遵循与其他行业相同的基本原则、方法和管理过程。

建设工程风险管理是一个综合性很强、具有较高复杂性的管理工作。正如前文所述，参与建设工程的各方主体都面临着风险，而不同风险的影响程度各异。因此，针对建设工程风险的管理和控制需要进行具体的分析，以明确各方主体在风险管理中的职责和应采取的控制措施，以实现有效的建设工程风险管理。

1.工程建设风险管理的基本定位

（1）工程建设方

工程建设方是指承担建设项目的所有人或使用人，他们对建设工程的各个阶段进行项目管理。在建设工程中，各类风险对工程建设方的影响是至关重要且具有全局性的。如果无法实现建设目标中的投资、进度、质量和安全目标之一，将被视为项目建设方的重大失误和损失。因此，确保建设工程的成功实施和预期目标的实现是建设方的责任所在。

（2）工程施工方

工程施工方是建筑市场中的卖方，他们是实现建设目标的具体组织管理者，对于实现工程建设的管理目标起着不可替代的作用。因此，施工方（主要包括总承包方、指定的分包方以及主要材料和设备供应商）是负责实施建设工程安全风险管理的主体。换言之，工程施工方是实际的组织者和执行者，旨在实现建设投资、进度、质量和安全目标。建设工程风险管理的核心职责是施工安全风险管理。具体而言，施工项目部在整个施工过程中，通过采用一系列科学、规范的风险管理措施，以实现既定的工程建设安全目标。

（3）项目监理方

从监理方的定位来看，项目监理机构是在建设方委托下对建设项目进行监督管理，并对工程建设的绩效承担监理责任。同样，在建设工程管理活动中，项目监理机构主要代表建设方实施建设投资、进度、质量和安全管理。在项目建设过程控制中，必须通过一系列科学、规范的监理程序、方法和手段进行风险管理，以确保施工方的管理行为和效果基本可控。换句话说，从风险管理的角度来看，监理方主要通过审核、确认和监督施工方等相关方的风险管理措施、方法和手段来实现对建设工程风险的管理，从而保证管理目标的实现。这是监理工作的主要任务，也是监理风险控制的主线。监理单位必须牢牢把握这一主线，以规范地开展包括风险控制在内的监理工作。

2.风险管理要遵循目标管理的原则

建设工程风险管理的核心是确保建设工程各项管理目标的实现。只有明确规定并有效管理这些目标，建设工程风险管理才能得以有效实施，以确保项目按计划有序进行。一般而言，建设工程风险管理的目标可以简要概括如下：

（1）实现实际投资不超过计划投资的目标。建设项目的投资是一项重要指标，确保项目的资金合理投入与有效利用，避免产生超出计划投资的风险。

（2）实现实际工期不超过计划工期的目标。工期是建设项目完成的时间限制，确保在合理的时间内按计划完成项目，避免工期延误对项目造成的风险和损失。

（3）实现实际质量满足预期要求的目标。建设工程的质量是核心关注点之一，确保符合预期的质量要求，避免因质量问题引发的风险和产生后续修复成本。

（4）确保建设过程的安全性。在建设工程中，安全是至关重要的因素，确保施工过程中的安全措施得到有效执行，减少事故风险，保障工人和相关方的安全。

因此，从风险管理的角度来看，建设工程风险可以分为投资风险、进度风险、质量风险和安全风险。这些风险需要通过投资控制、进度控制、质量控制和安全控制等风险管理措施进行管理和控制，确保项目目标的实现。施工方在其中起着关键的作用，特别是在施工成本控制方面，需要有效管理项目投资，以保证资金使用的合理性和有效性。总体而言，建设工程风险管理应该从多个维度进行综合管理，以确保建设项目的顺利进行和风险的最小化。

3.建设工程风险管理过程

建设工程风险管理是一个系统而复杂的过程，旨在识别、评估和应对可能出现的风险。这通常是一个循环往复的过程，以确保风险得到全面管理。建设工程风险管理包含以下五个主要方面的内容：风险识别、风险评价、风险对策决策、实施决策和检查。

首先，风险识别是建设工程风险管理过程的起点。通过综合考虑项目的各个方面和阶段，对潜在的风险因素进行识别，并将其纳入风险管理范围。这需要对工程项目的各项要素进行全面的分析和评估，以识别可能对项目目标产生不利影响的风险。

其次，风险评价是对已经识别的风险因素进行全面、客观的评估。通过定量和定性的方法，对风险的概率、影响和紧迫性进行评估，以确定其对项目的潜在影响程度。这一步骤是为了更好地理解风险的性质和严重程度，以便制定相应的应对策略。

再次，风险对策决策是根据风险评价的结果，制定相应的应对策略和措施。通过权衡各种因素，如成本、资源、时间和技术可行性，确定最佳的风险应对策略。其中包括对风险的预防、减轻、转移或接受等策略，以控制和降低风险可能对项目产生的影响。

又次，实施决策阶段是将制定的风险应对策略付诸实施的过程。这需要明确责任人员、资源和时间表，并监督和管理风险应对措施的实施。通过有效的项目管理和风险监控，确保决策的顺利执行，以降低潜在风险的实施风险。

最后，检查阶段是对风险管理过程的回顾和评估。通过对决策执行的审查和评估，来确定是否达到预期的风险管理效果，并及时调整和纠正任何不足之处。这有助于持续改进风险管理的措施和决策，并加强对风险管理过程的学习和经验总结。

建设工程安全风险管理也遵循类似的过程和原则，在识别、评估和控制工程安全风险时，同样需要进行风险识别、风险评估、风险对策决策、实施决策和检查等环节，以确保工程安全风险得到可靠管理和控制。

三、建设工程安全风险控制

（一）建设工程安全风险控制的意义

建设工程安全风险控制的目的在于防止施工行为的冒险性、盲目性和随意性，通过全面实施安全技术措施，有效消除安全隐患，从而杜绝和减少各类伤亡事故的发生，将建设工程的安全控制在合理范围内，实现建设工程安全生产目标，有效预防事故发生。

在建设工程中，施工现场存在着各种安全风险，而不同的危险源和环境因素是导致工程质量和安全事故的根本原因。因此，规范施工危险源的管理是建设工程施工安全风险控制的核心问题。

建设工程安全风险控制与管理的基础是进行危险源辨识和风险评价。在此基础上制定施工安全危险源管理标准，并建立施工项目危险源的监管机制及应急救援体系，对每个施工部位和过程的危险源制定相应的控制和管理措施。针对特定地域、施工内容和施工条件的建设工程，应能够确定施工安全的危险源和重大安全事故隐患的性质、分布、规模、事故关联度和后果，并提出有效、实用的预防和控制措施。

（二）建设工程安全风险控制的基本原则

施工危险源或施工安全风险的控制是一个与施工进度相关的动态发展和不断更新的过程，该过程通常包括识别、评价、控制措施计划、实时控制措施计划以及检查等五个基本环节。在进行风险管理的过程中，需要掌握以下基本原则：

1.内外部客观情况的变化

在建设工程项目的施工过程中，应根据法律法规、标准规范、施工方案、施工工艺、相关方要求以及投诉的变化等内外部客观情况的变化来确定是否需要采取不同的风险控制措施。同时，需要检查是否有未被发现的工程风险或新出现的工程风险。一旦发现新的风险，就需要进行新的风险识别，启动新一轮的风险管理过程。通过不断进行的风险管理的循环过程，制定新的安全目标和实施方案，以不断改进和完善原有的安全控制措施计划，使之达到一个新的运行状态。

2.定期评审和更新

安全风险管理者应定期或不定期地对控制措施计划进行评审，并在必要时进行更新。这样可以不断改进、补充和完善控制措施，以适应不断变化的施工环境和风险情况。

3.动态循环、持续改进

与其他管理活动类似，建设工程安全风险管理是一个动态循环、持续改进的过程。在实时控制过程中，控制者应遵循工程管理科学的原理，按照一般管理行为的做法和规律进行安全风险管理。通过不断反馈和调整，使风险管理过程能够持续适应施工环境的变化，提高施工工程的安全性和质量。

（三）安全风险控制的基本步骤

风险管理就是一个危险源识别、确定和评价风险，并制定、选择和实施风险管理方案的过程。风险管理过程包括风险识别、风险评价、制定控制措施计划、实时控制措施计划、检查控制效果与持续改进五个基本步骤。

1.风险识别

风险识别是风险管理过程中最重要的步骤，它通过系统而全面的方式，识别出影响建设工程安全目标实现的各种风险因素，并将其适当归类。风险识别的内容包括对施工现场各类作业与管理活动涉及的地点、设备、材料、人员、工序与工艺等多个方面进行综合考虑，并力求收集相关信息。

风险识别的结果是施工项目部建立（危险源）排查的初始清单，并根据此清单进行施工危险源的辨识与分类，以及制定相应的管理措施等。

2.风险识别的过程

风险识别是指风险排查的过程，在建设工程领域，它采用的方法和一般风险管理理论中提出的风险识别方法有所不同，因此其风险识别过程也有所差异。在建设工程中，风险识别往往通过分析经验数据、进行风险调查、向专家进行咨询以及进行试验验证等方式进行。这一过程通过对建设工程风险进行多维分解，使我们能够更好地认识和初步确定建设工程的安全风险，并建立相应的安全风险清单。

3.安全风险的评价

安全风险评价是在风险识别的基础上，对建设工程中的安全风险进行系统分析和分类的过程。它对建设工程可能发生的风险事件以及可能产生的损失后果进行定性和量化，并进行具体的分解和分类。这一过程在系统地识别建设工程风险和合理制定控制措施计划之间扮演着重要的桥梁角色。可以根据安全风险评价的结果确定各种风险事件发生的概率和对建设工程目标影响的严重程度。例如，可以评估由施工安全事故引发的直接和间接经济损失、不可避免的投资增加、项目进度的推迟以及声誉损失等。总之，施工单位应该基于此对施工过程中各类安全风险的影响程度和损失大小进行分析和分类，并确定每个施工过程和施工部位的一般危险源和重大危险源。

通常情况下，施工方的施工安全风险排查与评价结果应明确地反映在其制定的"建设工程危险源排查分解表"中。基于风险评价所得的信息，使用该表记录和跟踪建设工程的安全风险情况。它详细列出了各个施工过程和施工部位存在的危险源，以及这些危险源的特征、潜在风险和相关的管理措施。通过编制和更新这样的危险源排查分解表，施工单位可以全面了解和掌握工程项目中的安全风险情况，为制定有效的安全控制措施提供依据，以及时识别和应对风险事件的发生。

4.编制、评审安全风险控制措施计划（方案）

（1）针对评价中发现的重大危险源，施工项目管理人员应根据风险识别、评价与分类的结果，以及企业确定的危险源管理制度规定，编制具有针对性的施工（危险源）安全风险控制措施计划。该计划将作为安全风险控制的基本指南或指导手册，确保新的和现有的控制措施仍然适当有效，并根据情况的变化进行修改和完善。

（2）从施工安全风险管理的角度来看，施工单位通过制定项目施工安全措施计划或在施工组织设计中纳入安全技术措施，以及编制具体的专项施工方案（适用于中型及以上项目和危险性较高的分部分项工程），来规范和指导施工安全风险控制工作。其中包括施工安全控制的管理措施、技术措施等一系列的自我控制措施。

5.实时控制措施计划

具体落实已经通过评审（企业或项目内审以及组织专家对专项方案进行论证）的安全风险控制措施，并纳入工程施工安全控制过程中。针对已制定或修订的控制措施计划（包括方案、作业指导书），实施安全风险（危险源）的控制，并根据各自的管理规定及时检查安全风险是否在可控范围内。即确保安全控制的程度和水平符合法律法规、标准规范、合同条件，以及施工单位、监理单位和其他相关方的管理能力。

6.检查

在建设工程的实施过程中，有两个关键方面需要考虑，以确保安全风险的控制。首先，施工项目管理人员应根据各项安全风险控制措施计划的制定情况，按照各自的制度规定进行定期和不定期的检查，并评估各项安全风险控制措施的执行效果。其次，当工程实施的内外条件发生变化时，如工程变更、材料设备、施工工艺方法或施工环境条件的改变，必须确定是否需要提出不同的安全风险处理方案。

此外，工作人员还需要对可能被遗漏的建设工程安全风险进行检查，一旦发现新的安全风险，就需要进行新一轮的风险识别，即启动新的安全风险管理过程，以完成一个规范的风险管理闭环过程。

总之，监理单位在施工风险管理过程中扮演着重要的角色。监理单位通过排查和分解施工单位的施工危险源，并制定控制措施、进行实时控制和检查整改，实施安全风险监理。此外，项目监理机构还应根据施工单位对重大危险源的排查和控制措施，制定相应的监理控制措施，并以此进行安全风险管理。这些内容与第四章中关于监理工作实施的内容和程序相一致，只是角度不同。因此，监理单位在实施过程控制工作中，履行了施工各阶段安全管理的职责，也就是履行了安全风险监理的职责。

第二节　建设工程施工危险源监控

一、建设工程施工危险源分类

建设工程施工过程中存在多种危险源，这些危险源可能导致人身伤害、疾病、财产损失以及工作环境恶化等情况。建筑施工的特殊性质决定了其具有流动性、建筑产品的单件性和类型多样性，以及施工生产过程的复杂性，这导致了施工过程和工作环境的不确定性，需要面对各种多变的情况。此外，建筑工程施工所涉及的手工劳动通常缺乏标准化，从而使得劳动过程中体力劳动的负担较重，同时劳动者的素质相对较低。这些因素使得建筑施工现场的危险源与其他行业有所区别，具有其独特性。

在建筑工程中，危险源可以采取多种方法进行分类。按照危险源在事故发生和发展过程中的作用或特征进行分类有助于识别危险源。

（一）按危险源在事故发生发展过程中的作用分类

1.第一类危险源

根据能量意外释放理论，能量或危险物质的意外释放是导致伤亡事故发生的物理本质。因此，将生产过程中存在的可能发生意外释放的能源、能量载体或危险物质称为第一类危险源。

第一类危险源的产生源于能量和有害物质。在施工现场生产过程中，各种能源和能量载体在一定条件下都有可能释放能量，从而造成危险；同时，有害物质在一定条件下会损害人体的生理机能和正常代谢功能，破坏设备和物品的效能，这也是最根本的危险源。为了防止第一类危险源导致事故发生，必须采取相应的措施来约束和限制能量或危险物质，并对危险源进行有效控制。

2.第二类危险源

在正常情况下，生产过程中的能量或危险物质受到约束和限制，不会发生意外释放，即不会发生事故。但是，一旦这些约束和限制能量或危险物质的措施受到破坏或失效，事故就可能发生。这些能够导致能量或危险物质所受的约束或限制遭到破坏或失效的各种因素被称为第二类危险源。第二类危险源主要包括物的故障、人的失误和环境因素。

（1）物的故障

物的故障是指机械设备、设施、装置等在运行或使用过程中，由于性能（包括安全性能）低下而无法实现预定功能（包括安全功能）的现象。在事故中，我们可以将物分为起因物和致害物。起因物是指导致事故发生的物体或物质，而致害物是指直接导致伤害或中毒的物体或物质。

不安全状态存在于起因物上，它是使事故发生的不安全物体条件或物质条件。从安全功能的角度来看，不安全状态也可以视为物的故障。物的故障可能是由于设计、制造缺陷引起的，也可能是由于安装、搭设、维修、保养、使用不当以及磨损、腐蚀、疲劳、老化等原因造成的。此外，故障也可能是由于认识不足、检查人员失误、环境变化或其他系统影响等因素引起的。然而，故障发生的规律是可知的。通过定期检查、维修保养和分析总结，我们可以在预定的时间范围内有效控制、避免或减少大多数故障。因此，掌握各类故障发生的规律和故障率是防止故障产生严重后果的重要手段。

（2）人的失误

人的失误是指在执行任务时，其行为与规定的标准存在偏差，即未能完成预定功能的现象。人的不安全行为也属于人的失误范畴。人的失误可能导致控制系统故障、物质使用量失控或危险物质泄漏，从而引发事故事件。人的失误可以分为人的不安全行为和管理失误两个方面。

人的不安全行为是指违反安全规则或安全原则，增加事故发生的可能性或机会的行为。违反安全规则或安全原则包括违反法律法规、标准、规范和规定，以及违反公认的安全准则和安全常识。人的不安全行为可能是本不应该做而做了某件事情，或者采用了本不应该采用的方式，也可能是应该执行某项任务却未能完成等情况。

管理失误表现在以下方面：一是物的管理失误，有时也称之为技术上的缺陷。这包括技术、设计、结构存在的缺陷，作业现场和作业环境安排的不合理等问题，以及防护用品的缺失或存在缺陷等情况；二是人的管理失误，包括教育、培训、指导以及对施工工作和作业人员安排等方面存在的缺陷或不当；三是管理工作的失误，包括施工作业程序、操作规程和方法、工艺过程等方面的管理失误，以及安全监控、检查和事故防范措施等管理方面的失误，还包括对采购安全物资的管理失误等。

（3）环境因素

环境因素是指人与物所处的环境条件，特指施工和生产作业环境中的温度、湿度、噪声、振动、照明和通风等方面的问题。这些环境因素可能促使人产生失误或引发物的故障。

（二）按导致事故和职业危害的直接原因进行分类

在生产过程中，危险因素与有害因素分为六类：物理性危害因素、化学性危害因素、生物性危害因素、生理性危害因素、行为性危害因素、其他危害因素。此种分类方法所列危险、危害因素具体、详细，适用于固定生产经营场所风险管理人员对危险源识别和分析，经过适当的选择、调整、归类，可作为危险源排查表使用，作为安全控制的基础。

针对建筑施工的特点，危险源的分类一般根据危险因素控制的难度和危险源对安全影响的程度进行划分。从整体上考虑施工的难易程度、所需的控制投入以及事故可能造成的损失大小，将危险源分为一般危险源和重大危险源。施工单位和监理单位的危险源监控也按照这种思路进行，这正是建筑施工危险源管理的特殊性，并符合施工安全控制的工作规律。通过这种分类方式，可以更有效地识别和控制危险源，确保建筑施工的安全进行。

二、施工现场危险源分析评价

施工现场危险源的动态控制是基于对危险源的辨识和评价。根据事先确定的安全目标和控制标准，对施工管理和作业活动进行监督、检查，及时发现超过可接受风险水平的危险源，并采取正确的措施，以防止危险源造成人员伤害或财产损失，确保施工活动按计划进行。控制危险源的目的在于保证安全并减少安全事故的发生。

（一）危险源识别和风险评价

对于建筑施工企业而言，通常采用作业条件危险性评价法（LEC法）来进行危险源识别和风险评价。该方法基于对施工现场的实际作业条件进行分析和评估，考虑诸如施工环境、作业设备、作业流程等因素，识别出潜在的危险源，并评估其对人员和财产的风险程度。通过该评价方法，建筑施工企业能够更全面地了解施工现场的危险源和潜在风险，并采取相应的控制措施来减少风险。

LEC法主要包括以下步骤：

1.识别危险源

对施工现场的各项作业条件进行全面考察，识别可能存在的危险源，如高空作业、电气设备、机械设备等。

2.评价风险程度

针对识别出的每个危险源，评估其对人员和财产的风险程度，应考虑的因素包括潜在的伤害严重程度、可能的事故频率等。

3.制定控制措施

根据评估结果，制定相应的控制措施，包括工程控制、行政控制、人员培训等，以降低或消除危险源的风险。

4.实施措施

根据制定的控制措施，确保其得到有效实施，并监督检查施工现场的安全状况。

5.定期复评

周期性地对施工现场的危险源和风险进行复评，及时更新和调整控制措施，确保持续的动态风险管理。

LEC法的主要优势在于系统性和实用性，它能够帮助建筑施工企业在施工现场中准确地识别和评估危险源，并采取相应的控制措施，以降低施工活动中的风险。这样的风险管理方法对于确保建筑施工的安全性和高效性至关重要。

（二）一般安全风险及管控措施

相关职业健康安全法规规定，符合下列情况之一可判断为一般风险：一是可能造成轻伤事故；二是相关方有合理抱怨或要求。

为了处理一般风险，需要遵守以下监控原则：严格执行现有的规章制度和操作规程，加强日常检查，及时发现问题并进行整改，树立所有人都是安全员的意识，将事故消灭在萌芽状态。

三、对重大危险源的监控

针对施工中的重大危险源，项目监理机构应根据施工方对危险源的识别、排查和分类结果，以及相应的管理控制措施，编制安全监理实施细则。这样，施工现场的危险源可以分为一般危险源和重大危险源两类。如果现场具有符合上述规定的中型及以上项目和危险性较大的分部分项工程的施工内容，施工单位应将其列入施工危险源清单，并明确其为重大危险源，对这两类性质和影响程度不同的危险源实施不同方式的管理。监理单位也应将施工的重大危险源列入重点控制清单，并按规定编制安全监理实施细则，实施重点监理。

（一）重大危险源管理基本要求

为了确保工程安全，施工单位和监理单位应建立适应危险性较大工程的安全管理制度。通常情况下，这些管理制度的具体规定会体现在公司的安全技术管理制度中。

施工单位在进行中型及以上工程和危险性较大的分部分项工程施工前，应编制专项施工方案。对于超过一定规模的危险性较大的分部分项工程，施工单位应按照有关规定组织专家对专项方案进行论证。

（二）项目监理机构对于重大危险源的监理

监理单位在进行工程安全监理的各个阶段均应作为工作重点。按照建设部《关于落实建设工程安全生产监理责任的若干意见》和《建设工程监理规范》，监理单位应在事前审核、事中监督检查和整改等环节做好以下工作。

1.事前审核

（1）审核施工单位编制的地下管线保护措施方案是否符合强制性标准要求。

（2）审核基坑支护与降水、大型土方开挖与边坡防护、模板与支撑、大型起重吊装、高大异形脚手架、爆破拆除等分部分项工程的专项施工方案是否符合强制性标准要求。

（3）审核施工现场临时用电施工组织设计或安全用电、电气防火措施是否符合强制性标准要求。

（4）审核大型复杂工程的冬季、雨季等季节性施工方案的制定是否符合强制性标准要求。

（5）审核施工总平面布置图是否符合安全生产的要求，以及办公、宿舍、食堂、道路等临时设施的排水和防火措施是否符合强制性标准要求。

（6）审核施工单位专项方案中的应急救援处置措施和重点过程、部位的安全防护措施是否有效。

2.事中监督检查

（1）监督施工单位按照施工组织设计中的安全技术措施和专项施工方案组织施工，及时制止违规施工作业。

（2）定期巡视检查危险性较大工程作业的施工过程，如高大模板的支撑体系、大型设备的安装拆卸、高大异形架体和网架结构的施工等，按照监理实施细则的过程控制。

（3）核查施工现场施工起重机械、整体提升脚手架、模板等自升式架设设施和安全设施的验收手续。

（4）检查施工现场各种安全标志和安全防护措施是否符合强制性标准要求，并核查安全生产费用的使用情况。

（5）督促施工单位进行现场安全自查和重点施工过程的专项检查工作，发现隐患和违章情况及时要求其整改或停工整改，并对施工单位的自查情况进行抽查核实。

3.监督整改及效果跟踪

在处理特殊和复杂的施工安全隐患或违章行为时，监理单位应对施工单位的整改情况进行监督，并促使其有效实施安全措施。总体而言，对于危险源，特别是对重大危险源的控制，监理单位应及时履行法定职责。

以现场大型设备拆装为例,施工项目部制定的监督整改及效果跟踪内容如下:

(1)委托具备资质的专业公司进行安装、拆除、增设等操作;

(2)编制安装、拆除、增设、移位等专项技术措施,并经相关部门及技术负责人审批;

(3)在进行装配或拆卸前,必须对操作人员进行安全教育和技术指导;

(4)装配或拆卸过程中,必须指派经过培训的人员进行监控;

(5)所有从事装配或拆卸工作的人员必须持有效证件,并通过健康体检;

(6)在装配或拆卸期间,需要设立警戒区域;

(7)按要求设置卸料平台、安全门、通信设备等;

(8)完成搭设后,必须经过法定的自检和检测机构检测合格后方可投入使用,并进行维修和保养工作。

(三)对于危险性较大的分部分项工程的监理

危险性较大的分部分项工程监理是一个重要的工作环节,监理单位除了按照专项施工方案和监理实施细则对施工活动进行监控外,还应着重抽查施工单位的以下资料:

1.对施工单位的资料检查内容

(1)施工现场安全管理体系的运行是否正常有效。

(2)是否按照危险性较大工程专业施工方案进行施工作业和自我控制。

(3)专项施工方案是否根据《危险性较大的分部分项工程安全管理办法》的规定进行修改完善,并在现场得以实施。

(4)在实施专项施工方案时是否有监控方案,是否指定合乎规定的专人进行监控,并记录重大危险源及周边环境的监控情况。

(5)涉及重大危险源的施工作业活动是否进行了安全技术交底,相关特种作业人员是否持有操作资格证书。

(6)是否有验收记录和定期检查记录,整改情况是否符合标准规定。是否制定了专项应急救援与处置措施。

2.监理单位在重大危险源监控中应完善的资料内容

(1)编制重大危险源施工活动(危险性较大的工程)整改实施细则。

(2)对重大危险源作业活动部位与工序进行监理,并保留监理记录。

(3)定期检查重大危险源,并记录检查情况。对存在安全隐患的施工单位下发限期整改通知单,并复核确认整改反馈情况。

（四）施工单位危险源控制的一般要求

第一，针对所确定的重大危险源制定管理方案，每一项重大危险源都要有控制措施、程序，控制方法和实施。

第二，制定相应的应急处置预案。事故应急处置预案是重大危险源控制系统的重要组成部分，项目都应按照每项重大危险源制定相应的应急处置预案，落实应急处置的各项措施，并定期检验和评估现场事故应急救援预案有效程度，即定期进行演练，以及在必要时进行修订。

第三，措施及方案的实施。重大危险源的风险控制关键在于落实，在施工过程中，按制定的安全技术和专项施工方案，控制重大危险源的施工部位、施工过程是有效地遏制各类重大安全事故发生的重要工作，为此，施工单位要做到落实以下措施：

（1）加强现场监督检查，适时掌握重大危险源的数量和分布状况，公示重大危险源名录、控制措施及治理情况。

（2）加强安全施工培训教育，细化安全技术措施交底和重点作业过程、部位的安全控制。全体动员，人人参与，尤其是以事故预防为主的重大危险源风险控制的安全教育。

（3）淘汰落后的技术、工艺，适度提高工程施工措施类标准和安全设防标准，重点提升施工安全技术装备、设施与管理水平，提高材料设备、设备设施的本质安全程度，降低施工安全风险。

（4）强化施工现场大型施工机械安装、运行、拆卸和重要施工材料设备、设施的检验检测、维护保养、使用验收管理。

第三节　建设工程施工安全隐患治理

一、建筑施工安全隐患

（一）隐患定义

隐患是指那些未经事先识别或未采取必要防护措施而可能导致安全事故的潜在危险源，对环境和安全构成不利因素。此外，安全隐患还指那些潜在具有对人身健康构成伤害、造成财产损失或兼具这些因素的起源或情况。安全隐患的发现通常是通过安全检查或数据分析来实现的，相关责任人应接到书面通知以制定纠正和预防措施，并在限期内改正并跟踪验证整改结果。

安全生产事故隐患是指生产经营单位违反安全生产法律、法规、规章、标准、规程和安全生产管理制度的规定，或在生产经营活动中存在其他因素，可能导致事故发生的物的危险状态、人的不安全行为和管理上的缺陷。

在建设工程安全监理中，加强安全风险分析是一个重要的方面。由于安全隐患具有隐蔽性和滞后性的特点，我们必须及早发现安全事故隐患，制定有针对性的控制措施和管理方案，以实现早期预防和处理，从而避免工程质量安全事故的发生。

（二）隐患分类

根据建设工程施工安全管理的专业要求，按照隐患严重程度将其分为一般安全隐患和重大安全隐患。

1.一般安全隐患

一般安全隐患是指那些在施工过程中可能存在的危害程度较小且整改难度相对较低的隐患。当一般安全隐患被发现时，可以立即采取相应的整改措施来排除风险，而不会对工程进展和进度造成重大的影响。

2.重大安全隐患

重大安全隐患则是指那些可能造成严重危害并且整改难度较大的隐患。针对重大安全隐患，施工单位必须采取全面或部分停产停工的措施，并在一定的时间内进行细致的整改治理，以确保安全隐患得到有效排除。建筑施工行业一般将危险性较大的分部分项工程列为重大安全隐患加以特别控制，例如基坑支护与降水工程、土方开挖工程、模板与支撑工程、脚手架工程、起重吊装与安拆工程、拆除爆破工程以及其他具有较高风险的工程。

（三）隐患常见原因分析

建设工程施工生产具有产品的周期性和流动性等特点，其施工周期长，存在露天作业和体积庞大的特点，工人整体素质差，手工作业多，体能消耗大，并且面临多种产品和工艺的多变性，施工场地通常较为狭窄等。这些特点限制了施工安全生产的环境和条件，增加了施工过程中的不安全因素，容易导致安全隐患和事故的发生。工程安全事故通常由多种原因引起，尽管安全事故的类型各异，但通过大量的安全事故调查以及应用系统工程学的原理和数理统计方法，发现安全事故主要是由违章行为引起的，其次是设计和勘察的不合理缺陷，以及其他因素。因此，了解各种不同类型安全隐患的内在成因和相互作用是预防事故发生的基础。

安全事故的基本因素主要包括以下几个方面：

1.施工单位的违章作业、违章指挥和安全管理不到位

施工单位未制定安全技术措施，缺乏安全技术知识，没有逐级安全技术培训和安全生产责任制的落实，导致违章指挥、违章作业以及施工安全管理不到位，是导致安全隐患和造成事故的主要原因。

2.设计不合理与缺陷

设计不按照法律法规和强制性标准进行，未考虑施工安全操作和防护需求，在设计文件中未明确涉及安全的关键部位和环节，未提出防范安全事故的指导意见等，都是设计原因造成安全事故的主要因素。

3.勘察文件失真或使用不当

勘察单位未严格按照要求进行地质勘察或勘探，钻孔布置和深度等不符合规定，勘察文件或报告不详细、不准确，无法真实全面地反映地下情况，施工单位使用过时或不当使用勘察文件，导致基础、主体结构和装饰施工错误，引发重大安全事故。

4.使用不合格的安全防护用具、安全材料、机械设备和施工机具等

许多安全事故是由施工现场使用劣质或不合格的安全防护用具、材料、设备和机具等引起的。为了防止不合格的安全物资进入施工现场，施工单位在采购和租赁安全物资时应确保其具有合格证书和许可证等。

5.安全生产资金投入不足

由于一直以来建设单位和施工单位追求经济效益，忽视了安全生产，挤占了安全生产费用，导致用于安全生产的资金不足，无法满足正常的安全生产需要。这也是目前频发事故和治理安全隐患困难的根本原因。

6.应急救灾制度不健全

施工单位和现场未制定生产安全事故的应急救援预案，缺乏应急救援人员、设备和器材等，无法及时对生产安全事故进行救助和处理。

7.建筑市场违法违规行为

无证设计、无证施工、越级设计、越级施工、边设计边施工、违法分包转包、擅自修改设计等违法违规行为导致大量安全事故发生。这些违反建设程序的行为是建筑质量安全事故频发的根本原因。

8.其他因素

包括恶劣气候等工程自然环境因素，以及安全生产监督制度不健全、缺乏具体的日常监督管理制度和措施，安全生产责任不明确等管理环境因素。

综上所述，理解施工安全事故发生的各种因素对于有效预防事故具有重要意义，需要加强违章行为的纠正、设计和勘察的合理性、使用合格安全物资、增加安全生产资金投

入、建立完善的应急救援制度、规范建筑市场行为以及加强监督管理等措施。

（四）施工安全隐患原因分析

由于建设工程安全隐患受到众多因素的影响，一个建设工程安全隐患的发生可能是上述原因之一或多种原因所致。为了准确定位引发安全隐患的原因，必须对安全隐患的特征、表现以及其在施工中的实际情况和条件进行详尽分析。以下是对建设工程安全隐患进行分析的基本步骤：

（1）进行现场调查研究，全面观察并记录全部情况。必要时进行拍照，充分了解和掌握引发安全隐患的现象和特征，以及施工现场的环境和条件等。

（2）收集和调查与安全隐患有关的全部设计资料和施工资料。

（3）指出可能导致安全隐患的所有因素。

（4）进行分析、比较和剖析，找出最可能造成安全隐患的原因。

（5）进行必要的计算分析以进行认证确认。

（6）在必要时，可以征求设计单位或专家等的意见。

二、建筑施工安全隐患处理程序

针对建筑施工安全隐患的处理程序，建设工程施工过程中由于各种主观和客观原因的存在，安全隐患是不可避免的。当发现安全隐患时，监理工程师应根据以下步骤进行处理，包括：

（一）评估严重程度

当发现工程施工存在安全隐患时，监理工程师首先应评估其严重程度。若存在安全事故隐患，则应签发《安全监理整改通知单》，要求施工单位进行整改。施工单位提出整改方案后，填写《安全整改通知回复单》报监理工程师审核，批复施工单位进行整改处理。必要时，须经过设计单位认可，并重新进行检查和验收。

（二）签发《安全监理暂时停工报告书》

当发现严重安全事故隐患时，总监理工程师应签发《安全监理暂时停工报告书》，指示施工单位暂时停止施工。必要时，要求施工单位采取安全防护措施，并向建设单位报告。监理工程师应要求施工单位提出整改方案，并经过设计单位认可。整改方案经监理工程师审核后，施工单位进行整改处理，处理结果应重新进行检查和验收。

（三）采取措施

施工单位在收到《安全隐患通知单》或《安全暂时停工报告书》后，应立即进行安全事故隐患的调查和分析，确定根本原因，并制定纠正和预防措施。同时，制定安全隐患整改处理方案，并向总监理工程师报告。

施工单位制定的安全隐患整改处理方案应包括以下内容：

第一，对存在安全隐患的部位、性质、现状、发展变化、时间和地点等进行详细描述。

第二，提供现场调查所获得的相关数据和资料。

第三，对安全事故隐患的原因进行分析和判断。

第四，制定安全事故隐患的处理方案。

第五，根据情况确定是否需要采取临时防护措施。

第六，确定安全事故隐患整改的责任人、整改完成时间以及整改验收人。

第七，制定涉及的相关人员和责任，以及预防该安全事故隐患再次发生的措施。

（四）监理工程师分析安全隐患整改处理方案

第一，监理工程师将对整改处理方案进行认真细致地分析，特别是对事故隐患的原因进行深入研究，以找出安全隐患的真正源头。在必要时，可以组织设计单位、施工单位、供应单位和建设单位等各方共同参与分析过程。

第二，在进行原因分析的基础上，监理工程师将对安全隐患整改处理方案进行审核和签认，确保其合理性和可行性。

第三，指示施工单位按照既定的整改处理方案实施，并进行跟踪检查。总监理工程师应安排监理人员对施工单位的整改实施过程进行持续的跟踪检查，确保整改工作有效进行。

第四，安全隐患处理完毕后，施工单位应组织人员进行检查验收。当自检合格后，将向监理工程师进行核验。监理工程师将组织相关人员对处理结果进行严格地检查和验收。同时，施工单位撰写安全隐患处理报告，并将其存档于监理单位。

第四节　建设工程安全事故处理

一、建设工程安全事故的特点及分类

安全事故是指在人们有目的地进行活动的过程中，发生了不幸事件，导致其有目的的行动暂时或永久地中断。建设工程安全事故则指在建设工程施工现场发生的事故，通常会造成人身伤亡以及财产和设备等损失。

重大安全事故是指在施工过程中由于责任过失而导致工程倒塌、报废，机械设备损坏或安全设施失效，从而引发人员伤亡或重大经济损失的事故。

（一）建设工程安全事故的特点

1.严重性

建设工程发生安全事故通常具有严重的影响，直接导致人员伤亡或财产损失，给广大人民生命和财产带来巨大损失。重大安全事故往往会导致群死群伤或巨大财产损失。近年来，建设工程安全事故的死亡人数和事故数量仅次于交通和矿山行业，成为人民关注的热点问题之一。

2.复杂性

建设工程施工生产的特点决定了影响安全生产的因素繁多，导致安全事故发生的原因十分复杂，即使是同一类别的安全事故，其发生原因也可能各不相同。因此，在对安全事故进行分析时，确定其性质、原因（包括直接原因、间接原因和主要原因）变得更加复杂。

3.多发性

建设工程中的安全事故往往在特定部位、工序或作业活动中频繁发生，例如物体打击事故、触电事故、高处坠落事故、坍塌事故、起重机械事故、中毒事故等。因此，对于多发性安全事故，应当及时吸取教训，总结经验，并采取有效的预防措施，加强事前预防控制和事中控制。

（二）建设工程安全事故分级与分类

1.按事故伤亡与损失程度分类

（1）特别重大事故，死亡30人以上，或者100人以上重伤或直接经济损失1亿元以上的事故；

（2）重大事故，死亡10人以上30人以下，或者50人以上100人以下重伤或直接经济损失5000万元以上1亿元以上的事故；

（3）较大事故，死亡3人以上10人以下，或者10人以上50人以下重伤或者直接经济损失1000万元以上5000万元以下的事故；

（4）一般事故，死亡3人以下，患者10人以下重伤或直接经济损失100万元以下的事故。

2.按照事故的严重程度分类

（1）轻伤和轻伤事故。轻伤是指造成职工肢体伤残，或某些器官功能性或器质性轻度损伤，表现为劳动能力轻度或暂时丧失的伤害。一般指受伤职工歇工在一个工作日以上，但够不上重伤者。轻伤事故是指一次事故中只发生轻伤的事故。

（2）重伤和重伤事故。重伤是指造成职工肢体残缺或视觉、听觉等器官受到严重损伤，一般能引起人体长期存在功能障碍，或劳动能力有重大损失的伤害。

（3）急性中毒事故。急性中毒事故是指生产性毒物一次或短期内通过人的呼吸道、皮肤或消化道大量进入体内，使人体在短时间内发生病变，导致职工立即中断工作，必须进行急救或造成死亡的事故。急性中毒事故的特点是发病快，一般不超过一个工作日。

（4）死亡事故。

（5）重大伤亡事故。

3.按伤亡事故类别分类

（1）物体打击，指落物、滚石、锤击、碎裂崩块、碰伤等伤害，包括由爆炸引起的物体打击。

（2）车辆伤害，包括挤、压、撞、倾覆等。

（3）机械伤害，包括绞、碾、碰、割、戳等。

（4）起重伤害，指起重设备或操作过程中所引起的伤害。

（5）触电，包括雷击伤害。

（6）淹溺。

（7）灼烫。

（8）火灾。

（9）高处坠落，包括从架子、屋顶上坠落以及从平地坠入基坑等。

（10）坍塌，包括建筑物、堆置物、土石方、基坑与模板支撑倒塌等。

（11）透水。

（12）放炮。

（13）火药爆炸，指生产、运输、储藏过程中发生的爆炸。

（14）瓦斯爆炸，包括煤尘爆炸。

（15）锅炉爆炸。

（16）容器爆炸。

（17）其他爆炸，包括化学爆炸，炉膛、钢水包爆炸等。

（18）中毒和窒息，指煤气、油气、沥青、化学、一氧化碳中毒等。

（19）其他伤害，如扭伤、跌伤、野兽咬伤等。

二、事故报告与调查规定

（一）对施工单位事故报告的要求

事故发生后，现场有关人员应立即向施工单位负责人报告，施工单位负责人接报后，应按照属地管理的原则向事故发生地县级以上事故主管部门和各有关部门报告。情况紧急时，现场有关人员可直接向当地主管部门报告。实行工程总承包的，由工程总承包单位负责上报事故。

（二）对监理单位事故报告的要求

建设工程发生安全事故后。监理单位应根据事故类型、严重程度与影响范围，按照规定向有关方面报告。这里分为两种情况：

（1）按照《建设工程监理规范》和《建设工程安全监理规程》的规定，向建设单位、政府主管部门报告并处理规定限额以内的质量安全事故。

（2）根据有关条例、规定，督促、协助施工单位按规定报告事故情况，配合、协助事故调查处理与善后，以及督促、检查施工单位为防范事故再次发生而采取的整改措施的效果等。

（三）对建设行政主管部门的要求

建设主管部门接报后，应立即通知安全生产监管部门、公安机关、工会等部门，必要时可通知人民检察院派员参加。

（1）较大事故、重大事故、特别重大事故逐级上报至国务院建设主管部门。

（2）一般事故逐级上报至省、自治区、直辖市建设主管部门。

（3）建设主管部门报告事故情况，应同时报告本级人民政府。

（4）建设主管部门按照规定报告事故情况时，每级报告的时间不得超过两小时。必要时，建设主管部门可越级上报事故情况。

（四）事故报告内容

（1）事故发生的时间、地点、工程项目和有关单位名称。

（2）事故的简要经过。

（3）事故已经造成或者可能造成的伤亡人数（包括下落不明的人数）和初步估计的直接经济损失。

（4）事故的初步原因判断。

（5）事故发生后采取的措施与事故控制情况。

（6）事故报告单位或人员。

（7）事故报告后出现新情况，事故发生之日起30日内伤亡人数发生变化的，应当及时补报。

三、事故调查处理原则

（一）实事求是，尊重科学原则

事故调查处理必须以事实为依据，以法律为准绳。事故调查处理不仅要揭示事故发生的内外原因，找出事故发生的机理和发展规律，以此制定预防事故发生的措施，做出事故性质和事故责任认定并依法进行处理。

（二）坚持"四不放过"的原则

处理建设工程安全事故的原则，即"四不放过"的原则：安全事故原因未查清不放过、职工和事故责任人受不到教育不放过、事故隐患不整改不放过和事故责任人不处理不放过。

（三）公开、公正的原则

即事故处理坚持以事实为依据、以法律为准绳，不放过任何导致事故发生的原因，同时对各种事故原因作客观、准确的分析，公正地调查处理事故。要做到事故情况、事故原因、事故处理的结果向社会公开，以取得社会各界对安全工作的理解和支持。

四、建设工程安全事故分析

（一）建设工程安全事故的原因

建设工程安全事故发生的原因包括勘察设计原因、施工人员违章作业、施工单位安全管理不到位、安全物资质量不合格、安全生产投入不足等。

分析建设工程安全事故发生的原因时，应按照造成事故的直接原因和间接原因、主要原因和次要原因的顺序进行。

（1）直接原因，是指直接导致伤亡事故发生的机械、物质和环境的不安全状态，以及人的不安全行为。如工艺技术和产品设计上的缺陷，材料设备的缺陷，人员违章作业、野蛮施工等。

（2）间接原因，是指由于教育培训不够或失当、未经培训、缺乏或不懂安全操作技术知识而造成事故的原因。

（3）主要原因，是指导致事故发生的主要因素。

（4）不属于主要原因的、与事故的发生有必然联系的其他事故原因属于次要原因。

（二）安全事故原因分析

1.分析步骤

（1）首先整理和阅读调查材料，按以下各项内容进行分析：一是受伤部位，指身体受伤的部位；二是受伤性质，指人体受伤的类型；三是起因物，指导致事故发生的物体、物质；四是致害物，指直接引起伤害及中毒的物体或物质；五是伤害方法，指致害物与个体发生接触的方式；六是不安全状态，指能导致事故发生的物质条件；七是不安全行为，指能造成事故的人为错误。

（2）确定事故的直接原因，从而逐一分析事故的间接原因。在分析事故原因时，应根据调查所确认的事实，从造成事故的直接原因入手，逐步深入分析间接原因。间接原因往往不是一个，而是与直接原因互相影响、互为作用，通过分析间接原因，从而掌握事故的全部原因。

（3）通过对直接原因和间接原因的分析，确定事故中的直接责任者和领导责任者，再根据其在事故发生过程中的作用，确定主要责任者。

2.制定事故预防措施

制定事故预防措施是根据对事故原因的深入分析，以防止类似事故再次发生为目标来制定的措施。在防范措施中，我们应优先考虑改善劳动生产条件、作业环境以及提高安全技术措施的水平。换句话说，我们应该从生产建设能力、设备和工艺等方面采取本质安全的措施，力求从根本上消除危险因素，实现施工生产的本质安全。

为了有效预防事故的发生，我们应该采取以下预防措施：

（1）改善劳动生产条件：优化工作场所的布局设计，确保设备、机械和工具的合理配置，提供舒适的工作环境，减少工人的劳动强度，降低意外事故的风险。

（2）完善作业环境：确保通风、照明、噪声控制等方面的良好条件，及时清理和处理作业场所的危险物质和废弃物，保证工作场所的清洁和整洁，减少事故发生的可能性。

（3）提高安全技术措施水平：加强对员工的安全培训和教育，确保他们具备必要的安全意识和操作技能；建立健全的安全管理制度和规范，严格执行操作规程和安全操作标准；采用先进的安全设备和技术手段，如安全传感器、监控系统和预警装置，及时发现和处理潜在的安全隐患。

（三）事故责任分析

在查清伤亡事故原因后，必须对事故进行责任分析，目的在于使事故责任者、单位领导人和广大职工吸取教训，接受教育，改进安全工作。

事故责任分析可以通过事故调查所确认的事实，事故发生的直接原因和间接原因，有关人员的职责、分工和在具体事故中所起的作用，追究其所应负的责任；按照有关组织管理人员及生产技术因素，追究最初造成不安全状态的责任；按照有关技术规定的性质、明确程度、技术难度追究属于明显违反技术规定的责任；对属于未知领域的责任不予追究。

根据对事故应负责任的程度不同，事故责任者分为直接责任者、主要责任者、重要责任者和领导责任者。对事故责任者的处理，在以教育为主的同时，还必须根据有关规定，按情节轻重，分别给予经济处罚、行政处分，直至追究刑事责任。对事故责任者的处理意见形成之后，事故责任单位必须尽快办理报批手续。

五、建设工程安全事故处理

监理工程师应熟悉各级政府建设行政主管部门处理建设工程安全事故的基本程序，特别是应掌握在建设工程安全事故处理过程中如何履行自己的职责。

（一）一般规定

建设工程安全事故调查处理由事故发生地的市、县以上建设行政主管部门、安全监督管理部门、公安部门、工会等组成，可邀请人民检察院派员参加，并经同级人民政府批准。特别重大安全事故由国务院批准组织调查处理；重大事故由省、自治区、直辖市组织调查处理；较大安全事故由设区的市组织调查处理；一般事故由县（市、区）组织调查处理。事故发生单位属国务院部委的，由国务院有关主管部门或其授权部门会同有关主管部门组织调查处理。

在自行处理和配合、协助处理事故过程中，监理工程师还应注意督促施工企业处理建设工程安全事故应坚持的原则，即"四不放过"的原则：安全事故原因未查清不放过、职工和事故责任人受不到教育不放过、事故隐患不整改不放过和事故责任人不处理不放过。

（二）事故处理

（1）在配合、协助处理事故中，监理工程师在事故调查组展开工作后，应积极、客观地提供相应证据，若监理方无责任，监理工程师应配合调查组的工作，参与事故调查；若监理方有责任，则应予以回避，但应配合调查组工作。

（2）一般来讲，事故调查处理过程中，需要监理单位协助处理的内容很多，有施工管理方面的，也有技术方面的，还有涉及外部的问题，但涉及技术领域的为主要方面。监理工程师接到安全事故调查组提出的处理意见涉及技术处理时，可组织相关单位研究，并要求相关单位完成技术处理方案。必要时，应征求设计单位意见，技术处理方案必须依据充分，应在安全事故的部位、原因全部查清的基础上进行。必要时，应建议建设单位或事故调查组组织专家进行论证，以保证技术处理方案可靠、可行，保证施工安全。

（3）技术处理方案核签后，监理工程师应要求施工单位制定详细的施工方案，必要时监理工程师应编制监理实施细则，对工程安全事故技术处理的施工过程进行重点监控，对于关键部位和关键工序应派专人进行监控。

（4）待施工单位完工自检后，监理工程师应组织相关各方进行检查验收，必要时进行处理结果鉴定。要求事故单位整理编写安全事故处理报告，并审核签认，进行资料归档。

（三）事故调查报告

1.在限额以内的事故报告

在限额以内的事故报告是由事故责任单位自行处理的质量安全事故报告。建设工程安全事故处理报告的主要内容包括：

（1）伤亡事故调查报告书：详细描述事故发生的经过、原因以及造成的伤亡情况，并提供必要的证据和数据支持。

（2）现场调查资料（记录、图纸、照片）：收集并整理与事故现场相关的记录、图纸和照片等资料，以便更好地了解事故的背景和环境条件。

（3）技术鉴定和试验报告：进行必要的技术鉴定和试验，对事故原因进行科学分析和验证，提供专业的技术评估和结论。

（4）物证、人证调查材料：收集和整理与事故相关的物证和人证，包括证据材料、证人证言等，以支持事故调查的客观性和准确性。

（5）间接和直接经济损失：对事故造成的间接和直接经济损失进行统计和分析，包括资产损失、生产停工损失、人员伤亡的经济赔偿等。

（6）医疗部门对伤亡者出具的诊断结论及影印件：记录医疗部门对事故伤亡者进行的诊断和治疗情况，包括相关的医疗报告和影印件，为伤亡者的赔偿和救治提供依据。

（7）企业或其主管部门对该事故所做的结案报告：描述企业或主管部门对事故的认定、责任追究以及改进措施的决策和实施情况，以便进行事故的总结和处理。

（8）处分决定和受处理人员的检查材料：记录对事故责任人员的处分决定和相关的检查材料，包括违规行为的调查报告、违规人员的证据和证词等。

（9）有关部门对事故的结案批复等：包括主管部门、监督部门对事故处理结果的批复和意见反馈，以确保事故调查的合规性和有效性。

（10）事故调查组人员的姓名、职务，并签字：记录事故调查组成员的姓名、职务，并确保每个成员对报告的准确性负责并签字确认。

2.一般事故调查报告

一般事故调查报告是由主管部门和各有关部门组织调查处理的质量安全事故。根据相关法规和有关部门的规定，事故调查报告应按照规定的内容、程序和要求进行办理。调查报告要全面客观地描述事故的发生经过、原因分析和责任追究，提供充分的证据和数据支持，其中包括事故处理的结论和建议。此外，调查报告还应包括对事故的影响评估、保障措施和预防措施等内容，以促进类似事故的预防和管理改进。

综上所述，事故调查报告是对事故发生进行客观、专业和学术性分析的重要文件，它对于事故原因的查明、责任的追究和预防措施的改进具有重要意义。通过科学、规范和全面编制事故调查报告，可以为保障施工工程质量安全提供有力的依据和指导。

（四）签发《工程复工令》，恢复正常施工

在工程施工过程中，如果发生了工程质量安全事故，施工单位和监理单位应按照《建设工程监理规范》《建设工程安全监理规程》以及工程合同文件等相关规定的程序自行调查和处理。这些程序完成后，由总监理工程师签发《工程复工令》，以便项目能够重新正常施工，同时项目监理机构也进入了新的质量安全过程控制循环。

对于那些积极配合并协助事故调查工作的相关方，一旦事故调查组查明了事故的具体原因并批准了相应的事故防范措施或者对事故防范与整改措施的落实情况给予了肯定与批准，经建设单位同意后，总监理工程师可以签发《工程复工令》，使工程项目恢复正常的施工进程。由此，项目监理机构也就进入了一个新的施工过程安全控制循环。

第七章　公路施工管理

第一节　工程的施工管理

工程施工是将建设意图和蓝图变成现实的建筑物或构筑物的生产活动，是工程建设全寿命周期中的重要阶段。它围绕着特定的建设条件和预期的建设目标，遵循客观的自然规律和经济规律，应用科学的管理思想、理论、方法和手段，进行生产要素的优化配置和动态管理，以控制投资，确保质量、工期和安全，提高工程建设的经济效益和社会效益。

工程项目的施工组织与管理工作者首先需要熟悉工程建设的特点、规律和工作程序，熟悉客观施工条件；其次，要掌握施工生产要素及其优化配置与动态控制的原理和方法，科学而缜密地编制工程项目的施工组织设计文件；最后，要能正确而灵活地应用组织理论选择组织管理模式，应用组织机制有效而协调地实施管理目标的控制。

一、工程与工程管理

工程（Engineering）是人类为了生存和发展、实现特定的目的，运用科学和技术，有组织地利用资源而进行的造物或改变事物性状的集成性活动。工程是连接科学发现、技术发明与产业发展之间的桥梁。科学技术转化为现实生产力、科技成果的转化、技术创新的实现，都要经过工程活动变成现实并检验其可靠性和有效性。

一般来说，工程具有技术集成性和产业相关性。工程管理的内涵极为宽泛，中国工程院工程管理学部将其界定为四个方面，分别为：工程建设实施中的管理（包括规划、论证、设计、施工、运行过程中的管理）；复杂的新型产品、设备、装备的开发、制造、生产过程中的管理；重大的技术革新，技术改造、转型、转轨及国际接轨中的管理；涉及产业、工程、科技的重大布局，战略发展研究的管理。按以上四个范围，我国目前的固定资

136

产投资均属于工程管理的范畴。

工程管理是指为实现预期目标，有效地利用资源，对工程全寿命周期的一系列活动进行的决策、计划、组织、指挥、协调与控制等的总称。一般来说，工程管理具有系统性、综合性、复杂性的特点。工程管理实质上是一门交叉学科，涉及自然科学、工程技术、管理科学、系统科学、生态科学等多门学科。

建设工程管理的任务可以概括为：业主、设计单位、承包商、供应商等工程参与方针对预定的工程质量、投资、工期、安全四大目标，运用经济、技术和法律的方法与管理手段，有效地利用有限的资源，对工程决策、规划、设计、施工、交付和运行等阶段实施全方位、全过程的管理活动。

二、工程施工管理的概念

工程建设是实现国民经济持续发展和社会进步，不断提高综合国力和人民群众物质文化生活水平的固定资产扩大再生产活动。每一个建设项目都必须经过投资决策、计划立项、勘察设计、施工安装和竣工验收等阶段的工作，才能最终形成满足特定使用功能和价值要求的建设工程产品，以投入生产或使用，如高楼大厦、工厂车间、交通道路、桥梁隧道、港口码头、空港机场等。

工程施工是将建设意图和蓝图变成现实的建筑物或构筑物的生产活动，是工程建设全过程的一个重要阶段，也是一个"投入—产出"的过程，即投入一定的资源，经过一系列的转换，最后以建筑物或构筑物的形式产出并提供给社会的过程。为确保实现预期的产出，需在转换过程的各个阶段实施监控，并把执行结果与事先制定的标准进行比较，以决定是否采取纠正措施，此即反馈机制。

工程施工管理是指业主、设计、承包商、供应商等工程施工参与方，围绕着特定的建设条件和预期的建设目标，遵循客观的自然规律和经济规律，应用科学的管理思想、管理理论、组织方法和手段，进行从工程施工准备开始到竣工验收、回访保修等全过程的组织管理活动，旨在实现生产要素的优化配置和动态管理，控制投资，确保质量、工期和安全，提高工程建设的经济效益、社会效益和环境效益。

施工组织与管理是对工程施工项目全过程的计划、组织、指挥、协调、监督和控制的活动，贯穿于工程施工全过程，覆盖了组织、规划、控制、指挥和协调等各项管理职能。工程施工管理既包括业主方的施工管理，也包括施工方、设计方及供应方的施工管理。其主要内容有：施工组织方式分析、承发包模式的选择、组织结构的设置等组织职能，施工方案选择、进度计划制定、施工现场布置等规划职能，进度、质量、成本和安全等控制职能，还包括施工现场指挥和协调职能。工程项目（产品）单件性生产的特点决定工程施工组织与管理不同于一般工业制造业在工厂车间进行连续批量生产的组织方式。

三、工程施工管理的特点

按照企业可以承担的产品的生产范围或者产品的多样化程度，传统的制造业可分为成批生产、大量生产和单件性生产。而建筑产品的单件性、位置固定、形式多样、结构复杂和体积庞大等基本特征决定了工程施工具有生产周期长、资源使用的品种多、用量大和空间流动性高等单件性和小批量生产的特点。一般而言，工程施工管理具有以下四个方面的特点。

（一）生产流动性大

建筑工程的固定性决定了产品生产的流动性。一般的工业产品都是在固定的工厂、车间内进行生产，而建筑产品要随其建造地点的变动而流动，人、机、料等生产要素还要随着工程施工程序和施工部位的改变而不断地在一定的空间内流动。只有经过事先周密的设计组织，确保人、机、料等互相协调配合，才能使施工过程有条不紊、连续且均衡地进行。

（二）外部制约性强

不同建筑产品结构、构造、艺术形式、室内设施、材料、施工方案等方面均各不相同。工程施工不仅要符合设计图纸和有关工艺规范的要求，还受到建设地区的自然、技术、经济和社会条件的约束。

（三）完工周期长

建筑产品体形庞大，需要耗费大量的人力、物力和财力，加上建筑产品地点的固定性，施工活动的空间具有局限性，各专业、工种间还受到工艺流程和生产程序的制约，从而导致建筑产品生产完工周期长。

（四）协调关系复杂

工程在施工过程中，不仅涉及业主、设计、监理、总包商、分包商、供应商等工程施工参与方在工程力学、建筑结构、建筑构造、地基基础、水暖电、机械设备、建筑材料和施工技术等多专业、多工种方面的分工合作，还需要城市规划、征用土地、勘察设计、消防、"七通一平"、公用事业、环境保护、质量监督、科研试验、交通运输、银行财政、机具设备、物质材料、电水气等的供应，以及劳务等社会各部门和各领域的审批、协作和配合，施工组织关系错综复杂，综合协调工作量大。

四、工程施工管理的理论与方法

随着社会和经济的高速发展、科学技术的进步，涌现出大量现代管理科学的理论与方法，并且有不少已经应用在工程施工管理工作中，取得了明显的社会和经济效益。其中，建筑供应链管理、精益建设、并行工程等现代管理理论的基本原理和方法，对于提升工程施工管理理论水平、指导工程施工管理实践，无疑会有诸多启示和帮助。

（一）建筑供应链管理

供应链管理（Supply Chain Management，SCM）这一新的管理模式源于制造业，最初重点是放在库存管理上。现在的供应链管理则把供应链上的每个企业作为一个不可分割的整体，使各企业分担的采购、生产、分销和销售的职能成为一个协调发展的有机体，目标在于增加各供应链成员合作、提高透明度、加强联系，是一种超越组织和横跨功能的管理模式。

1.建筑供应链及其管理的含义

建筑供应链的概念是在"供应链"概念基础上发展而来的。美国生产与库存控制协会将供应链定义为：供应链是自原材料供应直至最终产品消费，联系跨越供应商与用户的整个流程；供应链涵盖企业内部和外部的各项功能，这些功能形成了向消费者提供产品或服务的价值链。

近来，供应链的概念更加注重围绕核心企业的网链关系，不但注重核心企业、网链关系，而且强调战略伙伴关系的重要性，将供应链看成围绕核心企业，通过对信息流、物流、资金流的控制，从采购原材料开始，制成中间产品及最终产品，最后由销售网络把产品送到消费者手中，将供应商、制造商、分销商、零售商直到最终用户连成一个整体的功能网链结构。

由于SCM倡导供应链上下游集成化、协同化的双赢战略管理思想，人们认为将SCM的基本原理应用到建设领域很可能成为最佳的建设管理模式。在建设领域应用SCM的建设管理模式称为建筑供应链管理。

建筑供应链是从业主有效需求出发，以总承包商为核心企业，通过对信息流、物流、资金流的控制，从中标开始至施工、竣工验收以及售后服务的过程中将材料供应商、工程机械设备供应商、分包商、业主等连成一个整体的功能性网链结构。

基于SCM的基本原理，结合建筑业的自身特点，可以给出建筑供应链管理（CSCM）的定义：CSCM是指以承包商为核心，采取设计单位、承包商、业主和供应商之间协作双赢的商务战略，采用先进的信息技术，对建设项目生产涉及的所有活动和参与方进行集成化统一管理与控制，以达到将业主所需的建筑产品在正确的地点、正确的时间，按照正确的数量、正确的质量、正确的状态交付用户使用，并使整条供应链以最少的总成本产生最大的效益。

2.建筑供应链管理原理

对供应链管理的方法、手段、技术等的研究和应用离不开供应链管理原理的指导。以下归纳了六条主要的建筑供应链管理原理。

（1）资源集成原理

资源集成原理认为：在经济全球化迅速发展的今天，企业必须放弃传统的基于纵向思维的管理模式，朝着新型的基于横向思维的管理模式转变。企业必须横向集成外部相关企业的资源，形成"强强联合，优势互补"的战略联盟，结成利益共同体去参与市场竞争，以实现提高服务质量的同时降低成本、快速响应顾客需求的同时给予顾客更多选择的目的。

（2）系统原理

系统原理认为：供应链是一个系统，是由相互作用、相互依赖的若干组成部分结合而成的具有特定功能的有机整体。供应链的系统特征主要体现在其整体功能上，这一整体功能是组成供应链的任何一个成员企业都不具有的特定功能，是供应链合作伙伴间的功能集成，而不是简单叠加。

（3）多赢互惠原理

多赢互惠原理认为：供应链是相关企业为了适应新的竞争环境而组成的一个利益共同体，其密切合作是建立在共同利益的基础之上，供应链各成员企业之间是通过一种协商机制来达到一种多赢互惠的目标。

（4）合作共享原理

合作共享原理具有两层含义，一是合作，二是共享。合作原理认为：由于任何企业所拥有的资源都是有限的，它不可能在所有的业务领域都获得竞争优势，因而企业要想在竞争中获胜，就必须将有限的资源集中在核心业务上；共享原理认为：实施供应链合作关系意味着管理思想与方法的共享、资源的共享、市场机会的共享、信息的共享、先进技术的共享以及风险的共担。

（5）需求驱动原理

需求驱动原理认为：供应链的形成、存在、重构，都是基于一定的市场需求；在供应链的运作过程中，用户的需求是供应链中信息流、产品、服务流、资金流运作的驱动源。在供应链管理模式下，供应链的运作是以订单驱动方式进行的，商品采购订单是在用户需求订单的驱动下产生的，然后商品采购订单驱动产品制造订单，产品制造订单又驱动原材料（零部件）采购订单，原材料（零部件）采购订单再驱动供应商。

（6）快速响应原理

快速响应原理认为：在全球经济一体化的大背景下，随着市场竞争的不断加剧，经济活动的节奏也越来越快，用户在时间方面的要求也越来越高。用户不但要求企业按时交货，而且要求的交货期越来越短。因此，企业必须能对不断变化的市场做出快速反应，必须要有很强的产品开发能力和快速组织产品生产的能力。

（二）并行工程

并行工程（Concurrent Engineering，CE），亦称同步工程（Simultaneous Engineering），是国际工程领域重要的研究方向。它是对产品设计及其相关过程（包括制造过程和支持过程）进行并行、一体化设计的系统化工作模式。这种工作模式力图使开发者从一开始就考虑到产品全生命周期中的所有因素，包括质量、成本、进度和用户需求。

1.串行生产模式

在传统的设计中，"市场调研—概念设计—详细设计—过程设计—加工制造—试验验证—设计修改"这一基本串行流程被广泛应用。串行开发模式和组织模式通常是递阶结构，各阶段的工作是按顺序进行的，一个阶段的工作完成后，下一阶段的工作才开始。各个阶段依次排列，各阶段都有自己的输入和输出。

西方国家把这种方式称为"抛过墙法"，开发人员按要求完成本职工作后将成果抛向下游，出现问题后则抛回上游。这样的工作是以职能和任务分工为中心的，不一定存在完整的、统一的产品概念。

由于各部门间缺乏经常交流，且参与产品开发的人员往往对自己在整个过程中的角色缺乏清晰的认识，上、下游活动间可能存在不可调和的冲突。当最终产品的可制造性、可装配性或可维护性较差，不能很好地满足用户需求时，就需重新回到产品设计阶段。这使得产品开发过程变成了设计、加工、实验、修改设计的大循环，而且可能多次重复这一过程，造成在传统的产品开发过程中存在很多大的反馈，从而导致设计改动量大、产品开发周期长、产品成本高的结果。

2.并行工程的概念

并行工程是站在产品设计、制造全过程的高度，针对传统的产品串行生产模式而提出的一种工程方法论，是集成、并行地设计产品及其相关的各种过程的系统方法。它要求产品开发人员在设计一开始就考虑整个生命周期中从概念形成到报废处理的所有因素，通过宏循环和微循环的信息流闭环体系进行信息反馈，使产品在开发的早期就能及时发现产品开发全过程的问题，从而缩短了产品开发周期，提高了产品质量，降低了成本。

美国国防高级研究计划局（Defense Advanced Research Projects Agency，DARPA）于1987年12月提出了发展并行工程的DICE计划。为了配合DARPA发出的倡议，美国西弗吉尼亚大学于1988年设立了并行工程研究中心（CERC），许多软件公司、计算机公司开始对支持并行工程的工具软件及集成框架进行了开发。之后，并行工程在国际上引起了各国的高度重视，纷纷成立相应的并行工程研究中心，并开展实施一系列以并行工程为核心的政府支持计划，如美国的DICE计划、欧洲的ESPRIT计划以及日本的IMS计划等。并行工程的含义可以归纳为以下五个方面：

（1）并行有序地工作。并行并非指齐头并进，而是要求有序搭接地工作。并行强调在产品开发的早期就能考虑其生命周期各阶段的问题，具有并行处理产品全生命周期各阶段问题的能力。

（2）产品全寿命周期的功能、信息和过程集成。并行工程的工作是在计算机集成制造的基础上进行的，在产品生命周期的全过程中实现功能集成、信息集成、过程集成。

（3）以并行设计为主体。并行设计贯穿了产品开发的全过程，通过产品数字化定义，实现无纸化生产。

（4）群组协同工作。并行工程的实施需要建立一支来自不同企业或企业内不同部门的技术与管理人员所组成的团队，进行群组协同工作（Teamwork），形成动态联盟。

（5）上下游共同决策机制。采用计算机辅助手段，实现数据共享，配合生产加工过程，及时沟通信息。

并行工程是对传统产品开发模式的一种变革，这种变革体现在三个方面：在组织方面，通过组建多学科小组来促进设计过程的协作与并行；在管理方面，通过改革管理方式和机构重组，建立扁平化的生产管理模式，实现跨时域、跨功能、多目标的决策与协调；在技术方面，不仅继承和发展了传统的CAD/CAM技术，而且采用了多种并行工程的使能工具（如DFX工具）及集成技术。据有关统计数据，实施并行工程，因为生产工艺从设计阶段开始就得到了优化，从而不会出现忽略加工问题的产品设计要求，使早期生产中工程变更的次数减少一半以上；因为在产品设计过程的前期就考虑了投资、经营、销售以及加工、装配、维修等问题，使废品率、返修率减少75%，使制造成本降低30%～40%；专业知识相异的人的协同工作提高了交叉学科的创造力，使产品的开发周期缩短40%～60%。

第二节　公路建设与工程测量

公路是指连接城市、乡村、港口、厂矿和林区等的道路，它是主要供汽车行驶且具备一定技术条件的交通设施。公路工程属于一种人工构造物，是需要通过设计和施工等环节，消耗大量的人工、材料和借助机械而完成的建筑产品。作为产品，施工质量是公路工程的生命，决定着公路的使用安全、使用品质和寿命。因此，对公路工程各组成部分的施工应给予足够的重视。

一、公路建设的特点与项目划分

（一）公路建设的特点

公路工程是呈线形分布的一种人工构筑物，是通过勘测设计和施工，消耗大量人力、物力、财力等资源而完成的公路建设产品。与工业生产相同，公路建设同样是一系列的资源投入产出的过程，其施工（生产）的阶段性和连续性，施工（生产）组织的专门性和协作化也是公路施工和工业生产共同拥有的特征。但公路建设产品也有其不同于其他工业产品的特点，如整体庞大、不能移动、复杂多样等，这就导致了公路施工技术的特殊性，如周期长、流动性大等，从而给公路工程施工组织和施工管理带来很多不利影响。公路建设的特点包括两个方面：一是公路建筑产品的特点；二是公路工程施工的特点。

1.公路建筑产品的主要特点

（1）产品固定

公路工程构造物一旦开工建设就保留在设计的地点，不能移动，只能够在建设的地方供长期使用。

（2）产品多样

由于公路的使用目的、技术等级、技术标准、自然条件以及使用功能不同，从而使公路产品的组成结构、等级各不相同，复杂多样。

（3）产品形体庞大

公路工程是带状结构物，其组成部分的形体庞大，需要占用大量的土地和空间，对环境、生态有一定的影响。

（4）产品部分结构易损

公路工程构筑物露天使用，受行车因素和雪雨、台风、水流、不良地质等各种自然因素共同影响，尤其在当前车辆超限、超载比较严重的情况下，极易出现局部损坏。

2.公路施工的特点

（1）造价高、投资大

公路工程建设项目投资一般是非常巨大的，其建设工程合同价基本上是几千万元、上亿元甚至几百亿元，这是一般的建筑工程项目所不可比拟的。例如，重点工程项目——沈阳至北京的高速公路全长658km，总投资近200亿元人民币；而贯穿祖国南北的交通大动脉——京珠（北京—珠海）高速公路更是长达2400km，整个工程总投资近千亿元。

（2）点多、线长、面广

公路工程建设规模一般都比较大，从建设里程上来讲从几十千米到上百千米甚至几千千米的都有，涉及的施工区域可能不止一个省、市，尤其是国道干线的建设，一般都要跨越几个省市，施工范围是相当广的。因此，工程的建设是不可能只由一家施工企业单独来完成的，需要多家合作，分点、分段建设完成。

（3）质量要求高，形成时间长

每条公路都是特有的、唯一的，一经建成，在短时间内将不会进行重复性的投资建设；同时，建设一条公路将会耗费大量的人力、物力和财力等。因此，在公路工程的建设时期，就要对建设产品提出较高的质量要求：要求建设、设计、施工、监理等单位密切配合，材料、动力、运输等各部门通力协作以及地方各级政府部门和施工沿线各相关单位的大力支持，科学合理地利用资源，尽可能创造高质量的公路建筑产品。

（4）户外作业环境复杂，不可控因素多

公路工程自身的特点要求施工建设采用全野外的作业方式，加上施工的路线一般都较长，达到几千米甚至上百千米，所以无论是其面临的气候、地质水文条件，还是社会经济环境，乃至风土人情，都将是不同的。其中的任何一项因素的变化都会影响公路工程建设的顺利进展。另外，对不同的施工项目，环境等影响因素又有所不同，不可控因素的增多也使得项目管理在施工中变得尤为重要。

3.公路施工的经济技术特征

公路产品的上述特点，使其在施工生产过程中具有如下经济技术特征。

（1）施工流动性大

公路建设线长点多，工程数量分布不均匀，除部分预制件和需安装的设备外，构筑物在施工过程中和建成后都无法移动，产品具有固定性和严格的施工（生产）顺序，因而应组织各类工作人员和多种机械，围绕这一固定产品，在同一地点的不同时间或同一时间的不同地点开展施工活动，这就需要科学地解决在空间布置和时间安排上的矛盾。某路段或某工程施工完成后，施工队伍向新的施工现场转移。公路施工的流动性给施工企业的生产管理和安全管理都带来一些困难，如施工基地的建立，施工组织形式、施工方案的选择，施工运输距离的经济合理性等。

（2）施工协作性高

公路工程类型多，施工环节多，工序复杂；每项工程又具有不同的功能和不同的施工条件。每条道路不仅需要单独设计、单独组织施工，也需要建设单位、设计单位、施工单位、监理单位的配合，还需要材料供应、动力、运输、人员管理、设备管理等各环节的协作。因此，在施工过程中，应综合平衡和调度各种资源，使人尽其力、物尽其用。

（3）施工周期长

公路工程包括路基、路面、桥梁、涵洞、隧道、交通安全设施、防护工程、绿化工程等多项内容，产品形态庞大；产品固定又具有不可分割性，有严格的施工顺序，这使得公路工程施工周期长，在较长时期内占用较大的人力、物力和财力，直至施工周期结束，才能生产出产品。

（4）受外界影响、干扰比较大

公路工程施工基本上是露天作业，受外界自然条件和人为因素的干扰、影响比较大，如气温、晴雨、水文、地质纵横向、交通干扰等。由于公路部分结构的易损性，在施工过程中也会造成部分结构的损坏，应不断地及时进行维修和养护。

（5）建筑材料的复杂多样

公路工程材料尤其是路基路面材料，用量十分庞大，多采取就地取材的方式，这就导致建筑材料的不确定性和材质的复杂多样性，给施工质量控制带来一定的困难。公路工程建设的这些特点，决定了公路施工活动的特有规律。研究和遵循这些规律，科学地组织安排公路工程施工，对提高工程建设质量和工程建设资金的经济效益具有重要意义。

4.公路建设项目的组成

公路建设项目可划分为基本建设项目、单项工程、单位工程、分部工程和分项工程五个等级。

（1）基本建设项目

一个建设项目就是一个有总体设计，经济上实行独立核算，管理上有独立组织形式的建设单元，如某一条高速公路、某区域内立项的路网改建项目等。

（2）单项工程

单项工程是建设项目的组成部分，一个建设项目可以包括多个单项工程，也可以是一个单项工程。所谓单项工程是指具有独立的设计文件，竣工后可以单独发挥生产能力、经济效益或社会效益的工程，如某条公路上独立设计的大中桥、隧道等。

（3）单位工程

单位工程是单项工程的组成部分，指不能独立发挥生产能力，但具有独立施工条件的工程，如路基工程、路面工程、桥梁工程等。

（4）分部工程

分部工程是单位工程的组成部分，一般按工程的各个部位划分。

（5）分项工程

分项工程是分部工程的组成部分，是按照工程的不同结构、不同材料和不同施工方法划分的。工程项目分级的目的是更好地编制施工组织设计和概（预）算文件，更好地控制施工质量，更方便地评定工程质量。

（二）公路工程项目划分

1.工程项目划分程序

工程项目的划分是在施工准备阶段，由施工单位结合工程特点对工程按单位、分部和分项工程逐级进行划分，经建设单位负责人和总监理工程师批准，报质量监督部门备案后执行。多个合同段、多个施工单位的工程建设项目，应由建设单位和工程监理单位统一组织、协调项目的划分工作。施工单位对项目划分的及时性、准确性及合理性负责，建设单位和工程监理单位负责审核和批准，质量监督部门进行监督。

2.土建部分工程项目划分

在施工准备阶段应根据建设任务、施工管理和质量检验评定的需要，将建设项目划分为单位工程、分部工程和分项工程。施工单位、工程监理单位和建设单位应按相同的工程项目划分进行工程质量的监控和管理。

（1）单位工程

单位工程是指在建设项目中，根据签订的合同，具有独立施工条件的工程。

（2）分部工程

在单位工程中，应按结构部位、路段长度及施工特点或施工任务划分为若干个分部工程。

（3）分项工程

在分部工程中，应按不同的施工方法、材料、工序及路段长度等划分为若干个分项工程。在同一个分项工程中，根据施工工艺施工进展和完成情况，可以分几段或几个阶段进行检查验收，然后进行汇总。

（4）公路工程

公路工程标段划分应合理，以适应施工单位组织施工生产的需要。

3.机电部分工程项目划分

机电工程是整个公路工程的一部分，但其技术要求、施工工艺、试验检评方法等与公路工程的土建部分有较大区别，故而将其作为一个独立的专业单位工程进行设置。本着不同的专业应由不同的承包单位组织施工，以减少交叉、便于质量监控和管理的原则，划分分部工程。

二、公路工程测量简述

我国的公路工程建设一般经过勘测设计、施工和运营管理几个阶段。工程测量是公路工程建设中的一项基础工作，在公路工程建设的不同阶段起着重要的作用。为选取一条最经济、最合理的路线，首先要进行路线勘测，绘制带状地形图，进行纸上定线和路线设计，并将设计好的路线平面位置、纵坡及路基边坡在地面上标定出来，以指导施工。当路线通过桥梁跨越河流时，应首先测定桥轴线的长度、桥位处的河床断面以及河流比降，测绘河流两岸地形图，为桥梁施工方案选择及结构设计提供必要的依据。当路线采用隧道穿越山岭时，应测定隧道进出口大比例尺地形图，为隧道洞口布置提供必要的数据。

公路工程施工阶段的测量工作主要包括控制点的复测与加密、施工放样等。

（一）控制点的复测与加密

平面控制点是在公路施工过程中控制公路线形平面位置的重要依据，高程控制点是在施工过程中控制公路路线高低的主要依据。平面控制点的任务是把设计图上的"公路线形"放样到实地，高程控制点的任务是把设计图上"公路路线的高程"放样到实地。

在公路工程施工过程中，控制点对于构造物定位精度至关重要，应妥善保护。施工单位进驻工地后，采用的平面控制点、高程控制点是设计单位在勘测阶段布设的，施工单位首先应对这些点位认真勘察核实。一般来说，从路线勘察设计到路基正式开工，间隔时间都比较长，其间在路线勘察设计阶段布设的导线点、交点、转点、水准点都难免损坏丢失。为了保证公路路线符合设计文件的要求，防止构造物偏位过大，施工单位在施工前必须对设计单位提交的全部控制桩点进行复测。

施工复测的主要目的是检验原有控制桩点的准确性，而不是重新测设。所以，经过复测，凡是与原来的成果或点位的差异在允许的范围内的，一律以原有的成果为准，不做改动。对经过多次复测，证明原有成果有误或点位有较大变动的，应报有关单位，经审批后才能改动。

1.平面控制测量

平面控制测量常用的方法有全站仪导线测量和GPS测量等。

（1）全站仪导线测量

导线是由若干条直线连成的折线，每条直线称导线边，相邻两直线之间的水平角称作转折角。测定了转折角和导线边长之后，即可根据已知坐标方位角和已知坐标算出各导线点的坐标。按照测区的条件和需要，导线可以布置成下列几种形式：

①附合导线。导线起始于一个已知控制点，终止于另一个已知控制点。控制点上可以有一条边或几条边是已知坐标方位角的边，也可以没有已知坐标方位角的边。

②闭合导线。其由一个已知控制点出发，然后回到这一点，形成一个闭合多边形。在闭合导线的已知控制点上必须有一条边的坐标方位角是已知的。

③支导线。其从一个已知控制点出发，既不附合到另一个控制点，也不回到原来的起始控制点。由于支导线没有检核条件，故而一般只用于地形测量的图根导线测量。导线测量工作分为外业和内业。

导线测量的外业工作主要包括踏勘选点及建立标志、测边、测角等。布设导线时，先确定导线等级，并按照相应技术要求展开工作。选点时应注意以下几点：相邻导线点间要通视；导线点应选在土质坚硬稳定的地方，便于保存点的标志和安置仪器；导线点应选在地势较高、视野开阔的地方，便于进行碎部测量或加密以及施工放样；导线各边的长度，尽量接近于平均边长，且不同导线边，长度不能相差过大；导线点的数量要足够，以便控制整个测区；路线平面控制点的位置应沿路线布设，距路中心的位置宜大于50m且小于300m，同时应便于测角、测距及地形测量和定线放样；在桥梁和隧道处，应考虑桥隧布设控制网的要求，在大型构造物的两侧应分别布设一对以上平面控制点。

选好点后应直接在地上打入木桩。桩顶钉一小铁钉或画"+"作为点的标志。必要时在木桩周围灌注混凝土。如果导线点需要长期保存，则应埋设混凝土柱或标石。埋桩后应统一进行编号，为了今后便于查找，应量出导线点至附近明显地物的距离，绘出草图，注明尺寸，称为点之记。

导线测量内业工作的目的是根据已知的起算数据和外业的观测数据，通过平差计算，计算出各导线点的平面坐标。

（2）GPS测量

GPS系统确定地面点位的基本原理是：根据空中卫星发射的信号，确定空间卫星的轨道参数，计算出锁定的卫星在空间的瞬时坐标，然后将卫星看作分布于空间的已知点，利用GPS地面接收机，接收从某几颗（4颗或4颗以上）卫星在空间运行轨道上同一瞬时发出的超高频无线电信号，再经过系统的处理，获得地面点至这几颗卫星的空间距离，用空间后方距离交会的方法，求得地面点的空间位置。

由于空间卫星的时钟与地面接收机的时钟不可能同步，因此需要观测4颗或4颗以上的卫星，才能确定4个变量的值，即X、Y、Z和时间t。GPS系统采用高轨测距体制，以观测站至GPS卫星之间的距离作为基本观测量。为了获得距离观测量，主要采用以下两种方法：

①伪距测量。它是根据接收机接收到的GPS卫星发射的测距A/C码和电文内容，通过信号从发射到到达用户接收机的传播时间，计算出卫星和接收机天线间的距离。但由于GPS卫星时钟与用户接收机时钟难以保持严格的同步，存在时钟差，所以观测的卫星与接收机天线间的距离均受到卫星钟与用户接收机钟同步差的影响，并不是真实距离，因此习惯上称所测距离为"伪距"。

②载波相位测量。它是通过测定GPS卫星载波信号在传播路径上的相位变化值，以确定信号传播的距离。采用伪距观测量定位速度最快，而采用载波相位观测量定位精度最高。通过对4颗或4颗以上的卫星同时进行伪距或相位的测量即可推算出接收机的三维坐标。

2.高程控制测量

高程控制测量的常用方法有水准测量和三角高程测量。

（1）水准测量

用水准测量法布设高程控制网时，先确定施测等级，然后按照相关技术要求进行外业及内业计算工作。

（2）三角高程测量

山区或困难地区，可以采用三角高程测量的方法建立高程控制网，先确定施测等级，然后按照相关技术要求进行外业及内业计算工作。在三角高程路线的各边上，一般应进行往返测，又称对向观测（或称双向观测），即由A向B观测，又由B向A观测，由B向A观测可消除地球曲率和大气折光的影响。

三角高程控制网一般是在平面网的基础上，布设成三角高程网或高程导线。为保证三角高程网的精度，应采用四等水准测量联测一定数量的水准点，作为高程起算数据。竖直角观测是三角高程测量的关键工作，为减少垂直折光变化的影响，应避免在大风或雨后初晴时观测，也不宜在日出后和日落前2小时内观测，在每条边上均应做对向观测。

（二）施工放样

施工阶段测量的主要任务是按照设计要求在实地准确地标定建筑物各部分的平面位置和高程，作为施工与安装的依据，该过程即为施工放样。施工放样分为平面位置放样和高程放样。在目前工程实际中，平面位置主要采用点位放样，如全站仪坐标法、GPS-RTK法等；高程放样主要方法有水准测量、三角高程测量等。

（三）横断面测量

路线横断面测量是测定各中桩处垂直于中线方向上的地面起伏情况，然后绘制成横断面图，供路基、边坡、特殊构造物的设计，土石方的计算和施工放样之用。横断面测量的宽度由路基宽度和地形情况确定，一般应在公路中线两侧各测15～50m。进行横断面测量时，首先要确定横断面的方向，然后在此方向上测定中线两侧地面坡度变化点的距离和高差，并绘制横断面图。

绘制横断面图的工作量较大。为提高工效、防止错误，多在现场边测边绘，这样既可当场出图，省略记录，又可及时核对，发现问题及时纠正，以保证横断面图的质量。

横断面图的比例尺一般是1：200或1：100。横断面图通常绘制在米格纸上，图幅为350mm×500mm，每隔1cm有一细线条，每隔5cm有一粗线条，细线间一小格为1mm。

绘图时以一条纵向粗线为中线，以纵线、横线相交点为中桩位置，向左右两侧绘制。先标注中桩的桩号，再用铅笔根据水平距离和高差，将变坡点点在图纸上，然后用小三角板将这些点连接起来，即可得到横断面的地面线。显然一幅图上可以绘制多个断面图，一般绘图顺序是从图纸左下方起，自下而上、由左向右，依次按桩号绘制。

（四）地形图测绘

地形图能全面、客观地反映地面的地形、地物情况，因此被广泛应用于各种工程建设中。地形图的测绘方法现主要有全站仪数字化测图、摄影测量成图、遥感成图等。这里简单介绍全站仪数字化测图方法。

全站仪数字化测图主要包括准备工作、数据获取、数据输入、数据处理、数据输出五个阶段。准备工作阶段包括资料准备、控制测量、测图准备等。

1.野外碎部点采集

一般用"解算法"进行碎部点测量采集，将所测点位三维坐标（x，y，H）及其绘图信息储存在仪器内存或电子手簿中；同时要记录测站参数、距离、水平角和竖直角的碎部点位置信息，以及编码、点号、连接点和连接线形四种信息，在采集碎部点时要及时绘制观测草图。

2.数据传输

将仪器或电子手簿与计算机用数据通信线连接，把野外观测数据传输到计算机中，每次观测的数据要及时传输，避免数据丢失。

3.数据处理

数据处理包括数据转换和数据计算。数据处理是对野外采集的数据进行预处理，检查可能出现的各种错误；把野外采集到的数据转化成绘图系统所需的编码格式。数据计算是针对地貌关系的，当测量数据输入计算机后，生成平面图形，建立图形文件，绘制等高线。

4.图形处理与成图输出

编辑、整理经数据处理后所生成的图形数据文件，对照外业草图；修改整饰新生成的地形图，补测、重测存在漏测或测错的地方，然后加注高程、注记等，进行图幅整饰，最后成图输出。

第三节 公路的施工方法、程序与施工准备

一、公路施工的方法与特点

（一）施工的方法

高等级公路的施工方法主要有人工、简易机械化、机械化、爆破和水力机械化等。

1.人工施工法

人工施工法是使用手工工具进行公路施工的方法。这种施工方法效率低、劳动强度大，不仅要占用大量的劳动力，而且施工进度慢，工程质量也难以保证。但在山区低等级公路路基工程中，当机械无法进入施工现场或施工场地难以展开机械化作业时，就不可避免地要采用人工施工法。

2.简易机械化施工法

简易机械化施工法是以人力为主，配以简易机械的公路施工方法。与人工施工法相比较，能适当地减轻劳动强度，而且可以加快施工进度，提高施工质量。在我国目前的施工生产条件下，特别是在山区一般公路建设中，仍是一种值得推广的施工方法。

3.机械化施工法

机械化施工法是使用配套机械，主机配以辅机，相互协调，共同形成主要工序的综合机械化作业的公路施工方法。机械化施工可以极大地提高劳动生产率，减轻劳动强度，显著地加快施工进度，提高工程质量，而且安全程度高，是加速公路工程建设和实现公路施工现代化的根本途径。

4.爆破施工法

爆破施工法是通过爆破震松岩石、硬土或冻土，开挖路堑或采集石料的施工方法。这是道路施工，特别是山区公路施工不可或缺的施工方法。

5.水力机械化施工法

水力机械化施工法是利用水泵、水枪等水力机械喷射出强力水流，冲散土层，并流运至指定地点沉积的施工方法。这种方法需要有充足的水源和电源，适于挖掘比较松散的土质和地下钻孔工程。

施工方法的选择，应根据工程性质、工程数量、施工期限以及可能获得的人力和机械设备等条件综合考虑。为了适应我国公路建设标准高和速度快的要求，近年来许多施工单位都先后从国内外购置了大量现代化筑路机械与设备，在高等级公路施工中基本实现了机械化或半机械化作业，迅速提高了施工质量和劳动效率，大大加快了公路工程建设的步伐。

（二）施工特点

作为一种特定的人工构造物，公路工程施工与工业生产比较，虽然公路施工同样是把一系列的资源投入产品（工程）的生产过程，其生产上的阶段性和连续性、组织上的专门化和协作化也与之基本相符。但是，公路施工与一般工业生产和其他土建工程施工（如房屋建筑）仍有所不同。

1.公路工程属于线性工程

一般一条公路项目的建设路段少则几千米，多则数十千米、数百千米以上，路线跨越山川、河谷。路线所经路段难以完全避开不良地质地区，如滑坡软基、冻土、高填、深挖等路段；在地形复杂的地段，难以避免地要修建大桥、特大桥、隧道、挡墙等结构物。这就使得公路项目建设看似简单，实际上却比一般土木工程项目复杂得多。由于公路路线所经路段地质的多变性，使得公路路基施工复杂、多变性凸显；结构物的施工也因地质条件的不确定性，经常导致设计变更、工期延长，使进度控制、质量控制、投资控制的难度大大增加。

2.公路工程项目构成复杂

公路工程项目的单位工程包括路基土石方工程、路面工程、桥梁工程、隧道工程、互通立交工程、沿线设施及交通工程、绿化工程等。各单位工程中的作业内容差异很大。例如，桥梁工程，随不同的桥型，施工技术差异很大。这也决定了公路工程项目施工技术的复杂性和管理的综合性。

3.公路工程项目规模庞大

公路工程进度缓慢，工作面有限，决定了其较长的工期。高速公路的施工工期通常在

2～5年。工期长意味着在工程建设中面临着更多的不确定因素，承担着更大的风险。

4.公路工程项目建设投资大

高速公路造价一般为2000万元～4000万元/km，有时甚至更高。工程建设需要的巨大资金及时到位，是保障工程按期完工的前提。资金投入对于投资活动的成功与否关系重大。同时，在工程建设中要求有高质量的工程管理，以确保项目的工期、投资和质量目标的实现。

二、公路施工的基本程序

施工程序是指施工单位从接受施工任务到工程竣工阶段必须遵守的工作程序，主要包括接受施工任务、签订工程承包合同、组织施工和竣工验收等。

（一）签订工程承包合同

1.接受施工任务的方式

施工企业接受任务的方式主要有三种：上级主管单位统一布置任务，安排计划下达；经主管部门同意，自行对外接受任务；参加招投标，中标而获得任务。

2.接受任务的要求

接受任务的要求包括：查证核实工程项目是否列入国家计划；必须有批准的可行性研究、初步设计（或施工图设计）及工程概（预）算文件。

3.接受任务的方式

接受任务的主要方式是签订工程承包合同，对工程接受加以肯定。施工承包合同的内容主要包括承包的方式、工程范围、工程质量、施工工期、工程造价、技术物资供应、拨款结算方式、奖惩条款等。

（二）施工准备工作

施工准备工作是为拟建工程的施工建立必要的技术和物质条件，统筹安排施工力量和现场。施工准备工作也是施工企业搞好目标管理、推行技术经济承包的依据。要编制好施工组织设计，以保证工程建设的顺利进行。其作用是发挥企业优势，提供合理资源供应，加快施工速度，提高工程质量，降低工程成本。

（三）组织施工

施工准备就绪后，向监理工程师提交开工报告，经同意即可开工。

按施工顺序和施工组织设计中所拟定的施工方法进行施工。

组织施工应具备的文件有：设计文件；施工规范和技术操作规程；各种定额；施工图

预算；施工组织设计；公路工程质量检验评定标准和施工验收规范。

（四）竣工验收

工程竣工是指所有建设项目和单位工程都已按设计文件内容建成。

以设计文件为依据，根据有关规定和评定质量等级进行工程验收。

三、施工的技术准备

（一）熟悉与审查设计文件并进行现场核对

组织有关人员学习设计文件，其目的是对设计文件、设计图及资料进行了解和研究，使施工人员明确设计者的设计意图和业主要求，熟悉设计图的细节，并对设计文件和设计图进行现场核对。

其内容主要包括：设计图是否齐全，规定是否明确，与说明有无矛盾；路基平、纵、横断面，构造物总体布置和桥涵结构物形式等是否合理，相互之间是否有错误和矛盾；主要标高、尺寸、位置有无错误；设计文件所依据的水文、气象、土壤等资料是否准确、可靠、齐全；核对路线中线、主要控制点、水准点、三角点、基线等是否准确无误；路线或构造物与农田、水利、航道、公路、铁路、电信、管线及其他建筑物的互相干扰情况及其解决办法是否恰当，干扰可否避免；对地质不良地段采取的处理措施；主要材料、劳动力、机械台班等计算（含运距）是否准确；施工方法、料场分布、运输工具、道路条件等是否符合实际情况；结构物工程数量计算是否有误；工程预算以及采用的定额是否合理。如果现场核对时发现设计不合理或有错误之处，应做好详细记录并拟定修改意见，待设计技术交底时提交。

（二）补充调查资料

进行现场补充调查是为编制实施性施工组织设计收集资料。调查的内容主要有：工程地点的水文、地形、气候条件和地质情况；自采加工场、当地材料、可供利用的房屋情况；当地劳动力资源、工业加工能力、运输条件和运输工具情况；施工场地的水源、电源以及生活物资供应情况；当地风俗习惯等。

（三）设计交桩和设计技术交底

工程在正式施工之前，应由勘测设计单位向施工单位进行交桩和设计技术交底。交桩应在现场进行，设计单位将路线测设时所设置的导线控制点和水准点及其他重要点位的桩志逐一移交给施工单位。施工单位在接受这些控制点后，要采取必要措施妥善地予以加固与保护。

设计技术交底一般由建设单位主持，设计、监理和施工单位参加。交底时设计单位应说明工程的设计依据、设计意图，并对某些特殊结构、新材料、新技术以及施工中的难点和需注意的方面做出详细说明，提出设计要求。施工单位则提出在研究设计文件中发现的问题及有关修改设计的意见，由设计单位对有关问题进行澄清和解释；对于合理的修改设计的意见，必要时可在统一认识的基础上，对所讨论的结果逐一记录，并形成会议纪要，由建设单位正式行文，参加单位共同会签，作为与设计文件同时使用的技术文件和指导施工的依据，以及进行工程结算的依据。

（四）建立工地实验室

1.工地实验室的作用

在公路工程施工过程中，必须进行各种材料试验，以便根据材料性能参数选用合适的材料才能保证公路工程结构物的强度和耐久性，并有利于掌握各种材料的施工质量指标，保证结构物的施工质量。

随着公路技术等级的提高，相应的筑路材料试验任务增大，并要求试验结果具有更高的准确性和可靠性。高等级公路的线形更趋于平、直，使得路基工程的高填深挖及经过不良地带的路段增加。由于高等级公路对路面的行车性能及耐久性能提出更高的要求，相应地要求路基更为稳定，路面材料应具有更高的力学性能、耐磨蚀性和气候稳定性等。公路工程事业的进步，促进了其施工技术水平的不断提高，同时推动了公路工程新材料的研究应用，并且使材料性能试验及质量检验工作显得日益重要。另一方面，随着经济体制改革的深化，要求不断改善公路工程的投资效益，因而工程质量问题已从一般化的要求变成了衡量工程施工单位技术质量水平的标志。因此，从某种意义上说，一项工程的质量如何，已关系到该公路施工单位以后的业务前景。基于上述情况，加强质量管理和施工质量检验、建立并充分发挥工地实验室的作用，是施工单位必须做的一项十分重要的工作。

2.工地实验室的主要工作内容

工地实验室是为施工现场提供直接服务的实验室，主要任务是配合路基、路面施工，对工地使用的各种原材料、加工材料及结构性材料的物理力学性能以及施工结构体的几何尺寸等进行检测。

3.工地实验室的人员及设施

工地实验室的试验检测人员必须是施工单位试验检测机构的正式人员。工地实验室负责人应由施工单位试验检测机构负责人授权，从事试验检测工作3年以上，具有交通部试验检测工程师资格的人员担任；工地实验室部门负责人需具有省交通厅试验检测员及以上资格的人员担任；一般试验检测人员需具有省交通厅试验检测员及以上资格或交通系统试验检测培训证的人员担任。未取得交通系统试验检测资格或培训证的人员不得上岗。

施工单位试验检测人员数量按施工合同额进行配备：5000万元以下的至少4人；5000万元以上、1亿元以下的至少6人；1亿元以上、2亿元以下的至少8人；2亿元以上的至少10人。工地实验室在工程项目完工之前，不准对人员和设备进行更换和调离。确实需要更换和调离的，应取得项目建设单位的书面批准。工地实验室面积应达到300m²，并按检测项目要求合理布局，满足工地试验要求；设备安置要合理，便于操作，并保持环境整洁、卫生。

工地实验室应按照合同和工程实际需要配备合格的试验检测仪器设备。工地实验室试验检测仪器设备在使用前必须通过计量检定或校准。试验检测仪器设备应由专人负责日常保养、保管，做好使用记录、保养记录，主要试验检测仪器设备应建立设备档案，仪器设备的操作规程要张贴上墙。

（五）编制施工组织设计

施工组织设计是指工程项目在施工前，根据设计人员、业主和监理工程师的要求以及主客观条件，对工程项目施工的全过程进行的一系列筹划和安排。公路施工组织设计是指导公路施工的基本技术经济文件，也是对施工实行科学管理的重要手段。编制施工组织设计的目的在于全面、合理、有计划地组织施工，从而具体实现设计意图，保质、保量、按期完成施工任务。实践证明，一个工程如果施工组织设计编制得好，并能得到认真的执行，施工就可以有条不紊地进行；否则将会出现盲目施工的混乱局面，造成不必要的损失。

1.编制原则

（1）严格遵守合同签订的或上级下达的施工期限，保质保量按期完成施工任务。对工期较长的大型项目，可根据施工情况，分期分批进行安排。

（2）科学、合理地安排施工顺序；在保证质量的基础上，尽可能缩短工期，加快施工进度。

（3）采用先进的施工方法和施工技术，不断提高施工机械化预制装配化程度，减轻劳动强度，提高劳动生产率。

（4）应用科学的计划方法确定最合理的施工组织方法，根据工程特点和工期要求，因地制宜地快速施工、平行作业。对于复杂的工程应通过网络计划确定最佳的施工组织方案。

（5）落实季节性施工措施，科学安排施工计划，组织连续均衡的施工。

（6）严格遵守施工规范、规程和制度，认真按照基本建设程序办事，根据批准的设计文件与工期要求安排进度；严格执行有关技术规范和规程，提出具体的质量、安全控制和管理措施，并在制度上加以保证，确保工程质量和作业安全。

2.编制施工组织设计的程序

需要遵守一定的程序，根据合同要求和施工现场的具体条件，按照施工的客观规律，协调和处理好各个影响因素的关系，用科学的方法进行编制。

3.施工组织设计的主要内容

（1）工程概述。其包括：简要说明工程项目、施工单位、业主、监理机构、设计单位、质检单位名称，合同开工日期和竣工日期，以及合同价格；简要介绍项目的地理位置、地形地貌、水文、气候、交通运输、水电供应等情况；介绍施工组织机构设置及职能部门之间的关系；说明工程结构、规模、主要工程量；说明合同特殊要求；等等。

（2）施工技术方案。其包括施工方法（特别是冬期和雨期以及技术复杂的特殊施工方法）、施工程序（重点是施工顺序及工序之间的衔接），决定采用的新技术、新工艺、新材料和新设备，技术安全措施、质量保证措施，等等。

（3）施工进度计划。其主要是对施工顺序、开始和结束时间、搭接关系进行综合安排，包括以实物工程量和投资额表示的工程的总进度计划和分年度计划以及所需用的工日数和机械台班数。

（4）施工总平面图布置。其必须以平面布置图表示，并标明项目建设的位置、生产区、生活区、预制厂、材料场、爆破器材库等的位置。

（5）劳动力需要量和来源。其包括总需要量和分工种、分年度的需要量。

（6）施工现场平面布置。

（7）施工机械、建筑材料，施工用水、用电的分年度需要量及供应方案。

（8）便道、防洪、排水和生产、生活用房屋等设施的建设及时间要求。

（9）施工准备工作进度表。其包括各项准备工作的负责单位、完成时间及要求等。施工组织设计用文、图、表三种形式表示，三者互相结合、互相补充。凡能用图表表示的，应尽量采用图表。因为图表便于"上墙"，能形象、准确、直观地说明问题，有利于指导现场施工。

4.施工组织设计的编制步骤

（1）施工方案的制定

编制施工组织设计首先遇到的问题就是选择和制定施工方案，如果这个问题得不到解决，施工组织设计乃至以后的施工工作就不可能进行。所以，施工方案的优劣，在很大程度上决定了施工组织设计质量的好坏和施工任务能否圆满完成。

施工方案是指对项目施工所作的总体设想和安排。施工方案应包括：施工方法和施工机具的选择，施工段划分，施工顺序，新工艺、新技术、新机具、新材料、新管理方法的使用，有关该工程的科学试验项目安排，等等。选择和制定施工方案，首先要考虑其是否可行，同时要做到技术先进、经济、合理，施工安全，应全面权衡、通盘考虑。施工方法是施工方案的核心内容，它对工程的实施具有决定性的作用。确定施工方法应突出重点，凡是采用新技术、新工艺和对本工程质量起关键作用的项目，以及工人在操作上还不够熟练的项目，应详细而具体，不仅要拟定进行这一项目的操作过程和方法，而且要提出质量要求以及达到这些要求的技术措施，并要预见可能发生的问题，提出预防和解决这些问题的办法。对于一般性工程和常规施工方法则可适当简化，但要提出工程中的特殊要求。

确定施工方法，应考虑工程项目的特点，结合现场一切有关的自然条件和施工单位拥有的施工经验和设备，吸收国内外同类工程成功的施工方法和先进技术，以达到施工快速、经济和优质的目的。

（2）施工进度计划的编制

施工进度计划是对施工顺序、开始和结束时间、搭接关系进行综合安排。施工进度计划是施工组织设计最重要的组成部分，它必须配合施工方案的选择进行安排，它又是劳动力组织、机具调配、材料供应以及施工场地布置的主要依据，一切施工组织工作都是围绕施工进度计划来进行的。

编制施工进度计划的目的是确定各个项目的施工顺序、开竣工日期。一般以月为单位进行安排，从而据此计算人力、机具、材料等的分期（月）需要量，进行整个施工场地的布置和编制施工预算。

施工进度计划一般用图示法表现。进度计划的图形可以采用横道图S形曲线、"香蕉"曲线、网络图等。通常采用横道图，它的形式简单、醒目，易绘制、易懂；还可以在施工过程中在同一图上描绘实际进度。与计划进度相比，当工程项目及工序比较简单，且它们之间的关系也不太复杂，其工序衔接及进度安排凭已有施工经验即可确定时，可以直接绘制横道图进度计划；当工程项目以及工序之间的相互关系比较复杂、各工序的衔接及进度安排有多种方案需进行比较时，则要用网络图求得最优计划，再整理绘制成横道进度图。

（3）资源供应计划

资源供应计划包括劳动力供应计划、材料供应计划、施工机械和大型工具供应计划、预制品供应计划等。这些计划是根据施工进度计划编制的，是计划进度的保证性计划，是进行市场供应的依据。

（4）场外运输计划

将各种物资从产地或交货地点运到工地仓库、料场，称为场外运输。场外运输计划应解决的主要问题是正确选择运输方式及运输工具，以达到降低成本和加速工程进度的目的。

（六）施工现场规划和场地布置

1.施工现场规划和场地布置

施工现场规划和场地布置是施工组织设计的基本内容之一，需要考虑的问题很多、很广泛，也很具体。这是一项实践性、综合性很强的工作。只有充分掌握了现场的地形、地物，熟悉了现场的周围环境和其他有关条件，并对本工程情况有了一个清楚正确的认识之后，才能做到统筹规划，合理布局。

施工现场规划和场地布置情况应以场地平面布置图表示出来。在施工场地平面布置图内应标出公路的平面位置、场地内需要修建的各项临时工程和露天料场、作业场的平面位置和占地面积以及场地内各种运输线路（包括由场外运送材料至工地的进出口线路）。

2.材料加工及机械修配场地的规划和布置

施工单位为满足本身的需要，有条件时应设置采石场、采砂场、混凝土构件预制场、金属加工厂、机械修配厂等。对于预制场，一般宜设在工地上，以减少构件的运输。对于沙石材料开采场，宜设在材料产地。如有两个或两个以上的产地可供选择时，选择的条件为：首先是材料品质要符合设计要求；其次是运输距离要近；再次是开采的难易程度、成材率的高低。预制场的选择要综合考虑，做出综合经济分析；对于材料加工场地，则设在原材料产地较为有利。

3.工地临时房屋的规划与布置

工地临时房屋主要包括施工人员居住用房、办公用房、食堂和其他生活福利设施用房，以及实验室、动力站、工作棚和仓库等。这些临时房屋应建在施工期间不被占用、不被水淹、不受塌方影响的安全地带。现场办公用房应建在靠近工地，且受施工噪声影响小的地方；工人宿舍、文化生活用房，应避免设在低洼潮湿、有烟尘和有害健康的地方。此外，房屋之间应按消防规定相互隔离，并配备灭火器。

4.工地仓库及料场布置

工地储存材料的设施，一般有露天料场、简易料棚和临时仓库等。易受大气侵蚀的材料，如水泥、铁件工具、机械配件及容易散失的材料等，宜储存在临时仓库中；钢材、木材等宜设置简易料棚堆放；沙石、石灰等一般在露天料场中堆放。仓库、料棚、料场的位置，应选择在运输及进出料都方便，而且尽量靠近用料最集中、地形较平坦的地点。设置临时仓库、料棚时，应根据储存材料的特点、进出料的便利程度以及合理的储备定额来计算需要的面积。面积过大，会增加临时工程费用；过小，可能满足不了储备需要且会增加管理费用。

5.施工场内运输的规划

在工地范围内，从仓库、料场或预制场等地到施工点的料具、物资搬运，称为场内运输。场内运输方式应根据工地的地形、地物、材料在场内的运距、运量以及周围道路和环境等因素进行选择。如果材料供应运输与施工进度能密切配合，做到场外运输与场内运输一次完成，即由场外运来的材料直接运至施工使用地点，或场内外运输紧密衔接，材料运到场内后不存入仓库、料场，而由场内运输工具转运至使用地点，这是最经济的运输组织方法。这样可节省工地仓库、料场的面积，减少工地装卸费用。但这种场内外运输紧密结合的组织方法在工程实践中是很难做到的。大量的场内运输工作是不可避免的，必须做好施工场内运输规划。

（七）工地供电的规划

工地用电主要包括各种电动施工机械和设备的用电以及室内外照明的用电。公路工程施工离不开电，做好工地供电的组织计划，对保证施工的顺利进行有着重要的作用。

工地用电应尽可能利用当地的电力供应，从当地电站、变电站或高压电网取得电能。在当地没有电源，或电力供应不能满足施工需要的情况下，则要在工地设置临时发电站。最好选用两个来源不同的电站供电，或配备小型临时发电装置，以免工作中偶然停电造成损失。同时，要注意供电线路、电线截面、变电站的功率和数目等的配置，使它们可以互相调剂，这样不会导致因为线路发生局部故障而引起停电。

（八）工地供水的规划

公路工程施工离不开水，施工组织设计必须规划工地临时供水问题，确保工地用水和节省供水费用。

四、施工组织准备

施工企业通过投标方式获得工程施工任务后，应根据签订的施工合同的要求，迅速组建符合本工程实际的施工管理机构，组织施工队伍进场施工。同时，为保证工程按设计要求的质量、计划规定的进度和低于合同运价的成本，安全、顺利地完成施工任务，还应针对施工管理工作复杂、困难多的特点，建立一整套完善的施工管理制度，采用科学的管理方法，切实有效地开展工作。

施工组织准备工作的主要任务是：组建施工项目经理部；选配强有力的施工领导班子和施工力量；强化施工队伍的技术培训。

（一）施工机构的组建和人员的配备

这里的施工机构是指为完成公路施工任务负责现场指挥、管理工作的组织机构。根据我国具体情况及以往的公路施工经验，施工机构一般由生产系统、职能部门和行政系统等组成。

（二）建立健全各项管理制度

1.施工计划管理制度

施工计划管理制度是施工管理工作的中心环节，其他管理工作都要围绕计划管理来开展。计划管理包括编制计划、实施计划、检查和调整计划等环节。由于公路施工受自然条件的影响大，其他客观情况的变化也难以准确预测，这就要求施工计划必须经过充分调查研究后制定，同时在执行过程中应随时检查，发现问题及时采取措施解决，必要时还应对计划进行调整修改，使之符合新的客观情况，保证计划的实现。

2.工程技术管理制度

工程技术管理制度是对施工技术进行一系列组织、指挥、调节和控制等活动的总称。其主要内容包括施工工艺管理、工程质量管理、施工技术措施计划、技术革新和技术改造、安全生产技术措施、技术文件管理等。要搞好各项技术管理工作，关键是建立并严格执行各种技术管理制度；只有执行技术管理制度，才能很好地发挥技术管理作用、圆满地完成技术管理的任务。

3.工程成本管理制度

工程成本管理制度是施工企业为降低工程成本而进行的各项管理工作的总称。工程成本管理与其他管理工作有着密切的联系，施工企业总的技术水平和经营管理水平的高低均能直接或间接地反映在成本这个指标上。工程成本的降低，表明施工企业在施工过程中活劳动（支付劳动者的报酬）和物化劳动（生产资料）的节约。活劳动的节约说明劳动生产率的提高，物化劳动的节约说明机械设备利用率的提高和建筑材料消耗率的降低。因此，建立成本管理制度，加强对工程成本的管理，不断降低工程造价，具有十分重要的意义。

4.施工安全管理制度

安全生产关系到人民群众生命和财产安全，关系到改革发展和社会稳定的大局。加强施工安全、劳动保护对公路工程的质量、成本和工期有重要意义，也是企业管理的一项基本原则。其基本任务是：正确贯彻执行"以人为本"的思想和"安全第一、预防为主、综合治理"的方针；建立安全施工责任制，加强安全检查，开展安全教育，在保证安全施工的条件下创优质工程。

第四节　公路工程进度控制管理

一、公路工程进度计划的编制特点

（一）公路工程进度计划的主要形式

1.横道图

公路工程的进度横道图是以时间为横坐标，以各分部（项）工程或工作内容为纵坐标，按一定的先后施工顺序，用带时间比例的水平横线表示对应工作内容持续时间的进度计划图表。公路工程中常常在横道图的对应分项的横线下方表示当月计划应完成的累计工程量或工作量百分数，横线上方表示当月实际完成的累计工程量或工作量百分数。

2. "S" 曲线

"S" 曲线是以时间为横轴，以累计完成的工程费用的百分数为纵轴的图表化曲线。一般在图上标注有一条计划曲线和实际支付曲线，实际线高于计划线则表示实际进度快于计划进度，否则就慢；曲线本身的斜率也反映进度推进的快慢。有时，为反映实际进度，另增加一条实际完成线（支付滞后于完成）。在公路工程中，常常将 "S" 曲线和横道图合并于同一张图表中，称之为 "公路工程进度表"，既能反映各分部（项）工程的进度，又能反映工程总体的进度。

3.垂直图（也称斜条图、时间里程图）

垂直图是以公路里程或工程位置为横轴，以时间为纵轴，而各分部（项）工程的施工进度相应地以不同的斜线表示。在图中可以辅助表示平面布置图和工程量的分布。垂直图很适合表示公路、隧道等线形工程的总体施工进度；斜率越陡进度越慢，斜率越平坦进度越快。

4.斜率图

斜率图是以时间（月份）为横轴，以累计完成的工程量的百分数为纵轴，将分项工程的施工进度相应地用不同斜率表示的图表化曲（折）线。事实上就是分项工程的 "S" 曲（折）线，主要是作为公路工程投标文件中施工组织设计的附表，以反映公路工程的施工进度。

（二）公路施工过程组织方法和特点

公路施工过程基本组织方法有顺序作业法、平行作业法、流水作业法。以4座涵洞施工为例归纳总结其各自特点。

1.顺序作业法（也称依次作业法）的主要特点

（1）没有充分利用工作面进行施工，（总）工期较长；

（2）每天投入施工的劳动力、材料和机具的数量比较少，有利于资源供应的组织工作；

（3）施工现场的组织、管理比较简单；

（4）不强调分工协作，若由一个作业队完成全部施工任务，不能实现专业化生产，不利于提高劳动生产率；若按工艺专业化原则成立专业作业队（班组），各专业队是间歇作业，不能连续作业，材料供应也是间歇供应，劳动力和材料的使用可能不均衡。

2.平行作业法的主要特点

（1）充分利用工作面进行施工，（总）工期较短；

（2）每天同时投入施工的劳动力、材料和机具数量较大，材料供应特别集中，所需作业班组很多，影响资源供应的组织工作；

（3）如果各工作面之间需共用某种资源时，施工现场的组织管理比较复杂、协调工作量大；

（4）不强调分工协作，各作业单位都是间歇作业，此点与顺序作业法相同。

这种方法的实质是用增加资源的方法来达到缩短（总）工期的目的，一般适用于需要突击性施工时施工作业的组织。

3.流水作业法的主要特点

（1）必须按工艺专业化原则成立专业作业队（班组），实现专业化生产，有利于提高劳动生产率，保证工程质量；

（2）专业化作业队能够连续作业，相邻作业队的施工时间能最大限度地搭接；

（3）尽可能地利用工作面进行施工，工期比较短；

（4）每天投入的资源量较为均衡，有利于资源供应的组织工作；

（5）需要较强的组织管理能力。

这种方法可以科学地利用工作面，实现不同专业作业队之间的平行施工。

（三）公路工程常用的流水施工组织

1.公路工程常用的流水参数

（1）工艺参数：施工过程数（工序个数），流水强度；

（2）空间参数：工作面、施工段、施工层；

（3）时间参数：流水节拍、流水步距、技术间歇、组织间歇、搭接时间。

2.公路工程流水施工分类

（1）按节拍的流水施工分类

①有节拍（有节奏）流水

A.等节拍（等节奏）流水，所有的流水节拍相同且流水步距=流水节拍，是理想的流水施工；

B.异节拍（异节奏）流水，可进一步分为成倍流水（等步距异节拍）和分别流水（异步距异节拍）。

②无节拍（无节奏）流水：流水节拍一般不相同，用累加数列错位相减取大差的方法求流水步距。

（2）按施工段在空间分布形式的流水施工分类：

流水段法流水施工；流水线法流水施工。

3.路面工程的线性流水施工组织

一般路面各结构层施工的速度不同，从而持续时间往往不相同。组织路面流水施工时应注意以下要点：

（1）各结构层的施工速度和持续时间。要考虑影响每个施工段的因素，如水泥稳定碎石的延迟时间、沥青拌和能力、温度要求、摊铺速度、养护时间、最小工作面的要求等。

（2）相邻结构层之间的速度决定了相邻结构层之间的搭接类型。前道工序的速度快于后道工序时选用开始到开始搭接类型；否则选用完成到完成搭接类型。

（3）相邻结构层工序之间的搭接时距的计算。时距=最小工作面长度/两者中快的速度。

4.通道和涵洞的流水段施工组织

在实际的公路通道和涵洞施工中，全等节拍流水较少见，更多的是异节拍流水和无节拍流水。对于通道和涵洞的流水组织主要是以流水段方式组织流水施工，而流水段方式的流水施工往往会存在窝工（资源的闲置）或间歇（工作面的闲置）。根据流水施工的组织原理，异步距异节拍流水实质上是按无节拍流水组织，引入流水步距概念目的就是消除流水施工中存在的窝工现象。消除窝工和消除间歇都采用累加数列错位相减取大差的方法，构成累加数列的方法，不窝工的流水组织，其流水步距计算是同工序各节拍值累加构成数列；不间歇（无多余间歇）的流水组织，其施工段的段间间隔计算是同段各节拍值累加构成数列。错位相减取大差的计算方法，两种计算方法相同。

（1）不窝工的无节拍流水工期=流水步距和+最后一道工序流水节拍的和+要求间

歇和。

（2）无多余间歇的无节拍流水工期=施工段间间隔和+最后一个施工段流水节拍的和+要求间歇和。

（3）有窝工并且有多余间歇的无节拍流水工期，一般通过绘制横道图来确定；如果是异节拍流水工期，往往采用不窝工或者无多余间歇流水施工中的最小值，此时一般是无多余间歇流水工期最小。

5.桥梁工程流水施工组织

多跨桥梁的桥梁基础或桥梁下部结构施工由于受到专业设备数量的限制，不宜配备多台，因此只能采取流水施工。桥梁的流水施工也属于流水段法流水施工，应注意尽可能组织成有节拍的形式。工期计算与通道涵洞相同。

（四）网络计划在公路工程进度计划中的应用

1.衔接网络图的应用：路基、路面、桥涵、隧道等。

2.单代号搭接网络图的应用：路面、结构物流水的简化。

（1）路面各结构层的搭接流水施工。搭接时距的确定参见路面工程线性流水施工组织。

（2）结构物细部流水原本是衔接关系，如果简化成各工序之间流水或者各施工段之间流水，那么就变成搭接关系。尤其在使用计算机的项目管理软件编制进度计划时，对简化后的工作之间的搭接关系更应该知道如何正确表示，否则本不是关键的线路却因为表示错误而成为关键线路。对搭接时距的选择和计算，简化为不窝工流水时取STS=相邻工作的流水步距，不间歇流水时取STS=段间间隔。

二、公路工程进度控制管理

（一）公路工程项目进度管理原理

公路工程项目进度管理是以现代科学管理原理作为其理论基础的，主要有动态控制原理、系统控制原理、信息反馈原理、弹性原理、封闭循环原理、网络计划技术原理。

（二）进度计划的审批

1.进度计划的提交

（1）总体性进度计划

在中标通知书发出后，合同规定的时间内，承包人应向监理工程师书面提交以下文件：一份详细和格式符合要求的工程总体进度计划及必要的各项工程的进度计划；一份有关全部支付的现金流动估算；一份有关施工方案和施工方法的总说明(通过施工组织设计提出)。

（2）阶段性进度计划

在将要开工以前或在开工以后合理的时间内，承包人应向监理工程师提交以下文件：年、月(季)度进度计划及现金流动估算和分项(或分部)工程的进度计划。

2.进度计划的审查要点

施工单位编制完进度计划后，应重点从以下几方面对进度计划进行审查：

（1）工期和时间安排的合理性

①施工总工期的安排应符合合同工期。

②各施工阶段或单位工程(包括分部、分项工程)的施工顺序和时间安排与材料和设备的进场计划相协调。

③易受冰冻、低温、炎热、雨季等气候影响的工程应安排在适宜的时间，并应采取有效的预防和保护措施。

④对动员、清场、假日及天气影响的时间，应充分考虑并留有余地。

（2）施工准备的可靠性

①所需主要材料和设备的运送日期已有保证。

②主要骨干人员及施工队伍的进场日期已经落实。

③施工测量、材料检查及标准试验的工作已经安排。

④驻地建设、进场道路及供电、供水等已经解决或已有可靠的解决方案。

（3）计划目标与施工能力的适应性

①各阶段或单位工程计划完成的工程量及投资额应与设备和人力实际状况相适应。

②各项施工方案和施工方法应与施工经验和技术水平相适应。

③关键线路上的施工力量安排应与非关键线路上的施工力量安排相适应。

（三）进度计划的检查与调整

1.进度计划的检查

（1）公路工程项目进度检查应包括下列内容：

①工作量的完成情况。

②工作时间的执行情况。

③资源使用及进度的互配情况。

④上次检查提出问题的处理情况。

（2）进度计划检查的方式

①项目部定期收集由承包单位提交的有关进度报表资料。

②由驻地监理人员现场跟踪检查公路工程的实际进展情况。

③由监理工程师定期组织现场施工负责人召开现场会议。

④上次检查提出问题的处理情况。

（3）进度计划检查的方法

①横道图比较法。横道图比较法是指将在项目实施中检查实际进度收集的信息，经整理后直接用横道线并列标于原计划的横道线处，进行直观比较的方法。

②"S"形曲线比较法。"S"形曲线比较法与横道图比较法不同，它不是在编制的横道图进度计划上进行实际进度与计划进度比较。它是以横坐标表示进度时间，纵坐标表示累计完成任务量，而绘制出一条按计划时间累计完成任务量的"S"形曲线，将施工项目的各检查时间实际完成的任务量与"S"形曲线进行实际进度与计划进度比较的一种方法。

③"香蕉"形曲线比较法。"香蕉"曲线由两条以同一开始时间、同一结束时间的"S"形曲线组合而成，而且时间最好采用工期的百分数表示。其中，一条"S"形曲线是工程按最早完成时间安排进度所绘制的"S"形曲线，简称ES曲线；另一条"S"形曲线是工作按最迟完成安排进度所绘制的"S"曲线，简称LS曲线。除了项目的开始和结束点外，ES曲线在LS曲线的上方，同一时刻两条曲线所对应完成的工作量是不同的。在项目实施过程中，理想的状况是任一时刻的实际进度在这两条曲线所包区域内的曲线R上。

④前锋线比较法。前锋线比较法是通过绘制某检查时刻工程项目实际进度前锋线，进行工程实际进度与计划进度比较的方法，它主要适用于时标网络计划。所谓前锋线，是指在原时标网络计划上，从检查时刻的时标点出发，用点划线依此将各项工作实际进展位置点连接而成的折线。前锋线比较法就是通过实际进度前锋线与原进度计划中各工作箭线交点的位置来判断工作实际进度与计划进度的偏差，进而判定该偏差对后续工作及(总)工期影响程度的一种方法。

通过检查，能反映出目前工作的进展情况，工作是否正常(按时)、延误或提前，是否对整个工期有影响。如果工作的延误超过其总时差将造成工期拖延，即对工期产生影响，则需关注或采取措施进行处理。

2.进度计划的调整

当公路工程项目施工实际进度影响到后续工作，总工期需要对进度计划进行调整时，通常采用以下两种方法。

（1）改变某些工作间的逻辑关系

当工程项目实施中产生的进度偏差影响到总工期，且有关工作的逻辑关系允许改变时，可以改变关键工作或超过计划工期的原非关键工作（新关键工作）之间的逻辑关系，达到缩短工期的目的。例如，将顺序进行的工作改为平行作业、搭接作业以及分段组织流水作业等，都可以有效地缩短工期。

但要注意：压缩过程中关键线路会随着压缩关键工作而改变或增加条数。

（2）缩短某些工作的持续时间

这种方法是不改变工程项目中各项工作之间的逻辑关系，而通过采取增加资源投入、提高劳动效率等措施来缩短某些工作的持续时间，使工程进度加快，以保证按计划工期完成该工程项目。这些被压缩持续时间的工作位于关键线路上（关键工作，还包括原来是非关键工作但是现在已经超过计划工期的新关键工作）。同时，这些又是其持续时间可被压缩的工作。这种调整方法通常可以在网络图上直接进行。

第五节　公路工程安全管理的范围及要求

公路工程施工安全管理的范围主要包括路基、路面、桥涵、隧道、交通安全设施等各种施工作业的安全管理，其中各个管理方面都包含了对在过程中起到能动作用的人的管理和施工车辆、各种机械、工具等的管理，以及对施工环境的安全管理，即人们常说的"人、机、轴、法、环"五个方面。

一、路基工程施工的安全管理

（一）路基工程施工安全管理的范围

路基工程施工安全管理的范围包括土方施工、石方施工、高边坡施工、爆破作业、机械作业、挡护工程等。

（二）路基工程施工安全管理的一般要求

第一，进行路基施工前应掌握影响范围内地下埋设的各种管线情况，制定安全措施。施工中发现危险品及其他可疑物品时，应立即停止施工，按照规定报请有关部门处理。

第二，路基施工应做好施工期临时排水设施总体规划，临时排水设施应与永久性排水设施综合考虑，并与工程影响范围内的自然排水系统相协调。

第三，机械作业范围内不得同时进行人工作业。

第四，施工机械设备不宜在坡度大的边坡区域作业，必要时应采取防止设备倾覆的措施。

第五，多台机械同时作业时，各机械之间应保持安全距离。

第六，路基边坡、边沟、基坑边缘地段上作业的机械应采取防止机械倾覆、基坑坍塌的安全措施。

第七，弃方应符合下列规定：

（1）施工前，应现场核实弃土场的具体情况，弃土场四周应设立警示标志。

（2）弃方不得影响排洪、通航，不得加剧河岸冲刷。水库、湖泊、岩溶漏斗及暗河口处不得弃方；桥墩台、涵洞口处不得弃方。

（3）弃方作业应遵循"先支护、后弃土"的原则。

二、路面工程施工的安全管理

（一）路面工程施工的安全管理范围

路面工程施工的安全管理范围包括路面结构层及其附属工程施工过程的安全管理。

（二）路面工程施工安全管理的一般要求

第一，施工中，拌和楼、发电站(机)、摊铺机等大型机械设备及其辅助机械(具)运输车、滑模摊铺机、轨道摊铺机、沥青操作手不得擅自离开操作台。

第二，施工现场的出入口、沿线各交叉口等处应设明显警示、警告标志，并应设专人指挥。

第三，机械设备停放位置应平整，周围应设置明显的警示标志，夜间应设警示灯。

第四，开挖下承层沟槽或施作伸缩缝应设置明显的安全警示标志。

第五，夜间施工，现场作业人员应身穿反光服，路口、危险路段和桥头引道应设置警示灯或反光标志，施工设备均应有照明设备和明显警示标志，照明应满足夜间施工要求。

第六，隧道内摊铺沥青混凝土路面应符合下列规定：

（1）应采用机械通风排烟，隧道内空气中的有毒气体和可燃气体的浓度不得超过相关规定。

（2）隧道内作业人员应佩戴符合要求的防毒面具。

（3）隧道内应有照明和排风等设施，作业人员应穿反光服。

三、桥涵工程的安全管理

（一）桥涵工程的安全管理范围

桥涵工程的安全管理范围包括基础工程的安全管理；墩台工程的安全管理；墩身、盖梁工程的安全管理；桥面工程的安全管理等。

此外，桥涵工程施工过程中还要注意高处作业安全、缆索吊装施工安全、门架超重运输安全、混凝土浇筑安全、泵送混凝土安全、模板安装及拆除安全、脚手架安全、支架施工安全、钢筋制作安全、焊接作业安全等。

（二）桥涵工程施工安全控制要点

1.明挖基础施工安全控制要点

（1）基坑开挖的方法、顺序以及支撑结构的安设，均应按照施工组织设计中的规定进行。开挖深度超过3m的基坑（槽）土方开挖、支护、降水工程或地质水文复杂的基坑开挖必须制定详细的施工方案和安全专项方案。开挖深度超过5m的基坑土方开挖、支护、降水工程或开挖深度虽未超过5m，但地质条件、周围环境复杂的基坑土方开挖、支护、降水工程专项施工方案，应组织专家进行论证。

（2）挖基施工宜在枯水或少雨季节进行，并应连续施工，有支护的基坑应采取防碰撞措施，基坑附近有管网或其他结构物时，应有可靠的防护措施。中等以上降雨期间基坑内不得施工。

（3）在进入基坑内作业前，应全面检查边坡滑塌、裂缝、变形以及基坑涌水、涌砂等情况，并应翔实记录。坑沿顶面出现裂缝、坑壁松塌或遇有涌水、涌砂影响基坑边坡稳定时，应立即加固防护，在确认安全后方可恢复施工。

（4）大型深基坑除应遵循"边开挖、边支护"的原则施工外，还应建立边坡稳定信息化动态监控系统。

（5）开挖和降水施工应符合下列规定：

①开挖应视地质和水文情况，基坑深度按规定坡度分层进行，不得采用局部开挖深坑或从底层向四周掏土的方法施工。

②开挖影响邻近建(构)筑物或临时设施时，应采取安全防护措施。

③开挖过程中应监测边坡的稳定性、支护结构的位移和应力、围堰及邻近建(构)筑物的沉降与位移、地下水位变化、基底隆起等项目。

④基坑顶面应设置截水沟。在多年冻土地基上开挖基坑，坑顶截水沟距基坑上边缘不得小于10m，排水的位置应远离基坑。

⑤排水作业不得影响基坑安全。排水困难时，应采用水下挖基方法，并应保持基坑中原有水位。

⑥爆破开挖宜采用浅眼松动爆破法。

⑦开挖影响既有道路车辆通行时，应制定交通组织方案。

⑧冻结法开挖时，制冷设备的电源应采用不同供电所双路输电，应分层冻结、逐层开挖，不得破坏周边冻结层，基础工程施工应在冻融前完成。

⑨弃方不得阻塞河道、影响泄洪。

⑩基坑周边1m范围内不得堆载、停放设备；深基坑四周距基坑边缘不小于1m处应设立钢管护栏、挂密目式安全网，靠近道路侧应设置安全警示标志和夜间警示灯带。

⑪在电力管线、通信管线、燃气管线2m范围内及上下水管线1m范围内挖土时，应有专人监护。

⑫在旧管沟、地下煤气管道等处应按照动火制度报批后才能进行施工。

2.筑岛、围堰施工安全控制要点

（1）人工筑岛，应搭设双向运输便道或便桥。

（2）采用挡土板或板桩围堰，应视土质、涌水、挖深情况，逐段支撑。施工中，遇有流砂、涌砂或支撑变形等异常情况，应立即停止挖掘，并立即撤出作业人员。

（3）采用吸泥船吹砂筑岛，要对船体吃水深度、停泊位置、管路射程及连接方法等进行严格检查和试验。

（4）挖基工程所设置的各种围堰和基坑支撑，其结构必须坚固牢靠。

（5）在基坑抽水过程中，要指派专人经常检查土层变化、支撑结构受力等情况；基坑支撑拆除时，应在现场技术负责人的指导下进行。

3.钢板桩及钢筋混凝土板桩围堰施工安全控制要点

（1）钢板桩围堰是一种比较传统的深水基础施工方法，使用钢板桩围堰时，要根据施工条件和安全要求及水深、地质等情况适当选择桩长，准确确定围堰尺寸、钢板桩数量、打入位置、入土深度和桩顶标高，使之既不影响水上施工，又不会伤及水下桩基等构造物。

（2）插打钢板桩(包括钢筋混凝土板桩)围堰前应对打桩机、卷扬机及其配套机具设备、绳索等进行全面检查，经试验、鉴定合格后方可施工。

（3）钢板桩起吊应听从信号指挥，吊起的钢板桩未就位前，插桩桩显处不得站人。

（4）插打钢板桩宜插桩到全部合龙，然后再分段、分次打到标高。插桩顺序：在无潮汐河流一般从上游中间开始分两侧对称插打至下游合龙，在潮汐河流，有两个流向的关系，为减少水流阻力，可采取从侧面开始，向上、下游插打，在另一侧合龙。插打钢板桩时，如因吊机高度不足，可改变吊点位置，在转换吊点时，必须先挂后换，使新吊点吃力后，并确定牢固，才能拆除原吊点。

（5）一般采用振动桩锤。钢板桩在锤击下沉时，初始阶段应轻打。

（6）使用沉拔桩锤沉拔板桩时，桩锤各部机件、连接件要确保完好，电气线路、绝缘部分要良好绝缘。

（7）拔桩时，应从下游向上游依次进行。遇有拔不动的钢板桩时，应立即停拔检查，可采取射水、振动等松动措施，严禁硬拔。

（8）采用吊机船拔除钢板桩，应指派专人经常检查吊机船的吃水深度、拔桩机或吊机受力情况，拔桩机和吊机应安装"限负荷"装置，以防超负荷作业。

（9）钢筋混凝土板桩采用锤击下沉时，桩头和桩尖部位应采取加固措施。

4.钻孔灌柱桩基础施工安全控制要点

（1）钻机就位后，应对钻机及其配套设备进行全面检查。

（2）各类钻机在作业中，应由本机或机管负责人指定的操作人员操作，其他人不得登机。

（3）每次拆换钻杆或钻头时，要迅速快捷，保证连接牢靠。

（4）采用冲击钻孔时，应随时检查选用的钻锥、卷扬机和钢丝绳的损伤情况，当断丝已超过5%时，必须立即更换；卷扬机套筒上的钢丝绳应排列整齐。

（5）使用正、反循环及潜水钻机钻孔时，对电缆线要严格检查；钻孔过程中，必须设有专人，按规定指标，保持孔内水位的高度及泥浆的稠度，以防塌孔。

（6）钻机停钻，必须将钻头提出孔外，置于钻架上，严禁将钻头停留孔内过久。

（7）采用冲抓或冲击钻孔，应防止碰撞护筒、孔壁和钩挂护筒底缘。提升时，应缓慢平稳。钻头提升高度应分阶段(按进尺深度)严格控制。

5.人工挖孔桩安全控制要点

（1）现场应配备气体浓度检测仪器，进入桩孔前应先通风15min以上。人工挖孔作业时，应持续通风，现场应至少备用1套通风设备。

（2）土石层变化处和滑动面处不得分节开挖。应及时加固防护壁内滑裂面。

（3）同排桩施工应跳槽开挖，相邻桩孔不得同时开挖，相邻两孔中的一孔浇筑混凝土，另一孔内不得有作业人员。

（4）土层或破碎岩石中挖孔桩应采用钢筋混凝土护壁，并应根据计算确定护壁厚度和配筋量。

（5）孔内作业人员应戴安全帽、系安全带、穿防滑鞋，安全绳应系在孔口。作业人员应通过带护笼的直梯进出，人员上下不得携带工具和材料。作业人员不得利用卷扬机上下桩孔。

（6）绞车、绞绳、吊斗、卷扬机等设备应完好，起吊设备应装设限位器和防脱钩装置。

（7）孔口处应设置护圈，护圈应高出地面0.3m。孔口应设置护栏和临时排水沟，夜间应悬挂警示红灯。孔口四周不得堆积弃渣、无关机具及其他杂物。

（8）非爆破开挖的挖孔桩在雨期施工时，孔口应设置防雨篷，雨天孔内不得施工。

（9）在含有毒有害气体的地区，孔内作业应至少每2h检测一次有毒有害气体及含氧量，保持通风，同时应配备不少于5套且满足施救需要的隔绝式压缩氧自救器等应急救援器材。

（10）孔深一般不宜超过15m，孔径不宜小于1.2m。

（11）孔深超过15m的桩孔内应配备有效的通信器材，作业人员在孔内连续作业不得超过2h；桩周支护应采用钢筋混凝土护壁，护壁上的爬梯应每间隔8m设一处休息平台。孔深超过30m的应配备作业人员升降设备。

（12）孔口应设专人看守，孔内作业人员应经常检查护壁是否有变形、裂缝、渗水等情况，并与孔口人员保持联系，发现异常应立即撤出。

（13）挖孔作业人员的顶部应设置护盖。弃渣吊斗不得装满，出渣时，孔内作业人员应位于护盖下。

（14）孔内照明电压应为安全电压，应使用防水袋罩灯泡，电缆应为防水绝缘电缆。

（15）孔内爆破作业应专门设计，采用浅眼松动爆破法，并应严格控制炸药用量，炮眼附近孔壁应加强防护或支护。孔深不足10m，孔口应做覆盖防护。爆破前，相邻桩孔人员必须撤离。

（16）混凝土护壁应随挖随浇，每节开挖深度应符合专项施工方案要求，且不得超过1m。护壁外侧与孔壁间应填实。混凝土护壁在浇筑前，上下段护壁的钩拉钢筋应绑扎牢固。护壁模板应在混凝土强度达到5MPa以上后拆除。

6.墩台施工安全控制要点

（1）就地浇筑墩台混凝土，施工前必须搭设好脚手架和作业平台，模板就位后，应立即用撑木等固定其位置，以防倾倒砸人。

（2）用吊斗浇筑混凝土，吊斗提降应设专人指挥。

（3）在围堰内浇筑墩台混凝土，应安设梯子或设置跳板，供作业人员上下。

（4）凿除混凝土浮浆及桩头，作业人员必须按规定佩戴防护用品。严禁风枪对准人。

（5）拆除模板，应划定禁行区，严禁行人通过。

7.滑模施工安全控制要点

（1）爬(滑)模系统应专门设计，刚度、强度应满足施工要求。安全防护设施应符合高处作业的有关规定。

（2）液压系统顶升应保持同步、平稳。

（3）拆模应在混凝土强度达2.5MPa以上后实施。爬升时承载体受力处的强度应大于15MPa。

（4）应经常检查、及时更换预埋爬锥配套螺栓。

（5）爬(滑)模不宜夜间升降。

8.预制构件安装作业安全控制要点

（1）装配式构件(梁、板)的安装，应制定安装方案，并建立统一的指挥系统。施工难度、危险性较大的作业项目应组织施工技术、指挥、作业人员进行培训。吊装作业所使用的起重设备应符合国家关于特种设备的安全规程，并进行严格管理。

（2）吊装作业应根据吊装构件的大小、重量，选择适宜的吊装方法和机具，不准超负荷。

（3）吊钩的中心线，必须通过吊体的重心，严禁倾斜吊卸构件。

（4）起吊大型及有突出边棱的构件时，应在钢丝绳与构件接触的拐角处设垫衬。

（5）单导梁、墩顶龙门架安装构件时，各节点应连接牢固，在桥跨中推进时，悬臂部分不得超过已拼好导梁全长的1/3；墩顶或临时墩顶导梁通过的导轮支座必须牢固可靠。导梁上的轨道必须平行等距铺设，墩顶龙门架使用托架托运时，托架两端应保持平衡稳定，行进速度应缓慢。龙门架顶横移轨道的两端应设置制动枕木。

（6）预制场采用千斤顶顶升构件装车及双导梁、桁梁安装构件时，千斤顶在使用前，要做承载试验。构件进入落梁或其他装载工具横移到位时，应保持构件在落梁时的平衡稳定；顶升T梁、箱梁等大吨位构件时，必须在梁两端加设支撑。预制场和墩顶装载构件的滑移设备要有足够的强度和稳定性，牵引(或顶推)构件滑移时，施力要均匀；双导梁向前推进中，应保持两导梁同速进行。

（7）架桥机安装构件时，架桥机组拼、悬臂牵引中的平衡稳定及机具配备等，均应按设计要求进行；架桥机就位后，为保持前后支点的稳定，应用方木支垫。构件在架桥上纵、横向移动时，应平缓进行。

9.上部混凝土结构施工安全控制要点

（1）作业前，对机具设备及其拼装状态、防护设施等进行检查，主要机具应经过试运转。

（2）施工中，应随时检查支架和模板，发现异常状况应及时采取措施。支架、模板拆除时，应按设计和施工的有关规定的拆除程序进行。

（3）就地浇筑水上的各类上部结构时，要按照水上作业的安全规定进行施工、作业。

10.悬臂浇筑法施工安全控制要点

（1）施工前，应组织有关人员进行安全技术交底，制定安全技术措施。挂篮组拼后，要进行全面检查，并做静载试验。

（2）施工操作人员进入现场时，必须戴安全帽，高空作业人员要体检，有不适病症的人员严禁上岗，托架、挂篮上的施工遇6级以上大风应停止作业。

（3）进行施工托架、挂篮安装时必须先安装好走道、栏杆，所有的栏杆使用扣件或绑扎成围，并检查其安全可靠性，托架、挂篮作业平台边缘必须设场脚板，以防止台上杂物坠落伤人。

（4）预应力张拉现场内与该工作无关的人员严禁入内，张拉或退楔时，千斤顶后面不得站人，以防预应力筋拉断或锚具崩出。

（5）设立桥面临时护栏。为保证施工人员在高空处的作业安全，防止材料、机具等物体从已浇好的桥面上坠落伤人，在已浇筑过的梁段上焊制安装1.2m高度的桥面临时护栏，作业区范围内使用安全网封闭施工。

（6）夜间施工要有良好的照明设备，危险地段设危险标志和缓行标志，配备足够的交通值勤人员，组织好过往行人及车辆，确保人员车辆的安全。

（7）使用连接器的锚点和吊带，必须在精轧螺纹钢筋端头做好油漆记号，安装时要保证钢筋安装到位，一般伸入连接器内不少于8cm。

（8）一个挂篮主桁的后锚共需4根精轧螺纹钢筋，一个挂篮后锚总共需要8根精轧螺纹钢筋锚固，挂篮行走到位后要及时锚固好。

（9）顶升挂篮的千斤顶、提升挂篮的葫芦要确保完好，严禁超负荷工作。

（10）4根前吊带受力要均匀，在调整标高时，4根吊带就要全部调好，不能先调好2根之后在没有仪器监控的情况下调另外2根。

（11）挂篮行走时，要确保吊带、模板等与挂篮分离，并派专人观察行走是否正常，挂篮、模板与箱梁或其他物品是否发生摩擦、牵挂，发现行走异常应立即停止，查明原因并处理后再开始行走。

（12）挂篮行走要缓慢进行，行走前要弹出纵向轴线，在轨道上画出行走控制刻度线，行走时两侧行程要保持一致，轴向正确。

（13）挂篮行走到一定位置后，要及时对腹板外侧、底板进行修饰、打磨，使混凝土外观一致，对轻微错台，用扁钻子剔平，不得随意涂抹，吊带孔也要及时封堵。

11.滑移模架法施工安全控制要点

（1）采用顶推法施工时，在墩台上也要有足够的工作面，以便更换滑道及留出安装支座的空间，并应验算在偏压情况下墩台结构的安全度。

（2）顶推施工所用的机具设备、材料在使用前，应全面检查、验收和试验。

（3）设计应提供主梁最大悬臂状态下允许挠度值及顶推各阶段的墩顶反力和顶推力，应换算为油压读数和允许的墩顶位移值，以便控制位移量。

（4）采用多点顶推或单点顶推，其动力均应有统一的控制手段，使其能达到同步、纠偏、灵活和安全可靠。

（5）上下桥墩和梁上作业时，应设置扶梯、围栏、悬挂安全网等安全防护设施。

（6）在顶推施工中，应有统一的指挥信号。必要时，应备有便利的现场通信设备。

（7）用滑移模架法浇筑箱梁混凝土时模架支撑于钢箱梁上，其前后端桁架梁必须用优质高强螺栓连接好并拧紧。

（8）上岗作业必须穿防滑鞋、戴安全帽，拆卸底模人员必须挂好安全带。

12.预应力张拉施工安全控制要点

（1）预应力钢束(钢丝束、钢绞线)张拉施工前，应检查张拉设备工具是否符合施工安全的要求。压力表应按规定周期进行检定。油泵开动时，进、回油速度与压力表指针升降保持一致，并平稳、均匀。

（2）用后张法张拉时，应检查混凝土强度，必须达到设计要求强度后，方可进行张拉。

（3）钢束张拉应严格按规定程序进行。在张拉作业中，应集中精力，仪表要看准，记录要准确无误；若出现异常现象(如油表振动剧烈，发生漏油，电机声音异常，发生断丝、滑丝等)，应立即停机进行检查。

（4）张拉钢束完毕，退销时，应采取安全防护措施，防止销子弹出伤人。张拉时和完毕后，对张拉施锚两侧均应妥善保护，不得压重物。

（5）用先张法张拉施工，除遵守张拉作业一般安全规定外，先张法张拉台座结构应满足设计要求。张拉前，需对台座、横梁及各种张拉设备、仪器等进行详细检查，合格后方可施工；先张法张拉中和未浇筑混凝土之前，周围不得站人和进行其他作业。浇筑混凝土时，严防振动。

13.跨线桥及通道桥涵施工安全控制要点

（1）公路桥跨越铁路或其他线路时，施工前应编制专门的安全施工组织设计或安全专项方案。

（2）公路桥跨越铁路或其他线路时，施工期间，特别是梁体吊装阶段，应在施工现场及两端足够远处适宜地点设置人员和通信设备。要避免在列车通过的情况下进行吊梁安装作业。

（3）对结构复杂、施工期较长的大型立交桥施工前，应编制专门的安全施工组织设计，确保不发生影响通车及坠物伤人事故；制定架梁吊装施工方案及安全技术措施，对作业人员进行安全技术交底和培训；配备通信设施，确保在紧急情况下能够妥善处理发生的事故。

14.斜拉桥、悬索桥施工安全控制要点

（1）斜拉桥和悬索桥(吊桥)的索塔施工，属于高处或超高处作业，应根据结构、高度及施工工艺的不同情况，制定相应的专门的安全施工组织设计、安全作业指导书(操作细则)。

（2）索塔分节立模浇筑前，应搭好脚手架、扶梯、人行道及护栏。浇筑塔身混凝土，应按规定挂好减速漏斗及保险绳，漏斗上口应堵严，以防石子下落伤人。

（3）塔底与桥墩为铰接时，施工中必须将塔底临时固定。斜缆索全部安装并张拉完成后，方可撤除风缆并恢复铰接。

（4）施工期间，应与当地气象站建立联系，密切注意天气变化，当有大风、雷雨时，应立即停止作业。

（5）随着索塔升高，防雷电设施必须相应跟上，避雷系统未完善前，不得开工。

（6）缆索的制作与安装作业，应该做到：缆索施工时，不得撞伤锚头；缆索的防护层，不得有折损或磨伤；悬索桥的主索及斜拉桥的斜缆索，应进行破断试验，其破断力应满足设计要求；主索及斜缆索顶张拉时，应选择适当场地，埋设足够强度的地锚。对张拉设备，应严格检查，以确保安全。

（7）悬索桥施工中，临时架设的工作索、牵引索安装完毕后，应对索具、吊具等进行全面、仔细的检查。

（8）悬索桥采取重力式锚碇时，对锚碇体的施工，应按照有关安全规定浇筑混凝土或砌体工程。锚碇体必须坚实牢固。

四、隧道工程施工的安全管理

（一）隧道工程施工的安全管理范围

隧道工程施工的安全管理范围包括隧道施工爆破作业的安全管理；隧道内运输的安全管理；隧道施工支护的安全管理；隧道施工衬砌的安全管理；隧道施工中通风、防尘、照明、排水以及防火、防瓦斯的安全管理等。

（二）隧道工程施工安全管理的一般要求

（1）隧道施工前应开展安全风险评估，辨识施工过程中的主要危险源及危害因素，制定安全防护措施，并应根据工程建设条件、技术复杂程度、地质与环境条件、施工管理模式以及工程建设经验对隧道工程实施动态风险控制和跟踪处理。

（2）隧道施工应按设计文件规定的施工方法制定施工方案，当地质条件发生变化时，应及时进行设计变更。

（3）压力容器操作人员应按照有关规定经专业机构培训，并应取得相应的从业资格。

（4）施工现场布设应符合下列规定：

①临时设施的设置除应符合驻地和场站建设的有关规定外，还应避开高边坡、陡峭山体下方、深沟、河流、池塘边缘等区域。

②弃渣场地应设置在不易溃塌、不产生滑坡的安全地段，不得堵塞河流、泄洪通道。

③隧道内供风、供水、供气管线与供电线路应分别架设，照明和动力线路应分层架设。

④供电线路架设应遵循"高压在上、低压在下，干线在上、支线在下，动力线在上、照明线在下"的原则。110V以下线路距地面不得小于2m，380V线路距地面不得小于2.5m，6～10kV线路距地面不得小于3.5m。

（5）隧道洞口管理应符合下列规定：

①隧道洞口应设专人负责进出人员登记及材料、设备与爆破器材进出隧道记录和安全监控等工作。

②隧道施工应建立洞内外通信联络系统。

③长、特长及高风险隧道施工应设置稳定可靠的视频监控系统、门禁系统和人员识别定位系统。

（6）隧道洞口与桥梁、路基等同一个工点有多个单位同时施工或洞内不同专业交叉作业时，应共同制定现场安全措施。

（7）隧道内施工不得使用以汽油为动力的机械设备。

（8）通风机、抽水机等隧道安全设备应配备备用设备。

（9）隧道内作业台车、台架应满足施工安全要求，高处作业安全防护设施应符合高处作业的相关规定。

（10）隧道洞口、开关箱、配电箱、台车、台架、仰拱开挖等危险区域应设置明显的警示标志。洞内施工设备均应设反光标识。

（11）隧道内应按要求配备消防器材。

（12）应根据危险源辨识情况编制隧道坍塌、突水突泥、触电、火灾、爆炸、窒息、有害气体等应急预案，并应配备相应的应急资源。

（13）高压富水隧道钻孔作业应采取防突水、突泥冲出的反推或拴锚等措施。

（14）不良地质隧道地段应遵循"早预报、预加固、弱爆破、短进尺、强支护、早封闭、勤量测、快衬砌"的原则施工。

（15）超前地质预报和监测方案应作为必要工序统一纳入施工组织管理。

（16）施工隧道内不得明火取暖。

（17）隧道内严禁存放汽油、柴油、煤油、变压器油、雷管、炸药等易燃易爆物品。

五、交通安全设施施工的安全管理

（一）交通安全设施一般规定

（1）在通车道路上施工或夜间作业时，应采取限速、导流及渠化等措施，交通指挥人员和上路作业人员应按规定穿着安全反光标志服或反光背心。

（2）机电工程、收费站、服务区、园林绿化等施工应符合相关行业标准的要求。

（二）护栏

（1）运货车辆未停稳时，不得装、卸货物，立柱堆放应采取防止滚落的措施。

（2）打、压立柱的桩机应安设牢固、平稳。桩机移动时应注意避让地面沟槽、地上架空线路等障碍物。

（3）缆索放线架和线盘应放置稳固，放线架应配有制动设施。

（4）缆索架设作业时，张拉人员应站在张紧器与钢丝绳连接处的侧后方，张拉时紧邻张拉跨中间立柱两侧不得站人。

（5）波形梁板安装后应及时固定。

（6）高边坡、陡崖、沿溪线的现浇混凝土护栏施工，作业人员应采取防坠落措施。

（7）安装桥梁金属护栏时，作业人员和未完全固定的构件应采取预防坠落的措施。

（三）交通标志

（1）基坑位于现场通道或居民区附近时，应沿边缘设立防护栏杆或围挡，夜间应加设红色警示灯。

（2）标志安装应符合下列规定：

①标志支撑结构的安装应在基础混凝土强度达到设计要求后进行。

②起重作业应符合起重吊装的有关规定。

③安装门架标志时，作业人员不得站在门架横梁上作业。

④高处作业宜使用液压升降机和车载式高空平台作业车。

（四）交通标线

（1）运输、存放标线涂料、溶剂应采取防火措施。

（2）进行热熔作业时，作业人员应穿着防护服，戴护目眼镜、防护手套和防有机气体口罩。

（3）热熔釜熔料时最大投料量不得超过缸体的4/5，热熔釜和漆料保温桶上方不得出现明火。

（4）喷涂水性涂料应采取防涂料飞溅的措施。

（五）隔离栅和桥梁护网

（1）隔离栅施工应符合下列规定：

①隔离栅安装作业人员应戴防穿刺手套。

②混凝土立柱和基础预制块件存放高度不得超过1.5m，且应码放整齐，不得滚落卸载。

（2）安装桥梁护网时，作业人员和未完全固定的构件应采取预防坠落的措施。

（六）防眩设施

运输、存放塑料防眩板应采取防火措施。

桥梁上下行空隙处安装防眩板应采取防坠落措施。

第八章　公路沥青路面施工中的质量管理

第一节　沥青路面概述

一、沥青路面的基本特性

沥青路面是由沥青结合料黏结矿料修筑面层与各类基层和垫层所构成的路面结构。在沥青路面中，由于使用了沥青结合料，有效地增强了矿料之间的黏结力，提高了混合料的强度和稳定性，从而使得路面的使用质量和耐久性得到了提升。与水泥混凝土路面相比，沥青路面具有表面平整、无接缝、行车舒适、耐磨、振动小、噪声低、施工迅速、养护维修简便、易于分期修建等优点，因此应用越来越广泛。在我国，沥青材料修筑的路面成为我国高等级公路的主要路面形式。

沥青路面属于柔性路面，在很大程度上，其强度和稳定性取决于土基和基层的特性。沥青路面的抗弯强度相对较低，因此要求路面的基础具备充足的强度和稳定性。在低温环境下，沥青路面的抗变形能力较弱。为了防止土基不均匀冻胀导致沥青路面开裂，在寒冷地区需要设置防冻层。另外，沥青面层修筑后，由于其透水性较小，土基和基层内的水分难以排出，容易导致潮湿路段土基和基层变软，从而造成路面破坏。因此，施工方必须提高基层的水稳定性，尽可能使用结合材料处理的整体性基层。对于交通量较大的路段，为使沥青路面具备一定的抗弯拉和抗疲劳开裂能力，宜在沥青面层下设置沥青结合料的联结层。当采用较薄的沥青面层时，特别是在旧路面上加铺面层时，必须采取措施加强面层与基层之间的黏结，以防止水平力的作用导致沥青面层的剥落、推挤、拥包等破坏现象的发生。

二、沥青路面的优缺点

（一）沥青路面的优点

沥青路面具备以下优点，使其在道路建设中得到广泛应用：

1.提升混合料强度和稳定性

沥青路面采用了具有良好黏结力的沥青材料，增强了矿料之间的黏结力，从而提高了混合料的强度和稳定性，有效提升了路面的使用质量和耐久性。

2.平整舒适的行车体验

沥青路面表面平整、坚实，并且没有明显的接缝，使得行车过程更加平稳和舒适。此外，沥青路面的噪声较低，为行车提供了相对安静的环境。

3.可调节路面的强度

沥青路面的强度可根据道路所承受的交通量进行调节。通过调整混合料的配比和厚度，可以满足不同交通量要求，提供适当的路面强度。

4.良好的环境适应性

沥青路面在晴天不会产生尘土，在雨天不会泥泞，且不会在强烈阳光下产生明显反光。这些特点使得沥青路面适合各种气候条件下的行车，并提升了行车安全性。

5.机械化施工和灵活修建

沥青路面适宜于机械化施工，能够保证较高的施工质量，同时施工进度快，可以快速开放交通。此外，沥青路面还便于修补和分期修建，提供了更加灵活的路面建设方式。

（二）沥青路面的缺点

沥青路面存在以下缺点，制约了其在道路建设中的应用：

1.易受履带车辆和坚硬物体破坏

沥青路面相对较柔软，容易受到重型履带车辆和坚硬物体的破坏，导致路面损坏需要频繁修补。

2.表面易磨光影响安全性

由于沥青路面表面较为光滑，容易经过车辆频繁行驶后被磨光，降低了车辆在路面上的抓地力，影响行车安全性。

3.温度稳定性差，夏季易软、冬季易脆并产生裂缝

沥青路面的温度稳定性较差，夏季容易软化，冬季容易变脆，并产生裂缝，进一步加剧了路面的损坏和路面维护的需求。

4.铺筑受气候和施工季节限制

铺设沥青面层受到气候和施工季节的限制。在雨天不能进行沥青面层铺设，而在冰冻地区，在气温较低时也难以保证沥青面层的质量。

考虑到沥青路面的上述缺点，施工方在实施沥青路面工程时务必关注以下几个关键问题：一是在进行沥青路面铺设之前，要对基层进行适当处理，尤其是在存在翻浆路段，需要提前进行土基加固工作，以确保基层具备足够的强度和稳定性；二是在冻胀地区，通常需要设置防冻层，以防止路面由于冻胀而产生裂缝；三是沥青路面的结构会阻断土基与大气之间的水分流动，导致水分在路基路面内部积聚，进而引起土基和基层软化，加剧路面的损坏，因此，重要的是确保基层具备良好的水稳定性；四是对于高交通量的路段，建议在沥青面层下设置一层沥青混合料封层，以增强其抗弯拉和抗疲劳开裂能力；五是沥青路面的施工要求温暖的气候条件，并需各个工序之间紧密协调；六是在施工完成后，通常需要设定适当的成型期，并加强初期养护。在整个使用期间，沥青路面需要及时进行维修和保养。

三、沥青路面的分类

（一）按强度构成原理分类

按照强度构成原理，沥青路面可以分为密实类和嵌挤类两种类型。密实类沥青路面的设计基于最大密实原则，其强度和稳定性主要由结合料的黏聚力和内摩擦阻力决定。在密实类沥青路面中，根据其孔隙率的不同，可以分为闭式和开式两种类型。闭式混合料中含有较多小于0.5mm和0.074mm的矿料颗粒，且合料致密率高于6%，这种混合料具有较好的致密性，但热稳定性较差。而开式混合料中小于0.5mm的矿料颗粒含量较少，导致孔隙率超过6%，但其具有较好的热稳定性。

嵌挤类沥青路面则要求采用颗粒尺寸较为均一的矿料，路面的强度和稳定性主要依靠骨料颗粒之间相互嵌挤所产生的内摩阻力，而黏聚力的作用相对较小。根据嵌挤原则修筑的沥青路面具有较好的热稳定性，但由于孔隙率较大且容易渗水，其耐久性相对较差。

（二）施工工艺分类

根据施工工艺的差异，沥青路面可以分为层铺法、路拌法和厂拌法三种类型。

1.层铺法

层铺法是一种通过分层洒布沥青、分层铺撒矿料并进行辗轧的修筑方法。该方法的主要优点是工艺和设备简单、效果良好、施工速度快、成本较低。然而，该方法的缺点是需要较长的路面成型期，需要在炎热季节行车辗轧后才能使路面成型。层铺法修筑的沥青路面可以分为沥青表面处治和沥青贯入式两种类型。

2.路拌法

路拌法是一种在路面上使用机械设备将矿料和沥青材料就地分别摊铺后进行拌和辗轧密实而成的沥青面层。使用这种方法修筑的沥青面层可以分为路拌沥青碎石和路拌沥青稳定土两种，具体取决于所使用的矿料类型。与层铺法不同的是，路拌法通过就地拌和，使沥青材料均匀分布在矿料中，可以缩短路面的成型期。然而，由于所使用的矿料是冷料，需要使用黏稠度较低的沥青材料，因此混合料的强度相对较低。

3.厂拌法

厂拌法是一种在工厂内使用专用设备加热拌和预先规定配比的矿料和沥青材料，然后将其运输到工地上进行摊铺和辗轧，从而形成沥青路面。根据矿料的不同，厂拌法可以分为厂青碎石和青混凝两种类型。厂拌法的混合料具有较低的细颗粒含量，不含或仅含少量矿粉，如果混合料是按照最佳密实配比制备的则被称为青混凝。此外，根据混合料摊铺时的温度不同，厂拌法又可以分为热拌热铺和热拌冷铺两种类型。热拌热铺是指混合料在专用设备中加热拌和后立即摊铺和压实；而热拌冷铺是指混合料加热拌和后存储一段时间，然后在常温下摊铺和压实。厂拌法使用较黏稠的沥青材料，并经过矿料的精选，因此混合料的质量较高，使用寿命长，但修建费用也较高。

（三）按沥青路面技术特性分类

根据沥青路面的技术特性，沥青二层可分为沥青混凝土热拌、沥青碎石乳化、沥青碎石混合料和沥青贯入式等类型。此外，近年来，沥青玛蹄脂碎石等性能优良的路面结构也在许多国家得到广泛应用。

沥青表面处治路面是利用沥青和集料按层铺法或拌和法铺筑而成，其厚度不超过3cm。层铺法分为单层和双层，其中单层表处的厚度为1.0~1.5cm，双层表处的厚度为1.5~2.5cm，三层表处的厚度为2.5~3.0cm。沥青表面处治适用于面层旧沥青面层上加铺罩面或抗滑层、磨耗层等，主要适用于三级、四级公路。

沥青贯入式路面是使用沥青贯入碎石（砾）做面层的路面。沥青贯入式路面的厚度一般为6cm。在沥青贯入式路面的上部加铺拌和的沥青混合料时，也可以称之为上摔下贯，此时的拌和层的厚度宜为3~4cm，总厚度为7~10cm。沥青贯入式碎石路面是我国广泛采用的一种结构型式。

沥青碎石路面是指使用沥青碎石做面层的路面。沥青碎石的配合比设计应根据实践经验和马歇尔试验的结果进行，并通过施工前的试拌和试铺确定。沥青碎石有时也用作联结层。

沥青混凝土路面是指使用沥青混凝土做面层的路面。其面层可以由单层、双层或三层沥青混合料组成。各层混合料的设计需要根据层厚、气温和降雨量等气候条件、交通量和交通组成以及功能要求等因素确定。沥青混凝土通常用于高等级公路的面层。

乳化沥青碎石混合料适用于三级、四级公路的沥青面层、二级公路养护罩面以及各级公路的调平层。在国外，它也用作柔性基层。

沥青玛蹄脂碎石路面是指使用沥青玛蹄脂碎石混合料做面层或抗滑层的路面。沥青玛蹄脂碎石混合料（简称SMA）由间断级配骨料作为骨架，改性沥青、矿粉和木质素纤维作为结合料组成。经过拌和、摊铺和压实后形成一个具有较大构造深度的抗滑面层。SMA具有抗滑耐磨、孔隙率小、抗疲劳、高温抗车辙、低温抗开裂等优点，是一种全面提高密级配沥青混凝土使用质量的新材料。它适用于高速公路、一级公路和其他重要公路的表面层。

四、沥青路面适用范围

根据不同的施工工艺和材料的选择，可以建造不同类型的沥青路面。在确定道路路面类型时，需要综合考虑使用要求、施工条件以及技术经济原则，以选定最适合的路面类型。选择沥青路面类型时，需要考虑基本要求（如道路等级、交通量、交通组成、使用年限和建设费用等）、工程特点（如气候特点、地形和地质特点、施工季节、施工期限和基层状况等），以及材料供应情况、施工机具、劳力和施工技术条件等因素。

从施工季节的角度来看，沥青类路面通常需要在温暖干燥的气候条件下施工。沥青材料在施工时具有较大的流动性，这有利于路面的摊铺和压实成形。对于热拌热铺类的沥青碎石或沥青混凝土面层而言，气候的影响较小，只要求在晴朗天气且气温不低于5摄氏度时进行施工。如果施工气温较低，采用热拌冷铺法施工更为适宜。

在选择路段时，不宜铺筑纵坡太大的沥青路面。对于纵坡大于3%的路段，需要考虑抗滑的要求，宜采用粗粒式的沥青碎石或粗粒式的沥青表面处理方法。

第二节　公路沥青路面施工质量管理方法

在沥青路面施工中，应该按照全面质量管理的要求来建立健全有效的质量保证体系。为了确保施工质量的稳定性，我们需要实施严格的目标管理、工序管理和岗位责任制度。同时，我们必须对施工的各个阶段进行检查、控制和评定，以达到规定的质量标准。

对于实行监理制度的工程项目，除了施工企业自行进行检查外，工程监理机构也应按照相关规定进行质量检查与认定。此外，政府质量监督部门及工程建设单位（业主）也有责任对工程质量进行监督。

施工质量管理与检查验收的范围包括工程施工前、施工过程中的质量管理与质量控制，以及各施工工序之间的检查，最后还需要进行工程交工后的质量检查验收。通过这些措施，我们可以确保施工质量的稳定性及质量达标。

一、质量检测方法

国内外对沥青路面施工质量的控制指标不少，相应的检测手段也较多，包括面层厚度、平整度、强度、抗滑、渗水，以及车辙、裂缝等测试设备。

（一）平整度测定

目前，在国际上，英国运输与道路研究所制作的激光平整度仪是最先进的路面平整度测试仪器。该仪器由主车和挂车两部分组成，主车通过牵引挂车实现测试。挂车主要由四对激光器构成，形成一个光平面。随着路面的凹凸变化，光平面也会发生相应变化。这种变化的差量通过激光器传送到电子计算机进行处理，从而获得路面功率谱和均方差值δ等参数。该仪器在高速行驶（80公里/小时）中能够保持精度在毫米级别内，特别适用于对汽车专用公路路面的平整度测定。然而，目前国际上最为常用的是配备微型计算机的机械式平整度测定装置。这种仪器价格相对较低，使用广泛，其测定信号通过非接触式电磁传感器输入计算机进行处理，并通过显示系统展示结果。这种机械式平整度仪目前只提供了均方差指标，其精度可以达到1毫米。

在国际标准协会推荐的平整度国际标准中，平整度可以用功率谱的几何平均值表示为$4 \times 10^{-6} \mathrm{m}^2 / \mathrm{C} \cdot \mathrm{m}$，或者用均方差$\delta$表示为2毫米。而在我国，最常使用的路面平整度测试仪器是XLPY型系列连续式平整度仪。此外，还有一些地区采用颠簸累积仪进行测试。长安大学（原西安公路交通大学）根据车桥振动加速度谱分析法研制了测震仪，用于评价和分析路面的舒适性。这些仪器在实际应用中取得了令人满意的结果。

（二）抗滑测定

为了更好地评估路面的抗滑性能，国外采用先进的仪器来进行测定。这些仪器在机电一体的纵横综合测定挂车机构的基础上进行测量。该仪器可以在车速达到20~60公里/小时进行测定，并且摩擦系数测定值的精度相当高，可以达到0~0.05%。

在测定路面纹理结构方面，不同国家采用了不同的方法。例如，英国采用激光纹理仪来进行测定；美国采用透水法，即在渗水器与路面接触处加入橡胶垫，通过测量橡胶垫与路面接触处渗出的水量来推算路面的粗糙度；法国则采用合成树脂将路面纹理翻制取形，随后切成截面进行放大观察，以测量表面的粗糙度。

我国也有一些用于抗滑性能测定的仪器和方法。例如，我们使用摆式仪法、试验车法等工具来进行测定。此外，我们还采用铺砂法来测量路面纹理的深度。

通过使用这些先进的仪器和方法，我们可以更准确地评估路面的抗滑性能，从而为道路交通的安全性提供保障。这些测定结果对于道路维护和改进工作具有重要意义，可以帮助我们更好地了解路面的特性，并采取相应的措施来提高路面的质量和安全性。

（三）强度测定

在路面强度测定方面，法国采用拉克鲁瓦自动弯沉仪进行测量。该仪器的引入解决了传统弯沉仪在测定过程中劳动强度大、效率低的问题。此外，它能够实现连续测定，并且能够准确反映车辆行驶时的实际情况。目前，该仪器的测速范围一般为1~3km/h。

然而，这种自动弯沉仪的使用需要专门的汽车电子设备以及可能配备专用计算机，因此价格昂贵。这也限制了它只能在一些少数发达国家使用，目前尚未在我国得到广泛应用。

目前在我国，弯沉测定仍主要依赖传统的杠杆或弯沉仪进行。其中，杠杆和自动弯沉仪是两种常见类型，分别具有相应的臂长3.6m和5.4m。国内的科研单位已经开发出了自动弯沉仪，但目前仍处于试验阶段。

（四）裂缝测定

在国外，沥青路面裂缝测定仪器采用了一种先进的遥感摄影技术。该技术利用红外遥感摄影获取沥青路面裂缝的图像，并通过光电效应将图像转换为电信号。随后，将这些信号输入计算机进行数据处理，从而直接得出裂缝率或车辙面积率的结果。这项技术已经在英国、法国等国家得到广泛应用。值得一提的是，长安大学（原西安公路交通大学）利用光电技术研制的PER-A型路面车辙仪已经开发成功。然而，由于该仪器仍处于研究阶段，尚未投放市场。

（五）厚度测定

路面厚度的测定通常采用射线或超声检测技术，其中超声技术被广泛使用。超声技术常使用反射法来测定路面面层厚度，但在沥青路面厚度检测方面存在精度难以保证的问题，目前仍在研制阶段。我国主要使用钻取芯样或挖坑的方法来测定沥青路面的辗轧厚度。此外，我国也在研制开发路面自动测厚仪。

对于汽车专用公路路面工程的评价，通常基于多项指标进行。发达国家如法国、英国、日本等普遍装备了综合测试专用车，这些车辆配备各种检测仪器和数据处理器，一次到达测试现场就可以获取所需的各种数据，使用方便且效率高。然而，一台路面综合测试专用车的价格通常高达上百万元，这限制了它在我国的推广和应用。尽管如此，由于综合测试专用车具有许多优点，一些检测中心仍在考虑配置这样的车辆，用于测定各项指标值，建立相关数据库，并评估路面的使用性能。

二、施工质量管理与检查

（一）施工前的材料与设备检查

1.材料质量检查

材料质量是确保沥青路面工程质量的关键要素。然而，近年来存在一些路面工程早期破坏严重的问题，甚至出现了修好后立即损坏的情况，其中材料质量不佳是导致这一现象的原因之一。因此，在道路工程施工开始之前和施工过程中，一旦发生材料来源或规格的变化，就必须进行全面的材料检查，包括材料来源、材料质量、数量、供应计划、材料进场堆放和储存条件等方面。

施工前应以同一料源、同一批次购入并运至生产现场（承储人同一沥青罐、池）的相同规格和品种的集料沥青为一组进行材料质量检查。在取样过程中，应根据目前的试验规程规定，确定取样数量和频率。每批材料的质量必须符合规范的规定。对于沥青等重要试样，每一批样品都应在试验后留样，封存备查。同时，需要记录使用该批沥青的具体路段，留样的数量应不少于4kg。

2.设备检查

机械设备是确保道路施工质量的另一个关键因素。国际上对机械设备有非常严格和具体的要求。我国国产机械的型号复杂，质量良莠不齐。因此，在施工之前，必须认真仔细地检查拌和场、沥青路面施工机械和设备的配套情况、性能和计量精度等方面。不符合规定要求的施工机械和设备必须禁止使用。

在实施监理制度的工程项目中，材料试验结果和基于这些结果进行的配合比设计以及施工机械和设备的检查结果都必须在规定的期限内向监理工程师或工程质量监督部门提交正式报告。只有在正式获得认可后，才能使用。特别是对于沥青等主要材料，为了防止使用劣质产品或造假行为，施工单位除了要非常重视进行材料试验外，还必须经过监理工程师、质检站或工程质量检测中心试验认可。

（二）施工过程中的质量管理与检查

1.一般要求

（1）在进行沥青面层施工前，施工单位应取得主管部门的开工令才能开始施工。这个措施旨在确保施工的合法性和有效性；

（2）在整个施工过程中，必须有专职的质量检测机构负责进行施工质量的检查和试验。这样做的目的是确保沥青面层施工质量符合相关标准和规范要求；

（3）施工单位在进行施工过程中应自行进行施工质量检查。对于实行监理制度的工程项目，监理工程师或质量监督人员还应进行抽检或旁站检验，并对施工单位的自检结果进行检查认定。当施工人员、监理工程师或监督人员发现任何异常情况时，应立即报告或追加试验检查。

以上要求的目的是确保沥青面层施工的质量和安全。通过严格的检查和试验，我们可以提前发现和解决施工过程中的问题，从而确保施工结果的稳定性和可靠性。在整个施工过程中，各方责任人员都扮演着重要的角色，发现问题需及时汇报并采取相应措施，以确保施工质量达标和合规性。

2.施工过程中的材料检查内容及要求

在施工过程中，对材料进行检查是基于每批材料进场前已经过检查和批准进行的，目的是再次抽查材料的质量稳定性和变异性。材料质量必须符合质量指标的要求。材料检查的内容主要包括以下方面：

（1）拌和均匀性：对沥青混合料拌和厂必须检查其拌和均匀性，确保混合均匀；

（2）拌和温度：对拌和过程的温度进行检查，确保温度控制在合适范围内；

（3）出厂温度：检查混合料出厂时的温度，确保符合要求。

3.施工过程中的质量检查及控制标准

施工过程中的质量检查分为工程质量和外形尺寸两个部分。当检查结果未达到规定要求时，应增加检测数量，找出原因并进行相应处理，具体的施工质量检查与控制标准如下：

（1）沥青混合料拌和厂的检查：必须对拌和均匀性、拌和温度、出厂温度以及各个料仓的用量进行检查。除此之外，还应进行取样并进行马歇尔试验，以检测混合料的矿料级配和沥青使用情况；

（2）混合料铺筑现场的观测：必须观测混合料的质量和施工温度，随时检查厚度、压实度和平整度，并对每个断面测定成形尺寸；

（3）施工厚度的质量控制：除了在摊铺和压实时进行量取和测量钻孔试件厚度外，还应校验每天铺筑的沥青混合料总量与实际铺筑面积计算出的平均厚度；

（4）施工压实度的检查：以钻孔法为准。当使用核子密度仪进行检查时，应通过与钻孔密度的标定关系进行换算，并增加检测次数。当钻孔检验的各项指标持续稳定达到要求，并经主管部门同意后，可以适当减少钻孔频度，增加核子密度仪检测频度，并严格控制辗轧遍数。在此情况下，钻孔深度不得少于每千米钻1个孔。施工过程中的钻孔试件必须进行垂直编号，并贴上标签以备工程交工验收时使用。

4.施工单位质量检测结果的整理和反馈

在进行道路施工时，施工单位的质量检测结果应以1km为单位整理成表格，并及时将表格与原始记录一起反馈给主管部门。针对关键工序或重要部位，建议拍摄照片或进行录像，以作为实际情况的记录和保存资料的一部分。如果发现异常情况，施工单位应立即停止施工，对问题进行分析，找出影响因素并采取相应措施。在获得主管部门的同意后方可继续施工。

5.高速公路和一级公路沥青路面的动态质量管理

在高速公路和一级公路沥青路面的施工中，推荐利用计算机实行动态质量管理。具体的管理方法如下：

（1）施工单位应将试验检测质量指标的变异系数（或标准差）作为主要评价指标来衡量施工水平。每个施工单位都应总结施工经验，按照规范要求建立各项施工质量指标变异系数的允许界限值，作为企业管理的目标。施工单位的施工目标应不低于规范中的要求。

（2）在高速公路和一级公路的施工过程中，施工单位应利用计算机建立工程质量数据库，并随时将检测结果录入数据库。同时，按照一定的日期或距离划分阶段，计算平均值（期望值）、极差、标准差以及变异系数，并进行汇总整理。记录的内容应包括取样地点、试验员、试验项目、试验方法、试验结果以及合格与否的评定等信息。

（3）在图表和直方图中，可以标出规范规定的质量标准线或允许偏差范围，以便更直观地比较检测结果与规范要求的符合程度。这样可以更好地监控施工质量的动态变化情况，及时发现偏差并采取纠正措施，以确保道路建设质量的稳定性和可靠性。

三、交工检查与验收

（一）施工单位自检自评

沥青路面施工完成后，施工单位应按规定将全线划分为1~3km的评定路段，并随机选取测点，对沥青面层进行全线自检。自检过程中，需要计算平均值、标准差以及变异系数等统计指标。施工单位需将全线的检测结果及施工总结报告提交给主管部门，并申请交工验收。

（1）在工程完工后，需要对路面的平整度、宽度、纵断面高程以及横坡度等进行测定，并绘制相应的竣工图。

（2）对于需要钻孔或挖孔取样才能进行检查的指标，如厚度、压实度、沥青用量以及矿料级配等，为了减少对路面的破坏，经主管部门同意后，可以利用施工过程中已经测定的数据进行评定。当需要实际测量矿料级配和沥青用量时，可以将一个评定路段内的混合料钻孔样品合并，形成一个试样进行抽提。

（3）对于车行道面层的检查，其质量指标应符合相关规定。同时，对于厚度和压实度这两个指标，还需要按照《公路沥青路面施工技术规范》的规定，计算每个评定路段的平均值和代表值，并进行评定。

（4）人行道沥青面层的质量检查与验收要与车行道相同，采取相同的标准和要求进行。

（5）对于大中型桥梁的水泥混凝土桥面沥青铺装，其质量检查与验收以100m作为一个评定路段进行。同样，需要按照相应标准和要求进行检查和评定。

（6）关于路缘石的质量检查与验收，与车行道相同，应遵循相应的标准和规定进行操作。

（二）工程建设单位检查验收

在接到施工单位提交的交工验收报告并确认施工资料齐全后，工程建设单位、监理单位以及工程质量监督部门应立即进行交工检查与验收。检查验收应采用随机抽样的方法，在评定路段中选择一定数量进行实地检查。每个检查段的检查频度、试验方法和检测结果都必须符合规定要求。如果实地检查遇到困难，经主管部门同意后，可以依据施工单位的质量检测结果，随机抽查一定数量，对工程质量进行评定。即使在此情况下，仍应重新测量部分路段的平整度，并利用施工过程中保存的钻孔试件对厚度和压实度进行再校验。

（三）工程施工总结

在工程结束后，施工企业应根据国家竣工文件的要求，编制施工总结报告和若干个专项报告。同时将竣工图表作为完整的施工资料档案，一并提交至工程主管部门和相关档案管理部门。

施工总结报告的内容应包括以下方面：工程概况（包括设计和变更情况）、工程基础资料、材料使用情况、施工组织、机械和人员配备、施工方法、施工进度、试验研究、工程质量评价、工程决算以及工程使用服务计划等详细内容。

施工管理与质量检查报告应包括以下内容：施工管理体制、质量保证体系、施工质量目标、试验段铺筑报告、施工前和施工中的材料质量检查结果（包括测试报告）、施工中的工程质量检查结果（包括测试报告）、工程交工后的自检结果（包括测试报告）、工程质量评价以及原始记录、相册、录像等各种附件。

对于高速公路和一级公路的施工，施工企业在通车后应提供一定时间的工程使用服务（通常为交工后一年）。服务内容包括路面使用情况的观测、局部损坏的维修保养，并将服务情况报告给相关部门。

第九章　桥梁施工安全管理

第一节　桥梁施工及其安全管理分析

一、安全管理的基本原理

安全管理是企业在生产经营过程中，为实现安全生产而组织和使用人力、物力、财力等各种物质资源的过程。它利用计划、组织、指挥、协调、控制等管理功能，控制来自自然界的、机械的、物质的、人为的不安全因素。它可以将生产技术不安全的行为和状态降至最低，避免发生伤亡事故，保障职工的生命安全和身体健康，进而实现企业的经营目标。

（一）现代安全管理理念

安全管理是一门现代科学，其中包含着以下现代管理理念：

1.以人为本的管理理念

从某种意义上讲，安全管理的效果如何，取决于企业管理者和广大员工对安全的认识水平和责任感。安全生产以人为本的管理理念主要体现在以下几个方面：一是从关心和保护人的思想出发，事事考虑职工的切身利益，考虑职工的生命安全与职业健康；二是要以高度的责任感，采取有效的安全防范措施，为职工提供安全保障条件；三是要让全体员工参与到安全生产管理中。

2.全员、全过程、全方位的管理理念

安全管理系统是由人、社会、环境、技术、经济等因素组成的一个大的协调系统。因此，安全生产需要系统的分析、系统的方法、多因素的协调和组织才能实现。安全生产是一个系统工程，需要全员管理、全过程管理、全方位管理。

3.风险管理理念

安全生产管理是管理学中的风险管理。风险管理是指企业以最少的人力、物力和财力投入，管理最大范围的风险，从而避免和降低风险给企业造成的损失。安全管理需要考虑来自客户、雇员、组织、社会和环境的风险。

4.突出法治化建设的管理理念

安全问题涉及人民生命和财产的安全，关系到社会的发展和稳定。目前，安全生产依法管理已经成为国际社会的共识，也是我国建立市场经济、加快法治化进程的一项重要内容和措施。

5.突出企业的安全文化建设管理理念

安全生产管理要突出企业的安全文化建设。这是近年来提出的一项安全生产保障新对策，是安全系统工程和现代安全生产管理的一种新思路、新策略。

（二）安全生产规律

任何事物的发展都受一定规律的制约，安全生产也不例外。它主要受以下规律的制约：

1.受经济制度制约的安全规律

实质上，"受经济制度制约的安全规律"是承认生产中的潜在危险，并为制定和执行安全条例创造可能性。这一规律的作用受社会主义基本经济规律的制约，它将在劳动保护有组织有系统的机构中、在有目的的活动过程中付诸实施。

2.劳动条件适应人的特点的规律

人适应环境的可能性具有一定限度。"劳动条件适应人"这一规律则要求在构思新技术或设计新工艺过程，以及解决其他任务之时，做到以下几点：一是必须建立以人为中心的观点；二是必须首先设计操作者的活动，而后才是操作者使用的技术；三是要重点研究以人为主体的能量系统中的危险及其消除措施。

3.不断地有计划地改善劳动条件的规律

"不断地有计划地改善劳动条件"这一规律是指随着生产方式的完善，坚定不移地改革劳动安全管理，减轻生产中的有害后果。这一规律可视为社会主义发展国民经济总规律的局部体现。

4.物质技术基础与劳动条件相适应的规律

科学和技术的进步从根本上改善了工作条件，但这并不排除出现新的和重要的危险因素或扩大其有害影响的可能性。打破这一规则将导致新技术的有效性下降。这一规律的实质是劳动条件的改善在时间上要与物质技术基础的发展阶段相适应。

5.关于安全管理科学化的规律

事故防治科学是一门经验科学。它是掌握客观事物所必需的，将个别的已证明行之有效的经验加以科学整理，明确经验与事实的相互关系而形成的一门知识体系。这一科学体系是以人的能量系统为主体，结合外部能量作为附带方面的人的行为科学。

安全科学管理的目的是科学地探究人的行为，消除阻碍安全生产任务完成的不安全因素，使其达到计划生产的最高安全概率。安全管理的实现必须以科学、有计划、明确的程序和正确的方法为基础。这一规律认为，形成劳动安全计划指标是可能的。指标（目标）必须满足：现实、对象明确、定量清楚、与客观条件相符、经济而有效、可以整体检查，并能显示以确保安全为目的作用的整体性。

综上所述，以上五个规律表明，在不同发展阶段的施工安全都具有计划性质，而且要求确切表述既定目标。在科学研究、试验设计、正式设计、投入生产、企业改造和生产改革等各阶段，要真正保证安全生产，只有在认清和运用安全诸原则的基础上才是可能的。

二、桥梁建筑项目的特点分析

（一）桥梁施工项目的特殊性

在施工过程中，桥梁建筑项目的施工情况复杂，各种危险、有害因素相互交织。它具有一般建筑施工项目的特点，也具有自己的特殊性。

1.一次性特征

考虑项目的规模、结构以及实施的时间、地点、参加者、自然条件和社会条件，世界上没有完全相同的桥梁建筑。设计的单一性，施工的单件性，使得桥梁建筑不同于制造业的重复生产。桥梁工程施工任务是一次性的，且由于每个项目都有其时间、地点、技术、经济等的特殊性，所以每次任务均具有区别于其他任务的特点。

生产的一次性使得项目的安全管理知识、经验和技能积累困难，并很难将其重复地运用到以后的安全管理中。这决定了在建设的过程中，安全管理所要面对的环境十分复杂，并且需要不断地面对新的问题，需要充分发挥创造性。

2.流动性特征

桥梁施工项目的流动性主要体现在以下几个方面：一是施工队伍流动。桥梁建筑工程项目具有固定性，这决定了建筑工程项目的生产是随项目的不同而不断流动的，施工队伍需要不断地从一个地方换到另一个地方进行建筑施工，施工流动性大，生产周期长，作业环境复杂，可变因素多。二是人员流动。桥梁施工的作业条件较差，施工人员的技术水平、文化素质普遍不高，有调查显示超过80%的工人是进城务工人员，人员流动性较大。三是施工过程流动。建筑工程从基础主体到装修各阶段，因分部、分项工程工序的不同，施工方法的不同，现场作业环境、状况和不安全因素都在变化中，作业人员经常更换工作环境，建筑项目的流动性特点存在不确定性，要求项目的组织管理对安全生产具有高度的适应性和灵活性。

3.密集性特征

桥梁施工项目的密集性主要体现在以下两个方面：一方面是劳动密集。目前，建筑业工业化程度较低，需要大量人力资源的投入，是典型的劳动密集型行业。由于建筑业集中了大量的进城务工人员，且大多没有经过专业技能培训，这样的劳动密集型给安全管理工作提出了挑战。另一方面是资金密集。建筑项目的建设是以大量资金投入为前提的，资金投入大决定了项目受制约的因素多，一是受施工资源的约束，二是受社会经济波动的影响，三是受社会政治的影响。因此，建筑安全生产要考虑外界环境的影响。

4.周期长的特征

桥梁工程，特别是大型桥梁的施工，在较长的时间内占用、消耗了大量的资源，直到工期结束，才能得到可以使用的产品。因此，在施工的各阶段，施工方应该严格计划、科学管理。在桥梁施工的整个周期中，施工方要做到以下几点：一是各环节紧密相扣；二是工程施工安全得到控制；三是工程的技术经济效益及社会效益均达到最佳。

5.协作性特征

桥梁工程的结构形式多样，由于地质、水文和公路等级和使用要求的不同，设计也不同。例如，大型桥梁跨越主河道，主桥的结构形式会与引桥的结构形式有很大的不同。为了按计划正常施工，建设、设计、监理、施工单位必须密切配合，材料、动力工程各部门应全力协作，地方各级政府部门和沿线的各相关单位的团结协作也必不可少。因此，在桥梁工程施工过程中，只有各个部门团结、协作、协调、平衡，才能使施工工作进展顺利。

（二）桥梁施工企业的组织机构特点

1.项目管理与企业管理离散

施工企业的安全生产管理水平往往是通过工程项目管理水平来体现的。由于一个企业同时拥有多个项目，并且这些项目通常离公司总部很远，因此这种距离使得现场安全管理的责任更多地由项目部门承担。由于面临项目的临时性、特定的环境和条件以及项目盈利能力的压力，通常难以充分实施企业的安全管理体系和措施。

2.多层次分包制度

由于建筑工程存在分包、专业承包的体制，因此总承包企业与分包或专业承包企业责任制度的建立和落实、现场的管理和协调等，对工程质量、安全管理影响很大。承包商的存在增加了现场安全管理的难度。

3.施工管理的目标（结果）导向

项目具有明确的目标（质和量）和资源限制（时间成本），这些往往对建筑施工单位形成一定的压力。而建筑施工中的管理主要是一种目标导向的管理，只要结果不求过程，安全管理就是过程中的管理。

三、桥梁施工安全管理

桥梁工程的施工安全管理是在工程建设的全过程中运用科学的管理理论和方法，通过法规、技术、组织等手段，使由人、物、环境组成的施工和生产系统达到最佳安全状态，并实现项目安全目标执行的一系列活动的总称。

（一）桥梁施工安全管理的对象

桥梁施工安全管理主要以施工活动中人、物、环境构成的施工生产体系为对象，目的是建立一个安全生产体系，并制定相应的安全责任制，确保施工活动的顺利进行。

对于人的因素——劳动者，施工方应该做到以下几点：一是依法制定有关安全的政策、法规；二是给予劳动者的劳动安全、身体健康以法律保障的措施；三是约束控制劳动者的不安全行为，消除或减少主观上的安全隐患。

对于物的因素——劳动手段与劳动对象，施工方应该做到以下几点：一是改善施工工艺，改进设备性能；二是消除和控制生产过程中可能出现的危险因素；三是制定避免损失扩大的安全技术保证措施。

对于环境因素——劳动条件（施工环境），施工方应该做到以下两点：一是防止、控制施工中高温、严寒、粉尘、噪声、振动、毒气毒物对劳动者安全与健康的影响；二是采取必要的医疗、保健、防护措施。

（二）桥梁施工安全管理的特点

桥梁施工项目安全管理除了具有一般建筑施工安全管理的共同点之外，还具有以下特点：

第一，桥梁工程施工项目安全管理的难点多。由于桥梁施工受自然环境的影响大，高空作业多、地下作业多、水下作业多、大型机械多、用电作业多、易燃易爆物多等，因此安全事故引发点多，必然存在大量安全管理的难点。

第二，安全管理的劳保责任重。因为桥梁工程的施工是劳动力密集型，人工作业多，人员数量大，交叉作业多，高空作业多，机械集中，施工的危险性大，因此要通过加强劳动保护措施创造安全施工条件。

第三，施工现场是安全管理的重点。因为施工现场人员集中，物资集中，机械集中，又是工、料、机结合的作业场所，安全事故一般都发生在现场。

第四，是企业安全管理的组成部分。施工项目安全管理作为企业安全管理的一部分，其安全体系与之相关联，应服从企业的安全目标及安全制度，并根据工程实际情况，制定符合实际的、有效的安全保障体系与制度。

第二节 大型桥梁施工安全风险识别及风险控制

桥梁工程施工，特别是大型桥梁的施工，由于其工作量大、施工周期长、参与者众多以及自身结构的复杂性，在整个施工期间不可避免地会出现大量不确定事件。例如，直接导致桥梁结构的损伤、人员的伤亡、环境污染等事故，造成工期的延误，损害公司财产和形象，带来社会、经济和环境效益的负面影响。我们运用合理的方法有效地找出这些不确定因素的过程就是风险识别。

桥梁施工风险识别是桥梁施工安全风险管理的第一步。它是整个风险管理的基础。风险管理人员通过收集和调查桥梁工程的相关资料，对桥梁施工过程进行系统的分解，结合施工工序的特点、环境条件等，对施工过程中潜在的风险因素进行识别和归类，形成风险清单，最终解决项目所面临的风险有哪些、引起的风险因素是什么、会造成什么样的后果等问题。选择合理的识别方法有利于有效地控制和管理风险。

一、大型桥梁施工安全风险管理基本理论

（一）桥梁施工风险的定义

1.风险的基本概念

随着科学的发展，人们对风险的研究越来越深入，对风险的认识也越来越科学和全面。从狭义上讲，人们对风险的理解通常是指不利的一面，表现为损失的不确定性。然而，风险如万艳华所强调的，最关键的是强调不确定性，既然具有不确定性，同时就会存在有利的一面，表现为从不确定中获得利益。证券市场有句俗语"风险越大收益越高"，体现了风险可能带来利益。在工程领域，对风险的研究强调了风险的不利影响。

2.桥梁风险及桥梁施工风险的基本概念

桥梁风险属于工程风险类别，存在于桥梁项目的所有阶段。在风险定义的基础上，我

们可以给出桥梁风险的定义："在桥梁工程项目的规划、设计、施工、使用阶段等，不利事件发生的可能性与不利事件造成后果的严重程度的综合度量。"

在桥梁施工期间，由于桥梁施工时间长、技术难度较大、周围环境复杂、不确定性因素较多等因素，可能导致各种安全事故的发生，造成施工期间人员伤亡、经济损失、工期延误、环境污染、工程损坏等。因此，我们可以将桥梁施工风险定义为："在桥梁施工期间，安全事故发生的可能性与安全事故造成损失的严重程度的综合度量。"桥梁施工风险的定义的四个范畴如下：

第一，以桥梁工程项目本身为中心。桥梁风险发生在桥梁的生命周期内，并且与桥梁工程项目本身具有关系。例如，海水具有腐蚀性，对于桥梁结构影响十分重要，但是对于中部地区公路桥梁没有任何的影响，因此对于中部地区的桥梁工程，海水腐蚀不是风险事态。

第二，明确发生在桥梁的施工期间。桥梁施工风险是发生在桥梁的施工期间，要明确桥梁风险发生的阶段。桥梁工程的各个阶段都存在风险，我们明确把握施工期间的风险事态，能够更有效、准确地对桥梁施工期间进行风险管理。

第三，不确定性。一定发生的和一定不发生的事件都不属于风险事态。风险的不确定性包括：风险事态发生的不确定性及造成损失的不确定性。实际上，确定是相对的，因此在桥梁施工风险评估中要明确，影响不显著的不确定因素不构成风险，将其作为确定的因素处理。

第四，对相关利益主体的既定目标造成影响。首先在桥梁施工风险评估的过程中，既定目标往往是指损失，相对于收益，损失往往是巨大的，因此只关注损失。其次，不同的风险承担者，由于其既定目标的不同，对待同一件风险事态的接受程度也不同。例如，在桥梁的施工期间发生事故，对于业主和施工单位都会造成损失，但是对于普通的市民，由于还未使用桥梁，没有任何的影响。因此，施工事故对于业主和施工单位是风险事件，对于普通市民不是风险事件。在桥梁施工风险评估的过程中，要明确风险主体。

（二）大型桥梁施工风险管理的基本流程

1.大型桥梁施工风险管理的概念

大型桥梁施工风险的管理是桥梁施工管理的重要组成部分，也是工程风险管理的方法和思想在大型桥梁施工项目中的具体应用。大型桥梁项目的主体对工程项目的风险进行识别、估计和评价，根据评价结果对大型桥梁施工期间的风险进行控制，最终实现项目相关利益主体的既定目标。

2.大型桥梁施工风险管理的内涵

大型桥梁项目风险的执行者（项目经理和风险经理）是项目主体。在大型桥梁施工风险管理过程中，风险识别、估计和评价是基础，风险应对与控制是关键。风险管理的目的是以最低的成本获取最大的安全保障。

3.大型桥梁施工风险管理的步骤

大型桥梁施工风险管理包括：风险的识别、估计、评价及风险的控制。

二、大型桥梁施工风险识别的原则和步骤

（一）风险识别的原则

风险识别是风险管理的开始，全面、正确地识别出风险因素是确保风险管理工作成功的关键。任何一个风险因素尤其是重大风险因素的错误识别或遗漏都可能造成风险管理工作的失败，导致严重的事故。因此，在风险识别的过程中，我们应该遵循以下原则：

1.系统性原则

项目的风险识别的系统性原则具体要求如下：一是要从全局考虑制定风险识别计划，分解施工程序；二是针对具体的施工程序，结合工程环境、作业特点及相似的工程所出现的工程事故，找出所有可能存在的风险因素；三是形成初步的风险源普查清单。

2.全面性原则

工程项目施工过程中各个环节会遇到不同的风险，任何一个风险源的遗漏都有可能导致严重的风险事故，还有单一的风险识别方法会造成风险源的遗漏和识别的错误。因此，施工方要想全面地识别风险，必须要结合多种方法共同识别，同时从不同的角度去识别。

3.全员参与原则

工程项目通常需要进行大量的工作，需要许多人共同努力才能完成项目。每个人都有特定的分工，风险会分散在施工过程的各个方面。因此，我们应该调动全体工作人员主动发现自己工作领域的风险源，风险管理人员应向有关人员征求意见，归纳、总结、整理。这样才能有效地保证风险识别的全面性。

4.重要性原则

任何工程项目的风险因素都有大有小，不能一概而论。因此，我们应该做到以下几点：一是在全面性原则的基础下，考虑到风险管理成本的因素，将一般风险源和重大风险源区分对待，对于根据一般经验就可以辨识的、影响较小的风险源可以忽略不计算；二是对于相对复杂的、存在较大的不可预见性的并且会造成严重后果的重大风险源，则要重点进行辨识；三是对于工程项目的主体工程（如主梁施工）和基础工程施工（如桩基础的施工），需要重点识别。

5.动态性原则

对于大型桥梁施工这种工程量大又复杂的工程，风险的识别必须保持动态性。具体来

讲，施工方需要根据工程进展、外部和内部条件的变化，定期、适时地进行风险识别。

（二）风险识别的具体步骤

一般情况下，大型桥梁施工安全风险的识别主要分为以下五个步骤：

1.工程资料的收集

工程资料是风险识别的第一步，也是整个风险识别的基础。完整、详细的工程资料决定了风险识别结果的好坏。大型桥梁工程主要包括以下资料：工程地质勘察资料、桥梁设计文件；可行性研究报告、施工组织设计、施工图纸；水文、地质、气候条件；周围建筑物（地下管线、铁路、公路、建筑等）；类似桥梁事故资料；国家及工程所在地有关施工安全的法律法规；施工、设计、监理等相关单位资质、工程经验；其他与桥梁风险识别相关的工程资料。

2.施工程序的分解

施工程序的分解主要包括以下内容：一是结合桥梁设计图纸、施工组织设计及施工图等资料进行划分；二是根据风险识别的需要及工程实际情况进行划分；三是按照单位工程、分项工程、分部工程及工序作业的层次进行划分。在该阶段，施工方应该将重点放在把握施工程序分解到的层次，以便于风险的识别与管理。

3.风险识别方法的选择

施工风险识别的方法有很多，具体包括：专家评分法、德尔菲法、事件树法、故障树法、神经网络等方法。施工方应该根据桥梁的规模、施工难度和风险管理的要求，选择科学合理的识别方法，这样能够有效地提高风险识别结果的准确性及精度。

4.风险的识别与分析

风险的识别与分析主要包括以下内容：一是选用合理的风险识别方法，按照分解的施工程序，逐一进行风险识别，找出在桥梁施工过程中可能发生的风险事故；二是根据构建的大型桥梁施工安全风险致因模型，结合工程经验，找出风险事故发生的原因，即风险因素。

5.识别结果整理

在识别结果整理阶段，施工方主要对风险识别的结果进行汇总，形成风险源清单及风险因素清单。清单是进行风险估计和评价的重要依据。

三、大型桥梁施工安全风险控制

风险管理的关键是通过对风险的控制，降低风险发生的概率和减少风险造成的损失。在风险识别、估计和评价的基础上，施工方应该制定相应的风险控制措施，进而达到风险管理的目的。

风险控制方法一般包括策略型方法和技术型方法两种。策略型方法是从整体考虑，采取相应的应对策略。技术型方法是根据风险评价结果，针对重大的风险源采取具体的技术措施降低风险。

（一）大型桥梁施工安全风险控制的一般要求

对于大型桥梁施工安全风险控制，我们应该遵守以下要求：一是制定桥梁施工期风险控制计划和工作细则，并严格实施；二是开展与工程相关的环境调查，办理工程建设险、第三方责任险等相关保险；三是严格进行施工图审查和现场地质核对，结合设计交底和风险控制要求，对高风险分部分项工程编制专项施工方案，按规定论证审批后实施；四是根据施工特点和工程实际，对施工人员进行岗前培训，关键项目的工作人员及特殊作业人员，必须持证上岗；五是加强对建筑材料的控制，进场前进行质量复验，确保不合格材料、构件不用在项目上；六是在施工过程中，对安全风险进行实时跟踪监控，预测风险变化趋势；七是对新出现的风险和潜在的风险因素提出预警，及时进行识别、分析和评估，并制定风险应对策略。

（二）大型桥梁施工安全风险的应对策略

目前，工程领域常用的风险应对策略主要有：风险规避、风险减轻、风险转移和风险自留等。在实际工程中，为了全面有效地控制风险，我们应该将各种应对策略进行组合，然后根据项目特点、企业的资金情况和决策者对风险的态度，选择合理的风险应对措施。

1.风险规避

风险规避是最消极的风险应对策略之一，具体包括终止法、改变法、程序法等。例如，在地质情况复杂的条件下，进行某大型桥梁施工，发现施工过程中将面临许多重大风险，超出决策者承受范围，采取终止项目、重新规划选址等方法来规避风险。

2.风险减轻

对于无法避免的风险，我们应制定有效的控制措施，降低风险发生的概率，减少风险造成的损失。例如，结合项目特点和企业实际情况，制定专项施工方案、安全保证措施和应急预案等，将项目风险降低到合理、可接受的范围。

3.风险转移

风险转移是指采用科学正确的方法，将部分或全部风险转移给他人。它分为保险转移和合同转移两大类。保险转移主要是针对风险事故后果而言，通过购买工程建设险、第三方责任险等，将风险事故造成的损失转嫁给保险公司。合同转移是指依法签订相应的合同，将风险转移给他人。例如，通过签订分包合同，依法将经验不足或是没有把握的部分工程分包给有经验、有能力的施工单位；以联合体的形式进行投标也是其中一种。

4.风险自留

风险自留是指企业根据自身风险接受能力，对施工过程中存在的一部分风险选择保留下来。这部分风险一般具有无法回避但造成的风险事故损失不严重，或者采用转移、减轻风险的成本较高等特点。风险自留包括两种，即有计划自留和无计划自留。有计划自留是知道风险的存在，预先制定处理风险事故损失的计划，如在建筑工程预算价格中预留一定比例的不可预见费用，设立风险基金等。无计划自留是指不知道风险的存在或预知风险而未预做处理，一旦风险事故发生，再根据损失情况进行处理。

（三）大型桥梁施工安全风险控制技术措施

1.大型桥梁施工一般风险源控制技术措施

一般风险源比较简单，风险因素之间的相关性不高。对于一般风险源的控制，我们应该做到以下两点：一是按照安全风险控制的一般要求，结合大型桥梁安全风险致因模型，从人、物、环境和管理四个方面加强管理；二是明确安全防护、安全教育、安全警示和现场管理等方面的具体内容。

2.大型桥梁施工重大风险源控制技术措施

重大风险源相对比较复杂，风险因素之间关联密切，存在较大的不可预见性。对于重大风险源的控制，在满足安全风险控制的一般要求以外，施工方还要从设计、环境、施工方案和管理措施等方面进行防范和控制。

（1）现浇预应力混凝土连续梁施工安全风险控制技术措施

在使用支架法时，施工方应该满足以下要求：一是以国家标准严格控制支架设计、施工及验收；二是支架结构严格执行国家、地方和行业标准，安全系数和稳定系数应满足相关要求，确保支架结构具有足够的刚度、强度和稳定性；三是在支架搭设前，严格落实地基的平整工作，保证地基承载力满足要求；四是做好支架底部的防水，支架不得被水浸泡；五是在支架安装过程中要严格按照设计搭设，并设置安全网、栏杆等防护措施，防止工作人员坠落；六是在支架安装完成后，严格落实检验工作，对支架进行全面检查，保证支架安装可靠；七是为消除支架拼装间隙及地基沉降导致的非弹性变形，应对安装完成的支架进行预压，预压时应注意分级加载和卸载，采用砂袋进行预压时，要做好防雨措施，并密切关注天气情况；八是在梁体浇筑过程中，应由专人密切关注地基和支架变形状态，发生较大变形应立即采取措施；九是在模板、支架拆除时，应遵循"先支后拆、后支先拆"的原则，防止发生坍塌事故。

在使用悬臂浇筑法时，施工方应该满足以下要求：一是对称拼装挂篮，保证受力平衡，防止挂篮倾覆；二是施工作业面应设置安全网、围栏、安全警示等，以保证人员的安全；三是对雨水较为丰富的地区，一般在挂篮上设置防雨棚，应对挂篮的整体稳定性进行验算，保证挂篮的受力形式不发生改变，结构不受损伤，防止挂篮倾覆；四是在挂篮拼装完成后，应对其进行全面检查，保证安装质量，并进行荷载试验，消除非弹性变形，如若出现变形较大的现象，应立即停止加载，查明原因，采取相应措施；五是在大风、雷雨等恶劣天气，严禁挂篮施工，防止高空坠落、雷击等安全事故的发生；六是在挂篮移动过程中，应控制移动速度，保证平稳进行；七是移动到位后，应及时锚固；八是在整个施工过程中，应加强对挂篮滑道、锚固和模板等的日常检查，保证施工安全。

（2）围堰施工安全风险控制技术措施

在土石围堰时，施工方应该满足以下要求：一是围堰结构应满足水、土等外来压力要求，且防水严密；二是根据水文地质材料及施工需要，围堰顶高出施工期可能出现的最高水位的高度应满足要求；三是在施工过程中，加强对围堰变形、渗水和冲刷情况的监测，发现异常立即停止施工，并采取措施进行处理；四是围堰外侧迎水面应做好防冲刷措施；五是围堰内侧坡脚与基坑边缘距离应根据河床土质和基坑开挖深度确定，且不小于1m；六是采用吸泥船吹沙筑岛时，严禁其他船只和人员进入作业区，作业人员不得在布置吸泥管道的浮筒上行走。

在施工钢板桩围堰时，施工方应该满足以下要求：一是水中施打钢板桩，必须配备安全可靠的打桩船或工作平台，四周设置安全防护；二是在施打前，应在围堰上下游及两岸设置测量观测点，控制围堰长短边方向的施打定位；三是钢板桩的锁扣用止水材料捻缝，以防漏水；四是在吊桩时，吊点应设在距桩顶1/3桩长以下位置；五是正式起吊前进行试吊；六是在施打时，必须设置导向装置，保证施打位置准确；七是在施打过程中，随时检查桩的位置是否准确、桩身是否垂直，否则立即纠正或拔出重打；八是在拔桩前，向围堰内注水，使内外水位基本相等；九是拔桩设备应装备超载限制器，严禁超载硬拔；十是施打从上游至下游，拔桩从下游至上游，依次进行。

（3）钻孔桩施工安全风险控制技术措施

对于钻孔桩安全的风险控制，施工方应该采取以下技术措施：一是施工现场附近有高压电线，应采取防触电措施；二是施工场地和场道应平整坚实，满足钻机工作需求；三是在钻机安装时，应保持机架平稳，不得产生位移和沉陷，顶端采用缆风绳对称张拉，地锚牢靠；四是在冲钻过程中，非工作人员禁止进入施工区域；五是遇到斜孔、塌孔等情况时，采取措施后方可继续施工；六是在岩溶区钻孔时，应预先制定专项施工方案，备足钻孔泥浆及填充材料；七是在钢筋笼制作、运输和吊装时，应采取措施，防止钢筋笼变形；八是吊放钢筋笼入孔时，不得碰撞孔壁，就位后，采取加固措施固定钢筋笼的位置；九是水下浇筑混凝土时，应搭设浇筑工作平台，做好井口防护，保证工作人员安全。

（4）墩台施工安全风险控制技术措施

对于高墩爬模施工，施工方应该采取以下技术措施：一是高墩爬模应具有足够的强度、刚度和稳定性；二是爬模自身脚手架平台、接料平台、吊挂脚手架及安全网应安装牢固；三是在架体提升时，工作人员不能站在爬升的模板或爬架上；四是在浇筑混凝土前，模板组装应检验合格；五是混凝土强度达到2.5 MPa以上方可拆模，遵循"先装后拆，后装先拆"的原则。

高墩翻模施工，施工方应该采取以下技术措施：一是工作平台应和模板连为一体，提升时，起重机应分节分块提升，安装牢固；二是吊装模板时，控制提升和移动速度；三是严禁工作人员攀附在模板上或模板侧的工作平台上。

（5）满堂脚手架现浇箱梁施工安全风险控制技术措施

对于脚手架现浇箱梁施工进行风险控制，施工方应该采取以下技术措施：一是脚手架立杆严禁不同型号的钢管混合使用；二是在搭设前，对脚手架的配件进行严格的进场检查，严禁使用不合格配件；三是在搭设过程中严格按照设计方案进行，根据实际情况确实需要调整时，经技术计算后确定；四是剪刀撑、斜杆等整体拉结杆件应随搭升的脚手架一起及时设置，立杆的接长缝应错开布置；五是施工人员必须戴安全帽、系安全带、穿防滑鞋。

（6）斜拉桥加劲梁施工安全风险控制技术措施

对于斜拉桥加劲梁进行风险控制，施工方应该采取以下技术措施：一是在挂篮行走时，必须保持同步，后端设置保险装置，防止倾覆；二是挂篮平台、支架上严禁堆放重物，特别是翼缘板悬臂端；三是在桥塔施工时严禁向下抛物，需设置安全网；四是在进行预应力张拉时，工作人员严禁站在千斤顶后方，应站在侧面。

（7）斜拉桥转体施工安全风险控制技术措施

对于斜拉桥转体施工进行风险控制，施工方应该采取以下技术措施：一是严禁工作人员酒后或带病作业；二是密切关注天气情况，风力达到5级及以上时，应停止施工，做好高处设备的紧固，防止坠落；三是在转体前，平转场地、设备必须进行试运转。

第三节　山区高速公路桥梁施工安全管理

在建筑施工中，事故的直接原因可以分为两类，即物的不安全状态和人的不安全行为。物的不安全状态是指由于在生产过程中使用的物质、能量等的客观存在而可能导致事故和伤害发生的状态，不包括纯粹由于人的行为导致的物的不安全状态。物的不安全状态是事故发生的根源，如果没有物的不安全状态存在（达到了物的本质安全），则人的行为也就无所谓安全还是不安全。因此，安全生产必须首先解决不安全状态的客体问题。

安全生产技术只解决对象的不安全状态。但是必须承认，科学技术和工程技术是有局限性的，并不能解决所有的问题，其原因一方面可能是科技水平发展不够，另一方面可能是经济上不合算。正因如此，控制、改善人的不安全行为也是十分重要的。控制人的行为一般采用管理的方法，即用管理的强制手段约束被管理者的个性行为，使其符合管理者的需要。综合分析各类型安全事故，导致安全事故发生的因素主要有四个。一是人为因素：施工人员安全意识淡薄，如未戴安全帽、未系安全带、未穿安全鞋等；施工现场安保设备不齐全，如高空作业未设置安全网、防坠网等；未制定紧急事故处理措施，如人员落水急救、人员触电急救等；未设定明显的安全标志，如通航标志和防坠落、防触电标志；未及时进行全面检查，消除安全隐患等。二是物的因素：施工机械故障和技术方案不安全等，如支架等承载力、安全宽度不够等；技术措施不及时，如基坑处理不及时等；施工操作不规范，如清孔排水过快等。三是管理因素：对人员和机械的管理不到位等。四是环境因素：未能及时取得当地水文、气象资料，对大风、洪水、山洪等自然灾害预测不及时；当地百姓强行参运、偷盗器材、无理取闹等，导致阻工甚至群殴。

一、人的安全性控制

在施工过程中，人主要是指操作工人、管理人员、事故现场的在场人员和其他有关人员等。他们的不安全行为是事故的重要致因，具体包括以下内容：一是施工人员安全意识淡薄，如未戴安全帽、未系安全带、未穿安全鞋、危险作业或高速操作、使用不安全设备、用手代替工具进行操作或违章操作等；二是施工现场安保设备不齐全，如高空作业未设置安全网、防坠网等；三是未制定紧急事故处理措施，如人员落水急救、人员触电急救等；四是未设定明显安全标志，如通航标志防坠落、防触电标志；五是未及时进行全面检查，消除安全隐患；六是未经许可进行操作，忽视安全，忽视警告，人为地使安全装置失效等。

在施工现场，受作业环境条件的限制和人为因素的影响，违章指挥、违章作业、违反劳动纪律的现象仍然广泛存在，现场安全隐患未能彻底消除。尽管在实践中已开始重视安全管理，相关部门也采取了相应对策和措施，但施工安全事故仍然频繁发生，从业者安全意识差，自我保护能力差，"三违"现象较为普遍。所以，从人的不安全性角度去研究安全管理，成为解决施工过程中的安全管理问题的重中之重。

安全人机工程学是人机工程学的一个分支，它从安全工程学的观点出发，是为进行系统安全分析、预防伤亡事故和职业病提供人机工程学方面知识的科学体系。据国内外大量的统计，有近80%的事故是由于人为失误造成的。因此，事故及其预防的研究既是安全人机工程学的立足点，也是其根本目的，即研究产生事故的各种人的因素、人的操作失误分析与预防措施等。

（一）施工人员心理特征与安全生产的关系

人是一种社会动物，人的本质是一切社会关系的总和，人的成长是一个社会化的过程。在人的成长过程中，家庭、学校、大群体和小群体、城镇和村庄、国家和民族等因素影响和决定着道德、交际能力、生活哲学等社会心理。对于山区桥梁施工这一类劳动力密集的企业而言，人员混杂，人为因素影响极大。施工方如果有意识地运用心理学进行安全管理，安全状况和企业的生产效益一定会有所提高。

1.群体心理因素

社会是个大群体，而施工人员所在的班组、工作队是小群体。无论群体的规模有多大，群体都有自己的标准，也称为规范。但类似于在社会这个大群体中存在着道德规范与法律条文这两种未明确规定与成文规定，施工现场也存在着非正式规定与正式规定。在桥梁施工过程中，施工人员被分成若干小的班组，选出的工头势必在班组中产生一种"领袖效应"。成文的正式规定，如安全检查制度、安全生产条例等，对于班组的每一个施工人员都具有明确的约束作用。

但正式的规章制度不一定是面面俱到的，要在生产的每一个细节上都到位，那么团队中的"领导角色"就会使施工人员产生一种模仿性、暗示性、服从性等心理因素的制约。这种"领袖作用"在施工过程的每一步施工工序中，看似微不足道，但倘若"领袖作用"在生产中产生消极作用，如违反规程的行为无人反对，或者带头违反规程，就会影响施工，产生安全隐患，甚至是安全事故。

2.不安全心理状态

山区桥梁施工深入崇山峻岭，山区人烟稀少，环境恶劣，给施工人员的生活环境带来了很大的不便，施工环境的恶劣同时会加剧人的心理状态的变化。因此，在山区桥梁施工安全管理工程中，施工方应该更加注重对各种不安全心理状态的关注与管理，力求及时发现这些不安全心理状态，将其消灭在萌芽状态。

（1）侥幸心理

人们对事物的需求和期望总是受到群体效应的影响，在安全事故方面尤其如此。生产中虽有某种危险因素存在，但只要人们充分发挥自己的自卫能力，切断事故链，就不会发生事故，因此事故是小概率事件。有人违章操作也没发生事故，所以就产生了侥幸心理。在研究分析事故案例中，我们可以发现，明知故犯的违章操作占有相当大的比例。例如，机械吊运模板时，起吊后下面不得站人或者有人通过，可是经常有的人看到前面有人安全通过，就抱着侥幸的心理跟随着从模板下面通过，但有时后果却是很严重的。

（2）省能心理

省能心理是人类在长期生活中养成的一种心理习惯。人总是希望以最小能量获得最大效果，这虽有其不断革新的积极一面，但在安全生产上常是造成事故的心理因素。有了这种心理，人们自然就要产生简化作业的行为。省能心理还表现为嫌麻烦、怕费劲、图方便、得过且过的惰性心理。例如，在桥梁施工中，有很多高空作业，在施工过程中施工人员需系安全带，并将安全带上的扣索扣在牢固的脚手架或者固定物上，而在脚手架上行走时，安全带的扣索势必要不断调整以便前行。有些人嫌麻烦，为了省事就不会去固定扣索，这时安全带形同虚设，起不到应有的作用。

（3）逆反心理

在一定条件下，某些个别人在好胜心、好奇心、求知欲、偏见、对抗情绪等心理状态下，产生与常态心理相抗拒的心理状态，偏偏去做不该做的事情。例如，在运转过程中，钢筋切断机的切刀附近可能有断头或者杂物，有的年轻人好奇心强，可能直接用手清除，便会造成危险。

（4）凑兴心理

凑兴心理是社会群体中人们对人际关系的一种心理反应，多见于精力旺盛、能量有余而又缺乏经验的青年人。人们从凑兴中得到心理上的满足或发泄剩余精力，常易导致不理智行为。例如，施工现场一些群殴事件的发生等，都与凑兴心理有关。

（5）从众心理

从众心理是人们在适应群体生活中产生的一种反应，不从众则会感到一种社会精神压力。由于人们具有从众心理，因此不安全的行为和动作很容易被效仿。如果有几个施工人员不遵守安全操作规程而未发生事故，那么同班的其他人也就跟着不按操作规程做，因为，他们怕自己被别人说技术不行、太怕死等。这种从众心理严重地威胁着生产安全。因此，施工方要大力提倡、广泛发动施工人员严格执行安全规章制度，以防从众违章行为的发生。

（二）疲劳与安全管理

事故是生理、心理和生产条件等不良因素综合作用的结果，而不是一个过程。一个事物的发展总是从量变到质变。在事故发生之前，已经准备着事故发生的各种条件，疲劳就是重要条件之一。疲劳是劳动生理的一种正常表现，它起着预防机体过劳的警告作用。因此，为了安全考虑，在安全管理中，施工方必须重视对于疲劳的研究，并设法制止其发展。

1.引起疲劳的原因

疲劳是一系列复杂现象的综合体，既有人的生理和心理因素，又有生产设备的系统因素，还受环境和社会因素的影响。一般有如下几种原因：一是超生理负荷的激烈动作和持久的体力或脑力劳动；二是工作单调；三是环境不良；四是精神因素；五是身体状况不好；六是机械化程度低。山区地形复杂，在桥梁施工过程中，因受地形限制，很多平原区施工可使用的大型的自动化程度高的机械无用武之地。而更多的是以一种人员围绕机械形式进行的半机械化作业，这种劳动形式的事故率高于纯手工作业和高度机械化、自动化作业。作业人员比机械的力气小、动作慢，往往因为用力较大造成疲劳，若奋力强作，力所不及的情况下就容易发生事故。

2.疲劳对人体的不良影响

疲劳会导致心理、生理机能的紊乱，这主要反映在如下几方面：一是注意力的失调。注意力的失调即注意力容易分散、怠慢和少动；或者与之相反，产生杂乱无章、好动和游移不定。二是感觉方面的失调。感觉方面的失调是指参与活动的感觉器官的功能紊乱。比如，如果一个人不间歇地长时间读书，会感到眼前的文字变得模糊不清。再如，手的工作时间过长，会导致触觉和运动知觉敏感性的减弱。三是动觉方面的紊乱。动觉方面的紊乱是指动作节律失调，动作滞缓或者忙乱，动作不准确、不协调，动作自动化程度降低。四是记忆和思维故障。记忆和思维故障是指忘记与工作有关的操作规程，而对与工作无关的东西则熟记不忘，理解能力降低，头脑不够清醒。五是意志衰退。意志衰退是指人的决心、耐性和自我控制能力减退，缺乏坚持不懈的精神。

因此，在山区桥梁施工过程中，安全管理者应定时与现场施工人员、班组组长进行沟通，多做调查分析，关注这些疲劳的不良影响，以便对这些人员提前做出辨别，不致使其在工作中因疲劳过度而导致安全事故的发生。

（三）确保山区桥梁施工安全的对策措施

1.合理利用施工人员心理特征

发生失误及违章操作的种种心理状态非常复杂，详细分析这些心理因素和不安全行为，其根源往往在于社会因素、环境因素、劳动管理以及本人的先天性心理素质。

在山区桥梁施工过程中，受环境的限制和人为因素的影响，种种不安全心理状态将出现多种交织的状态，更可能与环境条件限制产生复合作用，出现更加复杂的不安全心理。因此，施工方应该基于不安全心理进行综合性管理，针对具体环境进行不同的处理和研究，消除不安全心理状态产生的基础。

在山区桥梁施工中，施工方应充分利用群体心理，在安全管理的覆盖范围内划分若干小的管理群体，在群体中培养安全骨干。

在日常管理中，安全管理人员应深入施工队伍，了解现场施工人员的心理状态，及时发现心理发展动向，力求用低额的经济投入，提高安全管理水平。

2.防止过劳

疲劳广泛地发生在各种作业岗位上，机械化、自动化的进步可以消灭许多笨重体力劳动（如利用大型挖土机、钻机代替人力挖掘），从而消除了笨重体力劳动造成的重度疲劳。但是看管监测仪表、计算机作业等又带来精神疲劳。如何减轻疲劳、防止过劳，从而保证施工人员健康更重要地保证安全生产呢？施工方主要采取以下几种方法：一是提高作业机械化和自动化程度，这是减少施工人员、提高劳动生产率、减轻人员疲劳、提高生产安全水平的有力措施；二是合理地确定作业休息制度，根据施工时的劳动强度，在施工过程中插入必要的休息时间；三是根据工作强度、工作方式合理设计休息方式；四是尽可能减少轮班工作制度，轮班工作后，给予施工人员充分的休息时间；五是开展健康有益、丰富多彩的文化娱乐和体育活动，以利于施工人员消除疲劳，增进身心健康，培养高尚的情操；六是开展技术教育和培训，提高施工人员技术的熟练程度，减少工作中的疲劳程度。

3.加强操作人员培训

安全生产中人的因素是第一位，由于违反操作规程而发生的机械事故和人身伤亡事故占80%以上，往往操作人员在关键危急时刻的临时处置正确与否，关系到群体的生死、巨额财产的存毁。因此，施工方做好操作人员的安全培训工作就能最大限度防止事故的发生。

针对所操作机械设备的特点、难度大小、技术含量、作业环境选择合适的操作人员。技术含量高、结构复杂的机械设备应选择文化水平高的专业人才，以便容易掌握设备结构性能，实施安全操作。操作人员应具备良好的职业道德，爱岗敬业，应具有较强的安全意识和自我保护意识，心理稳定，身体素质好。施工方应该对操作人员听力、观察力以及对外界的反应能力进行考核测试，选择的操作人员必须在复杂的环境下具有良好的适应性、应变性。

人员培训包括作业技能的培训与人员的安全教育培训。人员的培训教育工作要做到有计划、有部署、有检查、有考核、有针对性：一要抓好施工项目机械操作人员的准入关，将上岗前的三级安全教育工作做到位；二是编制相应的安全生产知识与安全操作规程手册，发给现场的每一位作业人员；三是做好机械设备管理人员的安全培训工作。同时，对相关人员的安全教育培训工作应树立"全员安全教育培训"的理念。无论什么人，只要直接或间接地参与机械设备相关生产活动，就必须接受安全教育培训，上至领导，下到一般工作人员，甚至包括生产者的家属，要让他们知道所从事的生产劳动其安全的重要性和应具备的防护意识、自我保护意识和自我保护方法，让他们从思想上认识到安全的重要性，从而从源头上控制机械设备安全事故的发生。上岗人员培训计划可加入如下安全教育：结构原理性能培训教育；操作规程及保修规程教育；劳动法律、法规、条例教育；特种设备及特种作业管理教育；典型经验宣传教育及家庭安全教育；等等。

操作人员培训后应经劳动部门或有关部门考核颁发证书后，方可上岗操作。坚决杜绝无证作业和持超过复审期的作业证件操作机械，同时，对于那些虽然持有机械设备操作证件，但已经连续六个月以上没有从事过本机械操作的人员，单位要对其进行上岗前的再培训。

项目部应与操作人员签订安全管理合同并与经济挂钩，明确责任和义务，制定服务承诺与奖罚措施，使操作人员具有安全风险意识，才能有的放矢地避免事故的发生。安全责任合同应依据《安全生产法》《劳动法》及有关法规和本单位的管理制度签订。

二、物的安全性控制

所谓物，包括原料、燃料、动力、设备、工具、成品、半成品等。物都具有不同形式、性质的能量，有出现能量意外释放引发事故的可能性。

物的不安全状态有以下几种情况：一是设备和装置结构不良，材料强度不够，零部件磨损和老化；二是存在危险物和有害物，安全防护装置失灵；三是缺乏防护用具或防护用具有缺陷；四是物质的堆放、整理有缺陷等。在施工过程中，物的不安全状态极易出现。物的不安全状态是构成事故的物质基础，构成生产中的隐患和危险源。物的不安全状态的运动轨迹，一旦与人的不安全行为的运动轨迹交叉，就是发生事故的时间和空间。因此，施工方应正确判断物的具体不安全状态，控制其发展，并预防、减轻或消除事故。

（一）机械设备的正确选用与保养

任何一种机械设备由于自身的性能、结构等特性，都有一定的使用技术要求。如能严格地按规定合理使用机械，就能充分发挥机械效率，降低使用成本，减少机械磨损，延长使用寿命。因此，在安排施工生产任务时，施工方要使工程项目与机械设备的使用规范相适应，防止大机小用、"小马拉大车"等不合理使用现象的发生。

对于机械设备的保养，机械设备管理部门应该做到以下几点：一是做到提前、及时掌握各个施工项目工程进度与机械设备方面信息，安排好机械设备使用过程中的二次保养维护工作，解决好使用与保养的矛盾冲突；二是运用计算机辅助管理，控制机械设备一、二级维护，落实专业机修人员到施工现场按工艺流程规范维护保养，现场机械操作人员应积极做好配合、督促、监督；三是规范操作人员职业道德规范的"五个到"，即"身到、眼到、手到、心到、情到"，其中"眼到"就是要认真按规范仔细做到设备状况"一日三查"，"手到"就是要对设备勤保养、勤润滑、谨慎操作。

施工机械的日常检查对机械的正常使用非常重要，可以及时发现安全隐患，及时排除，避免大的故障发生。不定期抽查可以进行专项检查，是对定期安全大检查有益的补充。

（二）老旧设备的淘汰

随着施工任务的增多，机械设备使用时间的增多，机械设备的使用寿命越来越短。这时就要及时地引进新设备，淘汰旧设备。

属于下列情况之一的施工机械设备、施工机具和配件，必须予以淘汰报废：一是国家和有关部门规定应淘汰的，已到使用年限，折旧后技术性能已达不到国家规定和安全操作规程要求的；二是存在严重事故隐患，因事故等原因设备主要结构性能损坏严重，无修复可能或修复费用超过更新设备价60%的；三是磨损严重，基础部件已损坏，再进行维修不能达到使用安全要求的；四是能耗高、功率低、污染严重、经济效益差，技术改造又不经济的机械设备。

（三）特种设备的安全检测

特种设备就是与人身安全、财产安全、人体健康密切相关的承压和载人设备的总称，在生产过程中，比一般性生产设备具有更大的潜在危险性。由于特种设备属于危险性较大的设备，易发生事故，造成操作者本人或他人伤害以及机械设备、公共设施等重大的财产损失，为保证其正常运行必须进行定期和巡回检测检验，以避免机械事故的发生，保障生产安全和生命安全。

特种设备必须经技术检测部门检测合格取得合格证后才能投入使用，对未取得检测合格证的特种设备应立即停止使用，需要继续使用的必须立即进行检测，取得合格证后才能继续投入使用，不合格的清退出场。对那些已经超过使用期限又无法检测合格的设备强制报废。

总之，机械设备的安全管理是一个复杂的综合性课题，除了把好管、用、养、修关之外，还必须做到领导重视，各级机械管理人员、机械操作人员、维修人员及相关配合人员之间责任明确，做到有章可循、有据可查、记录清晰，有人操作、有人监督、奖惩分明，专管与群管相结合，并注重强化操作人员的安全意识，提高业务素质和技术水平，使用、维护、保养严格按规程办事；只要持之以恒，常抓不懈，保持居安思危的忧患意识，真正做到"预防为主"，就一定能够杜绝重大机械设备事故的发生，保障机械设备安全优质高效地为我们的施工生产服务。

三、管理的安全性控制

管理的原因即事故产生的间接原因，是事故的直接原因得以存在的条件。它包括的情况有：技术缺陷，指工艺流程、操作方法存在问题；劳动组织不合理；对现场工作缺乏检查指导，或检查指导错误，没有安全操作规章或安全操作规章不健全，挪用安全措施经费，不认真实施事故防范措施，对安全隐患整改不力；教育培训力度不够；等等。为了达到安全管理的目标，进行安全管理的主要手段可以概括为以下四种方式：

第一，法律手段。这是指国家通过法律来规范施工安全管理活动，体现国家的意志，保证施工安全管理目标的实现，包括制定法律和制度以及确保法律和制度得到执行和遵守两个方面。法制健全与否的标志，不仅取决于是否有完备的法律和制度，从根本上，还取决于这些法律和制度在现实生活中是否真正得到遵守和执行。

第二，经济手段。这是指政府根据施工安全的经济属性和经济规律，运用价格、信贷、税费等经济杠杆来达到和促进建筑安全目标的各种具体方式的总称。目前在世界范围内应用较广和较成熟的经济手段是职业伤害保险制度。

第三，文化手段。安全文化是指对安全的理解和态度或是处理与风险相关问题的模式和规则。从社会层面看，它指对人的生命的尊重，对人的价值的评价和对事故的恐惧；从企业层面看，它指一个组织对于安全和健康的价值观、期望、行为模式和准则；从个人层面看，它指对他人、对家庭和对自身生命的责任感和价值观。

第四，科技手段。桥梁施工安全科学和技术的进步可以提高政府安全管理的效率和效果，从而更有效地控制建设过程中发生损害的可能性。科技手段是指能够带来安全水平提高的各种科学和技术的综合措施。

四、环境的安全性控制

不安全的环境是引发安全事故的物质基础，是事故的直接原因。通常指的是：自然环境异常，即岩石、地质、水文、气象等的恶劣变异；生产环境不良，即照明、温度、湿度、通风、采光、噪声、振动、空气质量、颜色等方面的缺陷。

（一）环境因素控制管理的过程

对有害环境因素的管理通常由环境因素识别、环境影响评价、环境影响对策决策、实施决策、检查改进五个基本环节构成。同时，在建设工程项目施工过程中应根据法律法规与标准规范、施工方案、施工工艺、相关方要求与投诉的变化等进行补充和完善。因此，施工现场的环境因素控制管理是一个不断动态循环、持续改进的过程。

（二）环境因素控制管理的要点

相关实践表明，采光照明、色彩标志、环境温度和现场环境对施工安全的影响不能低估。

1.采光照明问题

施工现场的采光照明，既要保证生产正常进行，又要减少人的疲劳和不舒适感，还应注意视觉暗、明适应的生理反应。这是因为当光照条件改变时，眼睛需要通过一定的生理过程对光的强度进行适应，方能获得清晰的视觉。所以，当由强光现场进入暗环境，或由暗环境进入强光现场时，均需经过一定时间，使眼睛逐渐适应光照强度的改变，然后才能正常工作。因此，应让劳动者懂得这一生理现象，当光照强度产生极大变化时做短暂停留，在黑暗场所加强人工照明，在耀眼强光下操作戴上墨镜，则可减少事故的发生。

2.色彩标志问题

色彩标志可提高人的辨别能力，控制人的心理，减少工作差错和人的疲劳。红色，在人的心理定式中标志危险、警告或停止；绿色，使人感到凉爽、舒适、轻松、宁静，能调节人的视力，消除炎热、高温时烦躁不安的心理；白色，给人整洁清新的感觉，有利于观察、检查缺陷，消除隐患；红白相间，则对比强烈，分外醒目。所以，根据不同的环境采用不同的色彩标志，如用红色警告牌、绿色安全网、白色安全带、红白相间的栏杆等，都能有效地预防事故。

3.环境温度问题

环境温度接近体温时，人体热量难以散发就会感到不适、头昏、气喘，活动稳定性差，手脑配合失调，对突发情况缺乏应变能力，在高温环境、高处作业时，就可能导致安全事故；反之，处于低温环境时，人体散热量大，手脚冻僵，动作灵活性、稳定性差，也易导致事故发生。

4.现场环境问题

现场布置杂乱无序，视线不畅，沟渠纵横，交通阻塞，机械无防护装置，电器无漏电保护，粉尘飞扬，噪声刺耳等，会使劳动者生理、心理难以承受，当其生理、心理不能满足操作要求时，则必然诱发事故。

第十章　道路路基施工技术

第一节　路基的组成与作用

一、路基的基本要求

路基是指路面基础，使路面支撑结构物有足够的强度、稳定性抵御外界力量，为道路基础统称。路基是道路的重要组成部分之一，它既是道路的主体，又是路面的基础。作为路面的支承结构，路基与路面共同承受交通荷载的作用。在结构形式上，路基比较简单，但受地形、地质、水文和气候等自然因素的影响十分巨大。如果设计和施工不当，路基本身容易产生各种各样的病害，导致路面破坏，进而影响交通和行车安全。路基具有以下几个重要特点：一是工程量大；二是投资大；三是占地面积大；四是使用劳动力多；五是施工工期长；六是施工中受气候影响大。路基设计的主要内容包括以下两个方面：一方面是确定路基宽度及横断面几何尺寸；另一方面是结合平纵面设计确定路拱横坡、超高等。对于路基，我们应该遵守以下基本要求：

第一，路基是道路的基本结构物。设计者应根据使用要求和当地自然条件（包括地质、水文和材料情况等）并结合施工方案进行设计，这样既能满足应有的强度和稳定性，又能符合经济性的要求。

第二，位于路面下的那部分路基，必须有足够的强度、抗变形能力（刚度）和水稳性。水稳性是指强度和刚度在自然因素（主要是水温状况）影响下的变化幅度。土基具有足够的强度、刚度和水稳性，就可以减轻路面的负担，从而减薄路面的厚度，改善路面使用状况。

第三，对于影响路基强度和稳定的地面水和地下水，我们必须采取拦截或排出路基以外的措施，并结合路面排水，做好综合排水设计，形成完整的排水系统。

第四，对于通过特殊地质、水文条件地带的路基，设计者应进行特殊设计。

第五，对于土石方数量较大的，在取土和弃土时，应符合环保要求，宜对取土坑、弃土堆加以处理，减少弃土侵占耕地，防止水土流失。

二、路基的基本组成

（一）路基横断面与几何尺寸组成

宽度、高度和边坡坡度是路基的主要几何尺寸。路基宽度取决于公路技术等级；路基高度（包括路中心线的挖填深度，路基两侧的边坡高度）取决于纵坡设计及沿线地形；路基边坡坡度取决于地质、水文条件，并由边坡稳定性和横断面经济性等因素比较选定。就路基稳定性和横断面经济性的要求而论，路基的边坡坡度及相应的稳定性措施是路基设计的主要内容。

（二）路基结构的基本组成部分

路基主要是由土、石材料在原地面上填筑或开挖而成的，结构十分简单。由于地形的变化和填挖高度的不同，使得路基横断面也各不相同。路基结构断面主要有三种典型形式，即路堤（填方路基）、路堑（挖方路基）和填挖结合路基（半挖半填）。

1.路堤（填方路基）

路堤有几种常见的横截面，其中填筑高度在1 m以下为低路堤，1～18 m（土质）或1～20m（石质）为一般路堤，高于18m（或20m）为高路堤。确定路基边坡坡度是路基设计的基本任务。公路路基边坡坡度，习惯用边坡高度h与边坡宽度b之比值来表示。为了方便起见，通常将高度差取为1，相对的水平距离是几，这个坡度就是1比几，如1：0.5，1：1.5。边坡坡度的大小关系到边坡稳定和工程造价，边坡越陡，稳定性越差；边坡越缓，土石方数量越大，造价升高，且受水冲刷面积也大，有时反而不利。因此，在确定边坡坡度时，要权衡利弊，力求合理。

（1）填土路基边坡

路堤的边坡坡度，在路堤基底情况良好时，结合已成公路的实践经验确定。填方高度大于8～12m的一般路基，边坡坡度要相应放缓。地面横坡较陡时，填方有可能沿山坡下滑。为减少占地宽度，可设置石砌坡脚，若路堤为开挖水渠填筑而成，则水渠与路堤之间设置1～2m的平台作为护坡道。护坡道应高出水渠的设计水位加浪高，再加0.5m。沿河路堤受水浸淹部分的边坡应采用1：2，并视水流等情况采取边坡加固措施。

（2）填石路基边坡

所谓的填石路基边坡，是指在岩石地段的半填路基或跨越深沟的路堤，通常利用挖方路基的石料进行填筑。浸水路基的受水淹部分，可用开山石料或天然石料（漂石、砾石）进行填筑。当石料不足时，也可在路基外部填石，内部填土，并在填石部分与填土部分的结合面设置反滤层，以防止填土流失，影响路基稳定。填石路基的坡面应采用大于20cm的石块码砌，坡度可采用1∶1。

2.路堑（挖方路基）

路堑开挖后破坏了原地层的天然平衡状态，其稳定性主要取决于地质水文条件、坡深和坡陡。当地质条件较差（如岩层倾向边坡、岩性软弱极易风化、岩石破碎或为土夹石等）、水文状况不利（如地层含有地下水，当地暴雨量集中或地面排水不易等）时，如开挖较深路堑，则边坡稳定性较低，路基的后遗病害较多。所以在设计深路堑时，我们需要根据地质及水文条件，选用合适的边坡坡度，并且可以自下而上逐层放缓而成折线形边坡。陡峻山坡上的半路堑、路中线宜向内移动，尽量采用台口式路基，避免路基外侧的少量填方。遇有整体性的坚硬岩层，为节省石方工程，有时可采用半山洞路基。但要确保安全可靠，不得滥用，免成后患。

路堑或挖方路基边坡的稳定性主要和当地的工程地质、水文地质和地面排水条件及施工方法有关。除此以外，气候、地貌等因素对其稳定性也有很大影响。设计者应结合上述因素，参考当地稳定的自然山坡和人工边坡（已建成道路的边坡）坡度等，论证确定路堑边坡。当路堑边坡为均质或薄层互层且高度不大时，宜采用直线形边坡；当边坡较高或由多层土组成，宜采用折线形边坡；若边坡由多层土组成且很高，或是易风化的软质岩石边坡及松散粗粒土类边坡，宜采用台阶式边坡。

土质路堑边坡：土质（包括粗粒土）路堑边坡应根据边坡高度、土的密实程度、地下水和地面水的情况、土的成因及生成年代等因素来确定。一般土质边坡的挖方高度不宜超过30m。岩石路堑边坡：岩石挖方边坡坡度应根据岩性、地质构造、岩石的风化破碎程度、边坡高度、地下水、地面水的情况及施工方法等因素综合分析确定。应特别注意岩体中的构造面（层理、节理、片理、不整合面、断层等）的情况，构造面往往成为控制边坡坡度的主要因素。挖方边坡高度超过30m时，其边坡坡度应根据现场情况，调查附近天然山坡及人工边坡的状况后，论证确定。对于采用大爆破施工及地震烈度较高的路段，应适当放缓边坡。

3.填挖结合路基（半挖半填）

位于山坡上的路基，通常采用路中心线的设计标高即原地面标高，其目的为减少土石方数量，避免高填深挖和保持土石方数量的横向挖填平衡，即形成挖填结合的路基横断面。如果山坡比较平缓，路中心线的挖填很小，路基全宽将形成半挖半填的横断面，事实上，山坡并非平整，路中心线标高受纵坡设计制约，任一横断面的挖填比例随着山坡横坡度大小不同，变化很大。基于路基稳定性需要，较陡山坡上的路基宁挖勿填或多挖少填；

在陡峭山坡上，尤其是沿溪路线，为减少石方的开挖数量，避免大量废方堵塞溪流，有时又需要少挖多填。因此，挖填结合的路基，兼有路堤和路堑的设置要求，在选定路线和线形设计时，应予统一安排，进行路线的平、纵、横综合设计，权衡利弊，择优而定。

三、路基的排水作用

路基排水包括地面水和地下水两方面。

（一）去除地表水

地表水的来源是降雨。为了防止降雨冲毁路肩和边坡，必须做好地面水的排除工作。地面排水系统包括边沟、切沟和排水沟。

1.边沟

沿路堑或路堤设置侧沟，以排除路面、路肩、边坡以及路基附近地面降雨径流。边沟的横断面多为梯形，在石质路堑边沟也可做成三角形或矩形。梯形边沟的底宽和沟深均不小于0.4m。边沟纵坡一般不小于0.5%，特殊情况可小于0.3%。

2.截水沟

在坡面上开挖路基边坡，大致与公路平行，开挖截水沟（又称天沟），截住山坡流水，保护挖方边坡不受水流冲刷。土质边坡的天沟距挖方距离d要大于6m，并利用挖沟土方，修筑水平台。截水沟一般用梯形断面，底宽不小于0.5m。沟深视流量而定，也不宜小于0.5m。边坡1：1～1：1.5。其纵坡最小0.3%～0.5%，也不宜超过3%，以1%为宜。在出水口处，纵坡加大，必要时设跌水或急流槽，将水泄入排水沟。在山坡路堤内侧设置截水沟，截住山坡来水，以防侵蚀路基。这种截水沟相当于边沟，应开挖在原山坡上，并用挖土机填成单向倾斜2%的土台。

3.排水沟

在有边沟和截流沟的地段，每隔500m（雨区300m）设置排水沟，边沟和截流沟将水排入涵洞、桥下或河流中。排水沟断面大小是由排水沟排水量决定的。

（二）地下水排除

当地水位过高或毛细水侵蚀路基或地下水流、泉水侵蚀路基时，则必须降低地下水位或截留地下水，清除泉水，保护路基。

降低地下水位：当地下水埋藏较浅，通常用明沟排除，明沟多用梯形断面；当地下水埋藏较深，则可在明沟底下开挖矩形沟槽，内填透水料（如砂、砾石、排水管等）构成渗沟，以降低地下水位。

拦截潜流：当地层中有潜水流向路堤，则需修拦截潜流的渗沟。

排出潜流：这种渗沟需通到堤外的排水沟，将潜流顺畅排出。

排出泉水：用暗沟将泉水引出路基排入边沟。

（三）排水系统的总体规划

路基排水有地面水与地下水。做排水设计时必须综合考虑、全面规划，组成一个整体的排水系统，主要有两点：一是排水必须有出路。按边沟的水流入排水沟，排水沟的水流入涵洞、桥下或河沟中，在平面图上构成排水系统；二是水流要通畅。按照排水系统各级排水沟的纵向坡降的要求，在纵断面上规划设计各级排水沟的进出口的高程。根据以上要点，规划好排水系统后，再设计边沟、截水沟、排水沟的断面尺寸。

第二节　软土地基处理技术

软土地基是一种常见的地基形式，施工中经常遇到，由于其承载力较低且不稳定，使得地基的变形过大，常需要进行处理。在实际工程中，深层搅拌水泥桩、真空预压排水法、强夯法等几种典型的地基处理方法经常被使用，给出了常见地基处理的施工方法。

一、软土的工程特性

（一）软土的概念

一般情况下，软土是指在静力或缓慢流水环境中以细颗粒为主的近代沉积物，其直径小于0.1mm的颗粒一般占土样重量的50%以上。这类土的物理特性大部分是饱和的，含有机质，天然含水量大于液限，天然孔隙比大于1。当天然孔隙比大于1.5时，称为淤泥，天然孔隙比大于1而小于1.5时，则称为淤泥质土。工程上将淤泥、淤泥质土、泥炭、泥炭质土、杂填土、冲填土和饱和含水黏性土统称为软土。软土地层还包括软土与沙土、碎石土、角砾土和块土等形成的互层。因此，软土地层还可包括除岩石以外的所有含有软弱土层的地层。

（二）软土成因

软土是在静水或慢流、缺氧、有机质较多的条件下形成的，往往与泥炭和粉沙交错沉积。大部分形成于中晚全新世，也有软土层埋藏在密实的硬土层之下，生成期较早。但总的说来，在各种土中，软土是较年轻的沉积物，甚至还有欠固结的软土在继续沉积。软土地基指以软土为主，与粉砂、泥炭等一些其他土层相间组成的地基，当然也存在厚度几十米、上百米而土质较均匀的软土地基。软土地基主要指自然界力生成的地基，有时也包括弃土、吹填土及滨海围涂造地或山间填土地区的地基。

（三）软土的分布及其对路基的不利影响

软土地基在我国公布很广，大都成形于天然，如第四纪沉积物等。在我国南方地区，江河湖泊、稻田、沼泽等处，往往成为工程的软地基。以软土作为建筑物的地基是十分不利的，它可造成构造物不同程度的破坏，严重者不但影响使用，甚至造成建筑物的彻底报废。由于软土的强度很低，承载力不足，不能承受较大的建筑物荷载，所以可能出现地基的局部破坏乃至整体滑动，开挖较深的基坑时，就可能出现基坑的隆起和坑壁的失稳现象。由于软土的压缩性较高，建筑物增加的沉降和不均匀沉降是比较大的，对于一般4~7层的砌体承重结构房屋，最终沉降为0.2~0.5m。著名的意大利比萨斜塔，建筑已数百年，塔身完好无损，但严重倾斜，就是地基不均匀沉降所致，且至今无好的解决方法。

公路是一种特殊的人工建筑，它同时承受动、静载两种荷载，由于其具有分布较广、使用要求较高等工程特点，因而对地基有较高的要求。与此同时，公路不可避免地要经过大量的软土地质地区，对软基处理不当，将会使路基沉降过大，导致路堤失稳，路面开裂；桥台与路基的沉降不同而产生桥头错台；路的中心沉降过大引起涵管弯曲和路基路面横坡变小等问题，严重者甚至彻底破坏。因此，从高质量、高标准的使用要求出发，可行、合理地处理好软土地基，已经成为公路建设必不可少的一个环节。

二、软土的固结

在实际工程中，地基土的压缩、建筑物的沉降及稳定性，均与时间有关。土体的超静孔隙水压力逐渐减小，土体内部渗水和体积逐渐减小，这种现象称为土壤的"固结"。土体固结时消散的超静孔隙水压力，可以是地面或基础底面荷载作用下产生的，还可以是地基加固施工残留下来的。当地基土体渗透性较差时，这种超静孔隙水压力在施工结束时仍将部分残留下来，尽管地基无外荷载作用，残留的孔隙水压力仍会影响地基的变形及稳定性。随着土体的固结，土体的变形和强度逐渐增加。工程中常应用固结过程的这种特性通过排水固结法对软土地基进行改良，达到提高地基承载力的目的。主要根据软土的特性，从饱和软土和非饱和软土这两方面来研究软土的固结。

（一）饱和软土的固结

按照固结的类型，饱和软土的固结主要分为：初级固结、次级固结、再固结、超固结四大类。

1.饱和软土的初级固结与次级固结

在固结实验中，人们发现当超孔隙水压力消散后，试样的变形随时间发展而继续增大，这一现象称为次级固结，变形称为次级固结变形。对应于次级固结，将孔隙水压力消散土体固结过程称为初级固结。

次级固结系数的影响因素很多，它与黏土矿物成分和物理化学环境有关。次级固结变形在总变形中的比例并非常数，它与荷载增量比有关，荷载增量比越大，其比值越小。次级固结沉降占总沉降量的比例随着土的工程性质不同而异，差别比较大。

2.饱和软土的再固结

由于软土地基渗透性较差，动荷载作用下引起的孔隙水压力很难在短时间内消散。饱和软土在静荷载作用下固结稳定，然后在动荷载作用下孔压升高，随后消散，这一过程称为土的再固结。这一现象在工程中并不少见。如打桩引起孔隙水压力并导致地基沉降，公路软基在长期运行条件下的变形可能也与此有关。一般认为，饱和软土在沉积过程中大多数形成结构性较强的片架结构，土颗粒之间多以"边—边、边—面"方式连接。在静荷载作用后，外荷由土骨架来承担，达到应力平衡。但这种平衡只是一种"暂态稳定"状态。在动荷载作用下，土骨架结构部分遭到破坏，这种平衡随之被打破，原来由土骨架承担的荷载部分传给孔隙水压力，引起孔压上升，有效应力减小，在排水条件下孔压消散，土骨架形成比先前更为稳定的状态。经多次作用，土颗粒的排列趋于一种超稳定的状态，抵抗外荷载的能力也将大大增强，表现出较强的超固结特性。

3.饱和软土的超固结

工程中的地基土有的本身具有超固结性，正常固结的软土在冲击荷载作用后再固结，土体表现为较强的似超固结性状，后续的冲击荷载实质上相当于对超固结土的作用。且随冲击遍数增加，似超固结比也越大。相关研究学者通过实验指出，似超固结土和超固结土具有类似的性质。

（二）非饱和软土的固结

在荷载作用下，非饱和土的固结的机理与饱与土在荷载作用下的固结机理存在显著的差别。非饱和土中气体具有很高的压缩性，在固结过程中，土中水和气会发生相互作用，非饱和土要涉及两种介质的渗透性，并且两者都与土的含水量和吸力密切相关。非饱和土的渗透性受土的结构性影响相当显著。这些使非饱和土的固结过程非常复杂。通常，把非饱和土在荷载及其周围环境共同作用下，同时考虑孔隙蒸汽、水、空气、热运动与土骨架变形的耦合问题称为非饱和土广义固结问题。

非饱和土的广义固结问题可分为以下两类：一类是外加荷载作用下的压密变形；另一类是外加荷载和渗入共同作用下的湿陷变形或湿胀变形，或外加荷载和蒸发共同作用下的干缩变形。非饱和土在荷载作用下的压密变形包含三部分：荷载作用下孔隙气体的压缩而产生的压密变形；孔隙气压力和孔隙水压力消散而产生的消散固结变形；土骨架蠕变而产生的蠕变变形。

三、软土地基的处理方法

（一）软土地基处理方法存在的主要问题

目前，软土地基处理方法有几十种，有的技术已比较成熟，在实践工程中得到广泛运用；有的处理技术还不是很成熟，工程施工处在探索阶段；有的处理方法还处在技术研究阶段，还没在实践工程中加以运用。地基处理技术发展不可避免地存在一些问题有待继续研究，一般主要存在以下问题：

第一，未能因地制宜地选择地基处理方法，在合理选用地基处理方法方面有时存在一定的盲目性。例如，饱和软黏土地基不适宜采用振密、挤密法加固。根据工程地质条件和地基加固原理，因地制宜合理选用处理方法特别重要。在这方面，现在的问题是对几个技术上可行方案进行比较、优化不够。采用的不是较好的方法，更不是最好的方法。有时工程问题是解决了，但需要更多的金钱和时间。

第二，不能正确评价每一种地基处理方法的适用性。人人都承认每种地基处理方法都有一定的适用范围，但遇到具体问题就会盲目扩大其应用范围，施工单位应多加注意。

第三，施工单位的质量差，影响了地基处理的质量。近年来，地基处理施工队伍的快速膨胀，造成绝大多数施工队伍缺乏必要的技术培训，熟练技术工人缺乏是普遍现象。除此之外，还存在偷工减料现象。其他地基处理方或多或少也存在类似问题。

第四，施工机械质量差，影响地基处理的水平和质量。近几十年来，我国地基处理施工机械发展很快，许多已形成系列化产品。但应看到现在的发展与我国工程建设需要相比较，差距还很大。以深层搅拌法为例，不能很好保证施工质量不仅与施工单位素质有关，也与目前应用的施工机械水平有关。简陋的机械很难保持稳定良好的施工质量。

第五，地基处理理论落后于实践。从"实践—理论—再实践"的角度看，实践先于理论是一般规律，对土木工程更是如此。但重视理论研究，用理论指导实践也是很重要的。对地基处理各种工法及一般理论缺乏深入系统的研究也是发展中存在的问题之一。

（二）软土地基的常见处理方法

由于软土具有含水量高、透水性差、压缩性大、强度低和变形稳定所需时间长等工程特性，一般不能直接作为天然地基使用，需经过加固处理以减小道路路基在荷载作用下引起的沉降或不均匀沉降。路基沉降是导致路基变形、破坏的主要原因，因此对软土地基处理恰当与否，不仅影响工程的投资，而且将直接影响道路的使用性能和工程质量。对软土地基的处理对策很多，但不管采用何种方法，处理后的地基必须满足强度、变形、动力稳定性和透水性要求，从而达到减小道路路基在荷载作用下引起的沉降或不均匀沉降的目的。软土路基处理方法较多，分类也各有不同，软土地基的常见处理方法如下：

1.表层处理法

（1）表层排水法

表层排水法是在路基填筑前，在地面开挖水沟，以排除地表水，同时降低地基表层的含水量，确保施工机械的作业条件，为了使开挖水沟在施工中发挥盲沟作用，常用透水性良好的砂砾回填。水沟布设应全面考虑地形与土质情况，使排水畅通。在路堤填筑前，施工人员宜用砂砾回填成盲沟，若埋设孔管，必须用良好的过滤材料加以保护。

（2）砂垫层法

砂垫层法是在软土地基顶面铺设厚度为0.6～1.0m的砂垫层（具体厚度视路堤高度、软土层厚度及压缩性而定，太厚施工困难，太薄效果差）作为软土层固结所需要的上部排水层，以加速沉降、缩短固结过程的方法。砂垫层可作为路堤内的地下排水层，以降低堤内水位，改善施工时重型机械的作业条件。砂垫层法具有施工简单，不需要特殊机具设备等特点。砂垫层法主要适用于以下情况：一是路堤高度小于2倍极限高度。二是软土表面无透水性差的硬壳。三是软土层不很厚，或具有双面排水条件的情况。四是当地有砂，且运距不太远，施工期限不甚紧迫的工程。五是采用砂垫层，宜采用中砂及粗砂，要求级配良好。六是砂垫层一般用自卸汽车及推土机配合摊铺，摊铺应均匀，注意不要有很大的集中载荷作用。七是当路堤为粉土类土，透水性不好时，路堤坡脚附近砂垫层被路堤覆盖，可能会阻碍侧向排水，必须注意做好砂垫层端部的处理。八是在路堤的填筑过程中，填筑的速度要合理安排，使加载的速率与地基承载力增加的速率相适应，以保证地基在路堤填筑过程中不发生破坏。九是通常可利用埋设在路堤中线的地面沉降板以及布置在路堤坡脚的位移边桩进行施工观测，随时掌握地基在路堤填筑过程中的变形情况和发展趋势，借以判断地基是否稳定，从而控制填土的速度。

（3）稳固剂表层处治法

稳固剂表层处治法是用生石灰、熟石灰、水泥及土壤离子稳固剂等稳定材料，掺入软弱的表层地基土中，改善地基的压缩性和强度特性，保证机械作业条件，提高路堤填土的稳定及压实效果。软土地基表层处治法施工工艺与稳定土类路面基层的施工工艺基本相同。采用平地机路拌法施工时，应符合以下要求：一是施工前需将软土排水晾干，以防止机械陷入土中，工地存放的水泥、石灰不可太多，以够1天使用为宜，最多不宜超过3天使用量，要做好防水、防潮措施。二是软土地基表层处理厚度应根据软土的物理力学性质而定，一般为30~60cm，过薄效果差，过厚不经济。三是压实与养生是表层处治法的两个关键环节，用水泥、熟石灰或离子稳固剂稳定处治土，应在最后一次拌和后立即压实；生石灰稳定土，必须在拌和时初辗轧，生石灰水解结束后再次辗轧。四是压实后若能获得足够的强度，可不必进行专门养生，但由于土质与施工条件不同，处治土强度增长不均衡，则应做好一周时间的养生。

2.固结法

固结法又称为动力固结法或动力压实法。这种方法是反复将重槌（一般为10~40t）提到高处使其自由落下（一般落距为10~40m）夯击地基，从而使地基的强度提高、压缩性降低的方法。固结法由于具有加固效果好、适用土类广、设备简单、施工方便、节省劳力、施工期短、节约材料、施工文明和施工费用低等优点，很快就传播到世界各地。

固结法适用于处理碎石土、沙土、粉土、黏性土、杂填土和素填土等地基，它不仅能提高地基的强度、降低其压缩性，还能改善其抗振动液化的能力和消除土的湿陷性，所以还常用于处理可液化沙土地基和湿陷性黄土地基等。固结法对于饱和度较高的黏性土，一般来说处理效果不显著，尤其是淤泥和淤泥质土地基，处理效果更差。因此对于淤泥质土地基应谨慎选用或采取其他方法。

固结法的加固原理：固结法处理软土地基是利用重物自由落下产生的冲击波使地基密实，这种冲击引起的振动在土中是以波的形式向地下传播的。固结法的加固机理：当固结法应用于非饱和土时，压密过程基本上同实验室中击实法（普罗克特击实法）相同；对于饱和无黏性土，夯击过程中，土体可能会产生液化，其致密过程与爆破和振动压密过程相似；对于饱和细粒黏土的效果尚不明确，成功和失败的例子均有报道，对于这类饱和的细颗粒土，要求破坏土的结构、产生超孔隙水压力以及通过裂隙形成排水通道。

固结法的适用条件：一是固结法同其他软土地基处理技术一样，也有一定的适用范围和特殊要求。二是从国内外工程实践经验看，固结法加固软土地基的一个关键性问题就是土的粒径、土层特性及其含水量。三是一般认为固结法目前除了对厚层淤泥质和淤泥不适用外，对其他类型的软土强夯效果还是比较好的。四是从土的性质分析，软土强夯效果取决于地基土的含水量、粒径级配及孔隙比的大小。五是软土的土层性质也很重要。固结法适用于处理碎石土、沙土、低饱和度的粉土与黏性土、湿陷性黄土、杂填土和素填土等地基，当采用在夯坑内回填块石、碎石或其他粗颗粒材料进行强夯置换时，应通过现场试验确定其适用性。六是采用固结法处理软土地基，其加固效果决定于地基土的渗透性，所以必须设立排水通道。因此在强夯时，为了取得更好的效果，根据软土的物理力学性质，施工人员可以采用综合加固方法进行，但是此种方法费用较高，对路基大面积采用得不偿失。

3.换填法的应用

（1）换填法的加固机理

换填法就是将基础地面以下不太深的一定范围内的软弱土层挖去，然后以质地坚硬、强度较高、性能稳定、具有抗侵蚀性的砂、碎石、卵石、灰土、素土、煤渣、矿渣等材料分层充填，并同时以人工或机械方法分层压、夯、振动，使之达到要求的密实度，从而成为良好的人工地基。当地基软弱土层较薄，而且上部荷载不大时，换填法也可直接以人工或机械方法（填料或石填料）进行表层压、夯、振动等密实处理，同样可以取得换填加固地基的效果。

（2）换填法加固地基的适用范围

换填法适用于浅层地基处理，其中包括淤泥、淤泥质土、松散素填土、杂填土、已完成自重固结的回填土等地基处理以及暗塘、暗洪、暗沟等浅层处理和低洼区域的填筑。换填法还适用于一些地域性特殊土的处理：一是用于膨胀土地基可消除地基上的胀缩作用。二是用于湿陷性黄土地基可消除黄土的湿陷性。三是用于山区地基可处理岩面倾斜、破碎、高低差，软硬不匀以及岩溶与土洞等。四是用于季节性冻土地基可消除冻胀力和防止冻胀损坏等。

4.土工合成材料法的应用

土工合成材料是以人工合成的聚化物为原料制成的各种类型产品。土工合成材料可置于岩土或其他工程结构内部、表面或各种结构层之间，它具有过滤、防渗、隔离、排水、加筋和防护等多种功能。土工合成材料是发挥加强、保护岩土或其他结构功能的一种新型岩土工程材料。

土工合成材料的功能是多方面的，综合起来具有加筋、隔离、防护、防渗、过滤和排水六种基本功能。它与土相互作用的加筋机理就是在土体中放置了筋材，构成了土体—筋材的复合体。由于土的抗拉抗剪性能差，在土体中加筋，以筋材料为抗拉构件，与土产生相互摩擦作用，限制其上下土体及土体的侧向变形，等效于给土体施加了一个侧压力增量，从而增强土体内部的强度和整体性，提高土体的抗剪强度。研究结果表明，筋土间相互作用的基本原理大致可归纳为两大类：一是准黏聚力原理；二是摩擦加筋原理。

（1）准黏聚力原理

准黏聚力原理是根据以沙土和水平布置一层或多层筋材的加筋沙土三轴试验结果分析而提出的。加筋土结构可以看成各向异性的复合材料，一般情况下拉筋的弹性模量远远大于土的弹性模量，拉筋与土共同作用，这也使得加筋土的强度明显提高。沙土试样在单轴压力下受到压密，土样侧向在侧压力作用下发生侧向应变。如在土中布置了拉筋，由于拉筋对土体的摩擦阻力，当土体受到了垂直应力作用时，在拉筋中将产生一个轴向力，起着限制土体侧向变形的作用，相当于在土中增加了一个侧向应力，使土的强度提高。

（2）摩擦加筋原理

筋材与土的摩擦是加筋土的一个重要性质，筋材与土相互摩擦作用机理较为复杂，它与筋材的类型、变形特性、形状长度和土的性质及上覆压力等密切相关。由于摩擦加筋原理概念明确、简单，在加筋土挡墙的足尺试验中得到了较好的验证。因此在加筋土的实际工程中，特别是加筋土挡墙工程中得到了广泛的应用。在加筋土挡墙中，墙体由于受土体的推力产生破坏时，下滑土棱体的自重产生水平推力对每一层拉筋形成拉力，欲将拉筋从土中拔出，而下滑土棱体外的土体与筋带的摩擦阻力阻止拉筋被拔出。如果每一层拉筋与土体的摩擦阻力都能抵抗相应的土推力，那么墙体就不会出现下滑土棱体的滑动面，加筋土体的内部也会稳定。拉筋的工作类似于通过筋带结构锚固在稳定土体中，从而保证挡墙的稳定。

5.水泥搅拌桩法的应用

（1）加固软土地基的机理的作用

水泥搅拌桩加固软土地基的机理主要是通过水泥的水解和水化反应及水泥水化物与黏土的化学反应及碳酸化作用，强度相对较高的桩体与桩周软土一起形成复合地基，从而起到提高地基承载力、增强路基稳定性及减少路基沉降的作用。

（2）水泥搅拌桩适用条件的具体分析

第一，地基条件。《建筑地基处理技术规范》中规定："深层搅拌法适用于处理淤泥、淤泥质土、粉土和含水量较高且地基承载力标准值不大于120kPa的黏性土等地基。"由地基承载力与不排水抗剪强度之间的换算关系，《公路软土地基路堤设计与施工技术规范》（以下简称《软规》）条文说明中换算出适用水泥搅拌桩处理的软土地基，其不排水抗剪强度的上限值为45kPa。不排水抗剪强度是软土地基中常用的、易于获得的指标。事实上，对于强度指标较高的地基中采用搅拌桩处理，往往也是不经济的。当地基土pH值小于4或天然含水量大于70%时不宜采用，对地基中含有伊利石、氯化物等矿物的黏性土及有机含量高的地基土，加固效果较差。此外，当地基土体中含有碎石、卵石时，施工者要是使用搅拌桩法，就会造成施工困难，使用时需慎重。在高速公路软土地基处理中，水泥搅拌桩法较为常见，它具有处理效率高（施工期短、一般要求预压时间短或不需预压）、质量可靠、施工简便等优点。

第二，湿法和干法的选择。目前，水泥搅拌桩有喷浆法（湿法）和喷粉法（干法）之分，通过深层搅拌机械将软土和固化剂强制搅拌，固化剂采用水泥浆液时，它们被称为水泥浆搅拌桩法或湿法。固化剂采用水泥粉时，其称为粉体搅拌桩法或干法。一般认为湿法水泥剂量容易控制，搅拌均匀，成桩质量较为可靠。而干法喷粉量相对较难控制，搅拌质量不容易控制，成桩质量相对较差，湿法质量有保证的成桩长度也比干法成桩长度大。但干法采用粉体做固化剂，不再向地基中附加水分，反而能充分吸收软土的自由水。因此，加固后地基的初期强度较高，特别是对高含水量的软土加固效果显著。干法在国外已经得到了广泛应用。国内设计施工中对含水量为35%～70%的软土处理一般采用水泥浆搅拌桩法，而含水量大于70%时，国内设计施工则多采用粉喷桩法进行处理。

6.静力排水固结法的应用

静力排水固结法的原理是地基在荷载作用下，通过布置竖向排水井（砂井或塑料排水带等），使土中的孔隙水被慢慢排出，孔隙比减小，地基发生固结变形，地基土的强度逐渐增长，地基发生沉降，同时强度逐步提高的一种方法。静力排水固结法可以解决以下两个问题：

（1）沉降问题

静力排水固定法使地基沉降在加载预压期间，即修筑路面之前沉降大部分或基本完成，路面在使用期间不致产生不利的沉降和沉降差。

（2）稳定问题

静力排水固结法加速地基土的抗剪强度的增长，从而提高地基的承载力和稳定性。公路是条带状荷载，在横断方向受力面积较小，稳定问题就显得非常重要。

排水固结法是由以下两部分共同组合而成的：一部分是排水系统有竖向排水体（包括普通砂井、袋装砂井和塑料排水板）和水平排水体（砂垫层）；另一部分是加压系统包括堆载法、真空法、降低地下水位法、电渗法和联合法。设置排水系统主要在于改变地基原有的排水边界条件，从而增加孔隙水排出的途径，缩短排水距离。

7.碎石桩法的应用

碎石桩法是利用一个产生水平向振动的管状设备，在高压水流作用下边振边冲，在软弱黏土中成孔后，再往孔内分批填入碎石等坚硬材料制成一根根桩体，由碎石桩体和桩间土组成复合地基，从而提高原有地基承载力，减少沉降量的一种加固地基技术。这种方法由挤密砂体的振冲技术演变发展而来，其主要作用是置换部分软土，从而形成一个类似于钢筋混凝土复合结构。由于此种方法不受地下水位影响，且造价低，又能减少路基沉降，所以在高等级公路建设中越来越受到重视。

（1）施工工艺的具体流程

第一，确定桩位。施工者根据设计在平整好的场地上按图纸定出桩位，桩位偏差不得大于5cm。各桩位都要有桩标，并且进行编号，造孔前还应检查桩位是否移动。

第二，造孔。施工者将振冲器对准桩位，通水通电，检查水压和振冲器的空载电流值是否正常，然后开孔，振冲器以1～2m/min的速度徐徐下沉。在开孔过程中，施工者一要控制水压，二要控制水量。水量要充足，孔内自始至终都要充满水，这样可以防止塌孔，使制桩顺利进行。关于水压，对不同的土层要采用不同的水压。土层强度低，水压取小值，土层强度高，水压取大值，当接近桩底标高时，施工者就要降低水压，以免破坏桩体以下土层。当振冲器达到设计的标高以上0.3m时，施工者就要将振冲器往上提，直到孔口，提升速度为5~6m/min，重复1~2次，达到造孔要求为止。

第三，清孔。施工者将振冲器下沉停留在设计加固深度以上0.3m处，借循环水使孔内泥浆变稀。清孔时间一般为2min，然后将振冲器提出孔口，准备填料。

第四，填料。施工者开始往孔内填料为0.5~1.0m，以后每次填料不超过0.5m，切忌一次填料过多。

第五，振密成桩。施工者在每次填料后将振冲器沉至填料中进行振实，振冲器不仅使填料振密，并且使部分填料挤入孔壁的土层中，从而使桩径扩大。由于填料的不断挤入，孔壁土的约束力不断增大，一旦约束力与振冲器产生的振力相等，桩径不再扩大，此时电机的电流值迅速增大。当电流值达到一定值且保持不变时，则认为该段桩体已经振密。振密电流稳定10s后，再提升振冲器，如电机电流达不到规定值，施工者应继续加料振密，如此重复操作至孔口，这样一根桩就做成了。

断电停水，整理好记录，移至下一桩位。

（2）施工质量控制

对碎石桩的施工质量控制，实质上就是对施工中作用的水、电、料三者的控制。对于黏性土的质量控制，目前尚无严格的规则可循。施工者必须通过现场试验进行综合分析，以便制定出合理的控制数据。控制好桩位中心轴线及桩底标高，按要求振冲器尖端喷水中心与孔径中心偏差不得大于5cm。尤其是桩底标高，在造孔过程中，施工者一定要测量其桩底标高，以确保达到设计高程。控制好成孔质量，防止塌孔，施工者造孔时应根据要求掌握好水压、水量和灌入速度。施工者每灌入1m左右，将振动器提起留振约5s进行扩孔，当接近桩底标高时要降低水压，以免破坏桩底以下土层。在整修造孔过程中孔内应充满水，以防塌孔。

振密工序是确保碎石桩质量的关键，当造孔完毕并清孔后，施工者应立即进行填料振密工作。施工者要严格控制填料的粒径和每批填料量，粒径选择2~5cm孔隙率最小的级配为好。粒径大于10cm容易卡住振冲器。施工者一定要按照试验所确定的振密电流和留振时间操作。

制桩完成后，施工者应逐桩进行标准贯入试验，连续5击，下沉小于7cm视为合格。连续出现下沉量大于7cm的桩长达0.5m，或间断出现大于7cm的累计桩长1m以上的桩，则视为不合格，施工者应采取加强措施。

该段地基处理完毕后，施工者应立即进行填筑作业以使地基有充足的沉降时间。

8.抛石挤淤的概念

抛石挤淤是施工者在路基底部抛投一定数量的片石，将淤泥挤出基底范围，以提高地基的强度。这种方法施工简单、迅速、方便。它主要适用于常年积水的注地、排水困难、泥炭呈流动状态、厚度较薄、表层无硬壳，片石能沉达底部的泥沼或厚度为3~4m的软土。

抛投的片石大小，视泥炭或淤泥的稠度而定，对于容易流动的泥炭或淤泥，片石可稍小些，但一般不宜小于30cm。抛投的顺序，施工者应先从路堤中部开始，中部向前突进后再渐次向两侧扩展，以使淤泥向两旁挤出。当软土或泥沼地面有较大的横坡时，抛石应从高的一侧向低的一侧扩展，并在低的一侧多抛填一些。片石抛出水面后，施工者宜用重型压路机振动辗轧密实，然后在其上铺设反滤层，再行填土。片石高出软土面后，施工者应用较小的石块填塞垫平，用重型机械反复辗轧，以便填石紧密，然后在其上铺设反滤层，再进行填土。这里须指出的是，抛石挤淤时，由于沉降不一致，从而在路堤下面残留部分软土，完工后会发生不利的不均匀沉降，施工者应引起重视。

9.反压护道法的注意事项

反压护道法是在路堤两侧填筑一定宽度的护道，使路堤下的淤泥或泥炭向两侧隆起的趋势得到平衡，以提高路堤在施工中的滑动破坏安全系数，从而达到路堤稳定的目的。反压护道法加固路基的特点是不需要特殊的机具设备和材料，施工简易，但占地较多、用土量较后期沉降大，养护工作量大。反压护道法一般适用于非耕作区、取土方便的地区和路堤高度不大于（5/3~2倍）极限高度路段的软土处理，但其对泥沼并不适用。

反压护道在设计施工中应注意以下几点：一是反压护道一般采用单级形式，因为多级式护道的稳定力矩增加值较小，作用不大。二是反压护道高度一般为路堤高度的1/2或1/3。为保证护道本身稳定，其高度不得超过天然地基所容许的极限高度。三是反压护道宽度一般用圆弧稳定分析法通过稳定性验算确定。实验中，软土或泥沼地基的强度指标采用快剪法测定，也可用无侧限抗压强度之半计算或用十字板现场剪力试验所测得的强度。四是反压护道在施工时，施工者一般宜先填包括反压护道在内的砂垫层及下路堤，最后填筑主路堤。同时填筑中应避免过高堆填，施工者应分层铺筑，充分压实，并应有一定横坡度，以利于排水。五是两侧反压护道应与主路堤同时填筑，特别是反压护道的填筑速度不得低于主路堤。六是当软土层或泥沼土层较薄或其下卧硬层具有明显的横向坡度时，宜采用两侧不同宽的反压护道，横坡下方的护道应较横坡上方的护道宽一些。反压护道的压实度应达到《公路土工试验规程》重型击实试验法测定的最大干密度的90%或满足设计要求。

以上简略地介绍了已有的几种地基加固方法，有的已在国内公路路基工程中得到应用，有的新技术还在研讨阶段。同时，地基加固是路基主体工程的一部分，施工者要结合路基标高、断面形式等方面综合处治。随着公路建设的高速发展，地基加固方法在理论与实践中必将有新的发展与突破。

（三）软土地基处理方法时应考虑的各种因素

1.地基状况因素

（1）土质、砂性土、黏性土

土质、砂性土仅对那种可能发生液化的砂性土采用挤实砂桩法或振动压实法进行改善。而黏性土除了压实法外，其他方法均适用。但采取的处理方法对土基的扰动必须尽量小。因为黏土一经扰动，强度就会降低很多。

（2）地基构成

在软土层浅而薄的情况下，施工者常用简单的表层处理法，重要的构造物则常用开挖换填法。若软土层较厚，施工者应使用其他方法配合表层处理法。夹有砂层且厚度较薄（3~4m以下）的软土层，施工者一般采用表层处理、荷载压重等方法。即使是5cm的砂层也是有效排水层，在土质调查中不要遗漏。软土层厚且无砂层的情况，因排水距离长，固结沉降需很长时间，强度也不增长。因此，沉降处理常用垂直排水法，稳定措施常采用反压护道法、挤实砂桩法和石灰桩法。在浅层部位堆积有4m以上厚度砂层，以下为软弱黏土层的情况，一般来说，稳定不成问题，只需沉降处理，施工者常用垂直排水、荷载压重等方法。

2.道路性质因素

道路等级越高，平整度越重要，施工者越需要采取有效的沉降处理措施。等级较低时，施工者可先铺简易路面，待沉降结束后，施工者再铺正式路面以节约资金。

（1）道路形状

路堤的设计高度与宽度也是选择处理方法时要考虑的重要因素。如采用换填法时，宽而低的路堤易发生局部破坏。反之窄而高的路堤，下面易被换填。在设计高度高而有危险的情况下，施工者采用压重法将受到限制。还有路堤越宽越高，则地基产生压力球的根部越深而引起深处黏土层沉降。

（2）道路所在地段

一般地段上，剩余沉降即使达到一定程度，只要不均匀沉降不大，路面基本上就不会丧失其平整度。但与构造物相连地段，剩余沉降将造成错台，路面形成对行等非常危险的状况。而且若路基稳定性不够，桥台将受到大的土压力作用而引起侧向位移的事故也是屡见不鲜。因此，施工者构造物邻接地段的处理措施非常重要。

3.施工条件因素

不同的施工条件选用的处理方法不同，经济性也不同。其中包括工期、材料、机械的作业条件等各个因素。

4.周围环境因素

施工中对周围环境的影响，如噪声、振动地基及地下水的变化和排出的泥水等，施工者在选择施工方法时必须考虑。在路堤高度较大而地基特别软弱的情况下，周围地基经常发生大的隆起或沉降。这样，在路堤坡脚附近有民房和重要构造物时，施工者应考虑以减小总沉降量且控制剪切变形的方法为主要措施。不能采用这类方法时，施工者应考虑事先对可能受影响的构造物加以保护，或者应考虑以高架构造物代替路堤。

第三节 路基施工技术

路基是公路工程的重要组成部分之一。它既是路线的主体，又是路面的基础，路基的施工质量是整个公路施工的重中之重，它的质量好坏直接影响到路面的使用效果。因而保证路基施工质量是关系到整个公路施工质量的关键。路基土石方工程量大，分布不均匀，不仅与自身的排水、防护、加固等相互制约，而且同公路工程的其他工程项目，如桥涵、隧道、路面及附属设施相互交错。路基施工，在质量标准、技术操作、施工管理等方面具有特殊性。它是公路工程施工组织管理及控制工程进度的关键。路基施工的方法较多，按其技术特点可分为：人工及简单机械施工、机械化施工、水力机械化施工、爆破法施工等方法。路基施工主要内容大致可归纳为施工前的准备工作和基本工作两大部分。

一、施工前准备工作

施工前准备工作是组织施工的第一步。准备工作内容大致可归纳为组织准备、技术准备和物质准备三个方面。合理的施工前准备为整个工程的顺利施工提供了必要的保障。

物质准备：施工前的物资准备是开工前期的重要准备工作。由于路基施工所需的材料和机械设备数量大、质量高、品种多，所以务必做好充分的准备工作。一是按照施工作业计划的具体要求，进行采购、调配、运输和储存材料、机具设备，同时现场进行"三通一平"，即通水、通电、通车、平整场地。二是进行工程房屋的修建和生活所需的准备。技术准备：路基开工前，施工单位应在全面熟悉设计文件和设计交底的基础上进行现场核对和调查，编制施工组织作业计划，然后进行恢复路线、划定路界、清理施工现场、路基放样和打开工报告等工作。

技术准备工作主要包括以下三个方面：一是进一步熟悉、研究并核对设计文件。设计文件是工程施工的重要依据。熟悉、核对施工图纸，领会设计意图，掌握工程特点的重要内容。二是制定指导性施工组织设计，根据经过核对后准确无误的工程量、工地条件、工期要求及本单位的施工设备情况，制定实施性施工组织设计（其中包括施工方案，施工方法，施工现场的布置，编制施工进度计划，材料、人力、接卸计划，拟定关键工程的施工技术措施与安全措施等），报业主及监理工程师审批。三是施工现场的准备工作，路基施工前，现场的准备工作有施工测量、路基放样、场地清理、修建临时工程等。

物质准备主要是指按照已经过监理工程师批准的实施性施工组织设计的要求和施工合同的相关规定进行，其中包括各种材料及施工机具的购置、采集、加工、调试和储存，以及生活后勤供应等。

二、路基施工的规定和要求

路基施工应满足设计和使用要求，并把试验检测作为主要技术手段指导施工。我们应以挖作填，减少土地占用和环境污染。石质路基施工尽可能不采用大爆破方法，必须时应按大爆破规定做出专门设计。

（一）施工排水

在土质路基开挖和填筑中，排水是施工的保证。具体要求如下：

第一，各施工层表面不应有积水，填方路堤应根据土质情况和气候状况，形成路拱，做成2%~4%的排水横坡。在挖方施工中，路基各层顶面应及时形成纵、横坡，确保在施工过程中，能及时排泄雨水。

第二，在雨季施工或因故中断施工时，施工人员应将表面及时修理平整并压实。

第三，在路堑或边坡内发生地下水渗流时，施工人员应设置排水沟、集水井、渗沟等设施，降低地下水位或将地下水排出。在路基施工前，施工人员应先做好截水沟、排水沟等排水及防渗设施。排水沟的出口应通至桥涵进出口处。

（二）路基施工取土、弃土

在路基建设中，取土和弃土直接关系到合理利用土地和环境保护。

路线两侧的取土坑，应按设计规定的位置设置，具体要求如下：一是取土深度可根据用土量和取土坑面积确定。二是取土坑应有规则的形状，坑底应设置纵、横向坡度和完整的排水系统。三是取土时不得使作业面积水。四是取土坑原地面的草皮、腐殖土或其他不宜用作填料的土均应废弃、处理。如系耕地种植土，宜先挖出堆置一边备用。护坡道应严格按设计规定施工，无设计规定时，路基边缘与取土坑底之高差大于2m，对于一般公路，应设置1～2m的护坡道；对于高速公路、一级公路，应设置宽度不小于3m的护坡道。护坡道应平整密实，并做成1%～2%向外倾斜的横坡。弃土堆应少占耕地，除设计图规定位置外，可设于就近的低地和路堑山脚的一侧。当地面横坡缓于1：5时，可设于路堑的两侧。当沿河弃土时，不得堵塞河流、挤压桥孔和造成河岸冲刷。

三、路堤填筑

路堤填筑质量关系到路基的稳定性和使用质量，也会影响到与其相连的路面和人工构造物的稳定性。路堤填筑的质量，关键在于路堤基底的处理、土的选择、填筑方法和填土的压实。

（一）土方路堤填筑与压实

1.土方路堤填筑

土方路堤必须根据设计断面分层填筑并分层压实。采用机械压实时，分层的最大松铺厚度，高速公路和一级公路不应超过30cm；其他公路，按土质类别、压实机具功能、辗轧遍数等，经过试验确定。但最大松铺厚度，不宜超过50cm。填筑至路床顶面最后一层的最小压实厚度，不应小于8cm。路堤填土宽度每侧应宽于填层设计宽度，压实宽度不得小于设计宽度，最后削坡。填筑路堤宜采用水平分层填筑法施工，即按照横断面全宽分成水平层次逐层向上填筑。如原地面不平，应由最低处分层填起，每填一层，经过压实符合规定要求之后，再填上一层。原地面纵坡大于12%的地段，可采用纵向分层法施工，沿纵坡分层，逐层填压密实。山坡路堤地面横坡不陡于1：5时，路堤可直接修筑在天然的土基上。地面横坡陡于1：5时，原地面应挖成台阶（台阶宽度不小于1m），并用小型夯实机夯实。填筑应由最低一层台阶填起，并分层夯实，然后逐台向上填筑，分层夯实，所有台阶填完之后，即可按一般填土进行。

高速公路和一级公路，横坡陡峻地段的半填半挖路基，施工人员必须在山坡上从填方坡脚向上挖成向内倾斜的台阶，台阶宽度不应小于1m。其中挖方一侧，在行车范围之内的宽度不足一个行车道宽度时，施工人员则应挖够一个行车道宽度，其上路床深度范围之内的原地面土应予以挖除换填，并按路床填方的要求施工。

若填方分几个作业段施工，两段交接处，不在同一时间填筑，则先填的地段应按1：1坡度分层留台阶。若两个地段同时填，则应分层相互交叠衔接，其搭接长度，不得小于2m。对于陡峻山坡半挖半填路基，设计边坡外面的松散弃土应在路基竣工后全部清除。

不同土质混合填筑路堤时，应符合下列规定：一是以透水性较小的土填筑于路堤下层时，应做成4%的双向横坡；如用于填筑上层时，除干旱地区外，不应覆盖在由透水性较好的土所填筑的路堤边坡上。二是不同性质的土应分别填筑，不得混填。三是每种填料层累计总厚不宜小于0.5m。四是凡不因潮湿或冻融影响而变更其体积的优良土应填在上层，强度较小的土应填在下层。五是河滩路堤填土，应连同护道在内，一并分层填筑。可能受水浸淹部分的填料，应选用水稳性好的土料。六是河槽加宽、加深工程应在修筑路堤前完成。七是构造物应提前修建。八是机械作业时，应根据工地地形、路基横断面形状和土方调配图等，合理地规定机械运行路线。九是土方集中工点，应有全面、详细的机械运行作业图为根据进行施工。十是两侧取土，填高在3m以内的路堤，可用推土机从两侧分层推填，并配合平地机分层整平。十一是土的含水量不够时，用洒水车洒水，并用压路机分层辗轧。

填方集中地区路堤的施工，可按以下方法进行：一是取土场运距在1km范围内时，可用铲运机运送，辅以推土机开道、翻松硬土、平整取土段、清除障碍和助推等。二是取土场运距超过1km范围时，可用松土机械翻松，用挖掘机或装载机配合自卸汽车运输，用平地机平整填土，压路机辗轧。

2.土方路堤压实及压实度

细粒土、沙类土和砾石土不论采用何种压实机械，均应在该种土地最佳含水量±2%之内压实。当土的实际含水量不位于上述范围内时，应均匀加水或将土摊开、晾晒，达到上述要求后方可进行压实。运输上路的土在摊平后，其含水量若接近于压实最佳含水量时，应迅速压实。

压路机辗轧路基时应按下列规定进行：一是辗轧前应对填土层的松铺厚度、平整度和含水量进行检查，符合要求后方可进行辗轧。二是压实应根据现场压实试验提供的松铺厚度和控制压实遍数进行。三是高速公路和一级公路路基填土压实宜采用振动压路机或35~50t轮胎压路机进行。

采用振动压路机辗轧时，第一遍应不振动静压，先慢后快，由弱振至强振。各种压路机的辗轧行驶速度开始时宜用慢速，最大速度不宜超过4km/h；辗轧时直线段由两边向中间，小半径曲线段由内侧向外侧，纵向进退式进行；横向接头时振动压路机一般重叠0.4~0.5m。对三轮压路机一般重叠后轮宽的1/2，前后相邻两区段（辗轧区段之前的平整预压区段与其后的检验区段）宜纵向重叠1.0~1.5m。应达到无漏压、无死角，确保辗轧均匀。使用夯锤时，首遍各夯位宜紧靠，如有间隙，则不得大于15cm，次遍夯位应压在首遍夯位的缝隙上，如此连续夯实直至达到规定的压实度。

（二）石方路堤填筑与压实

1.石方路堤填筑

填石路堤的石料强度不应小于15MPa（用于护坡的不应小于20MPa）。填石路堤石料最大粒径不宜超过层厚的2/3。填石路堤（包括分层填筑岩块及倾填爆破石块）的紧密程度在规定深度范围内,以通过12t以上振动压路机进行压实试验,当压实层顶面稳定,不再下沉(无轮迹)时,可判为密实状态,即压沉值为零。

高速、一级公路和铺设高级路面的其他等级公路的填石路堤均应分层填筑,分层压实。二级及二级以下且铺设低级路面的公路在陡峻山坡段施工特别困难或大量爆破以挖作填时,可采用倾填方式将石料填筑于路堤下部,但倾填路堤在路床底面下不小于1.0m范围内仍应分层填筑压实。

分层松铺厚度:高速公路及一级公路不宜大于0.5m;其他公路不宜大于1.0m。填石路堤倾填前,路堤边坡坡脚应用粒径大于30cm的硬质石料码砌。当设计无规定时,填石路堤高度小于或等于6m时,码砌厚度不应小于2m。逐层填筑时,应安排好石料运输路线,专人指挥,按水平分层,先低后高、先两侧后中央卸料,并用大型推土机摊平。个别不平处应配合人工用细石块、石屑找平。当石块级配较差、粒径较大、填层较厚、石块间的空隙较大时,可于每层表面的空隙里扫入石渣、石屑、中粗砂,再以压力水将砂冲入下部,反复数次,将空隙填满。人工铺填粒径25cm以上石料时,应先铺填大块石料,大面向下、小面向上,摆平放稳,再用小石块找平,石屑塞缝,最后压实。人工铺填块径25cm以下石料时,可直接分层摊铺,分层辗轧。填石路堤的填料如其岩性相差较大,则应将不同岩性的填料分层或分段填筑。如路堑或隧道基岩为不同岩种互层,允许使用挖出的混合石料填筑路堤,但石料强度、粒径应符合规定。用强风化石料或软质岩石填筑路堤时,应按土质路堤施工规定先检验其CBR值是否符合要求,CBR值不符合要求时不得使用,符合使用要求时,应按土质筑堤的技术要求施工。高速公路及一级公路填石路堤路床顶面以下50cm范围内应填筑符合路床要求的土料并分层压实,填料最大粒径不得大于10cm。其他公路填石路堤路床顶面以下30cm范围内宜填筑符合路床要求的土料并压实,填料最大粒径不应大于15cm。

2.石方路堤压实

填石路堤在压实之前,应用大型推土机摊铺平整,个别不平处,应用人工配合以细石屑找平。填石路堤均应压实并宜选用12t以上的重型振动压路机、2.5t以上的夯锤或25t以上的轮胎压路机压(夯)实。当缺乏上述压实机具时,可采用重型静载光轮压路机压实并减少每层填筑厚度和减小石料粒径,其适宜的压实厚度应根据试验确定,但不得大于50cm。采用重型振动压路机或夯锤压实填石路堤时,可加厚至1.0m。填石路堤压实时的操作要求,应先压两侧(靠路肩部分)后压中间,压实路线应纵向互相平行,反复辗轧。对夯锤应呈弧形,当夯实密实程度达到要求后,再向后移动一夯锤位置。行与行之间应重叠40~50cm,前后相邻区段应重叠100~150cm。填石路堤压实到所要求的紧密程度,所需的辗轧或夯压的遍数应经过试验确定。

（三）土石路堤填筑与压实

利用天然土石混合材料填筑路堤在工程中得到普遍应用。优化填筑方案，控制填筑质量，可使路堤的施工取得理想效果。

1.土石路堤填筑

天然土石混合材料中所含石料强度大于20MPa时，石块的最大粒度不得超过压实层厚的2/3，超过的应清除；当所含石料为软质岩（强度小于15MPa）时，石料最大粒径不得超过压实层厚，超过的应打碎。土石路堤不得采用倾填方法，均应分层填筑、分层压实，每层铺填厚度应根据有关机械类型和规格确定，不宜超过40cm。压实后渗水性差异较大的土石混合填料应分层或分段填筑，不宜纵向分幅填筑。如确需纵向分幅填筑，应将压实后渗水良好的土石混合料填筑于路堤两侧。当土石混合填料来自不同路段，其岩性或土石混合比相差较大时，应分层或分段填筑。如不能分层或分段填筑，应将含硬质石块的混合料铺于填筑层的下面，且石块不得过分集中或重叠，上面再铺含软质石料混合料，然后整平辗轧。土石混合填料中，当石料含量超过70%时，应先铺填大块石料，且大面向下，放置平衡，再铺小块石料、石渣或石屑嵌缝找平，然后辗轧；当石料含量小于70%时，土石可混合铺填，但应避免硬质石块（特别是尺寸大的硬质石块）集中。高速及一级公路土石路堤的路床顶面以下30~50cm范围内，应填筑符合路床要求的土并分层压实，填料最大粒径不大于10cm。其他公路填筑沙类土厚度应为30cm，最大粒径不大于15cm。

2.土石路堤压实

土石路堤的压实度可采用灌砂法或水袋法进行检测。其标准干容重应根据每一种填料的不同含石量的最大干容重做出标准干密度曲线，然后根据试坑挖取试样的含石量，从标准干容重曲线上查出对应的标准干密度。如几种填料混合填筑，则应从试坑挖取的试样中计算各种填料的比例，利用混合填料中几种填料的标准干容重曲线查得对应的标准干容重，用加权平均的计算方法，计算所挖试坑的标准干容重。

当按填石规定方法检验时，土石路堤的紧密程度在规定深度范围内，以通过12t以上振动压路机进行压实试验，当压实层顶面稳定，不再下沉（无轮迹）时，可判定为密实状态，即压沉值为零。

四、石方路堑

按岩土性质，路堑分为土方路堑和石方路堑。开挖方法和施工方案差异较大。本书主要介绍石方路堑的施工流程以及相关技术。

根据开挖岩体的类型、风化程度和节理发育程度确定石方路堑开挖方式，对于软石和强风化岩石，尽可能地用机械直接开挖，不能用机械直接开挖的，则采用爆破法开挖。

（一）爆破开挖过程

爆破法开挖石方应按以下程序进行：施爆区地下管线等调查—炮位设计与设计审批—配备专业施爆人员—机械或人工清除施爆区覆盖层和强风化岩石—钻孔—爆破器材检查与试验—炮孔（或坑道、药室）检查与废渣清除—装药并安装引爆器材—布置安全岗和施爆区安全员—炮孔堵塞—撤离施爆区和飞石、强地震波影响区内的人、畜—起爆—清除瞎炮—解除警戒—测定爆破效果（包括飞石、地震波对施爆区内外构造物的损害及造成的损失）。

（二）石方爆破方法

根据石料的集中程度、地质地形条件和路基断面形状，选择最佳的爆破方法是石料爆破的关键。工程中常用的爆破方法有浅孔爆破法、深孔爆破法、药壶爆破法和洞室爆破法，路堑石方在公路工程中采用综合爆破，即结合各种爆破方法的最佳使用特性，综合配套使用的一种较先进的爆破方法。归纳起来一般包括小炮和洞室炮两大类。小炮主要包括钢钎炮、深孔爆破等钻孔爆破以及药壶炮和猫洞炮；洞室炮则以药量划分为大炮（药量1t以上）和中小炮（药量1t以下）两大类。

（三）爆破技术

公路路堑开挖一般不采用大爆破施工，而是采用中小型爆破。《公路路基施工技术规范》中对中小型爆破技术做了具体规定。较常用爆破包括裸露药包炮、炮眼炮、药壶炮、猫洞炮。

1.裸露药包炮

裸露药包炮是将药包置于被炸物体表面或经清理的石缝中，药包表面用草皮或稀泥覆盖，然后进行爆破，这种方法限用于孤石破碎或大块岩石的二次爆破。

2.炮眼炮

炮眼炮根据岩石的坚硬程度决定炮眼深度，当使用多排排炮爆破时，应该符合以下要求：一是炮眼应按梅花形布置，炮排距约为同排炮孔距的0.86倍。二是装药量，炮眼的装药高度一般为炮孔深度的1/3～1/2，特殊情况下也不得超过2/3。三是对于松动爆破或减弱松动爆破，装药高度可降到炮孔深度的1/3～1/4。四是提高爆破效果的措施，为提高爆破效果，可选用空心炮（炮眼底部设一段不装药的空心炮孔）、石子炮（底部或中部装一部分石子）或木棍炮（用直径为炮孔直径1/3，长6～10cm的木棍装在炮眼底部或中部）进行爆破。

3.药壶炮（葫芦炮）

药壶炮是将炮眼底部扩大成葫芦形，以便将炸药基本集中于炮眼底部的扩大部分，以提高爆破效果的一种炮型。葫芦炮的炮眼较深，适用于均匀致密黏土（硬土）、次坚石、坚石。对于炮眼深度小于2.5m，节理发育的软石，地下水较发育或雨季施工时，不宜采用。葫芦炮炮眼深度一般为5~7m，不宜靠近设计边坡布设，药室距设计边坡线的水平距离不宜小于最小抵抗线。

4.猫洞炮

猫洞炮是将集中药包直接放入直径为0.2~0.5m、炮眼深2~6m的水平或略有倾斜的炮洞中的一种炮型。它适用于硬土、胶结良好的古河床、冰渍层、软石和节理发育的次坚石。坚石可利用裂隙修成导洞或药室。这种炮型对大孤石、独岩包等爆破效果更佳。炮眼深度应与阶梯高度、自然地面横坡相配合，遇高阶梯时要布置多层药包。烘膛应根据岩石类别，分别采用浅眼烘膛、深眼烘膛和内部扩眼等方法。

（四）石方路堑的技术要求

为确保边坡稳定，靠挖方边坡的两列炮，宜用小型排炮微差爆破，且用松动爆破或减弱松动爆破，药室距设计边坡线的水平距离不小于炮孔间距的1/2，炮眼钻进的倾斜度同设计边坡坡度。如为分幅工作面，路堑中幅标高已下降，靠边坡的开挖石方宽度不大，可考虑用光面爆破，使边坡成形良好，减少刷坡工作量。预裂孔是使边坡成形良好、减少边坡坍塌、减轻对边坡外建筑物的地震波造成损失等的良好施工工艺，对于岩层产状不佳或边界外建筑较多，或挖方边坡较高等情况，都比较适用。

裸露药包法，也称裸炮，这种方法施爆简便，但炸药能量利用率低。凡有条件打眼的，宜用炮眼法，对于无条件使用炮眼法施工的，则用裸露药包法施爆。药壶炮（葫芦炮）的爆破效果较炮眼法好，炸药能量利用率较高。但这种炮施工工艺较繁复，炮眼钻好后，应进行扩孔（扩药室），爆破物大块径较多，需进行二次爆破。但由于它的效果好，使用群炮，每次爆破量大，所以仍是一种被广泛采用的爆破方法。在施工中，爆破人员应注重施爆和扩孔时的安全，要严格控制扩孔用药量和每次扩孔的炮孔数，以免扩孔飞出物损伤人、畜。

石质路堑边坡清刷及路床检验应符合下列要求：一是石质挖方边坡应顺直、圆滑、大面平整。二是边坡上不得有松石、危石。三是凸出于设计边坡线的石块，其凸出尺寸不应大于20cm，超爆凹进部分尺寸也不应大于20cm。四是对于软质岩石，凸出及凹进尺寸均不应大于10cm，否则应进行处理。五是挖方边坡应从开挖面往下分级清刷边坡，下挖2~3m时，应对新开挖边坡刷坡，对于软质岩石边坡可用人工或机械清刷，对于坚石和次坚石，可使用炮眼法、裸露药包法爆破清刷边坡，同时清除危石、松石。六是清刷后的石质路堑边坡不应陡于设计规定。七是石质路堑边坡如因过量超挖而影响上部边坡岩体稳定时，应用浆砌片石补砌超挖坑槽。八是石质路堑路床底高应符合设计要求，如过高，应凿平；过低，应用开挖的石屑或灰土碎石填平并辗轧密实。九是石质路堑路床顶面宜使用密集小型排炮施工，炮眼底标高宜低于设计标高10～15cm，装药时宜在孔底留5～10cm空眼，装药量按松动爆破计算。十是石质路床超挖大于10cm的坑洼当有裂隙水时，应采用渗沟连通，渗沟宽不宜小于10cm，渗沟底略低于坑洼底，坡度不宜小于6%，使可能出现的裂隙水或地表渗水由浅坑洼渗入深坑洼，并与边沟连接。

第十一章　道路路面施工技术

第一节　路面基层施工技术

在路面结构中，直接位于路面面层之下的主要承重层称为基层。铺筑在基层下的次要承重层称为底基层。基层承受由面层传递的行车荷载的垂直应力作用，抵御自然因素的影响，是路面整体结构的主要组成部分。根据组成材料和使用性能的不同，可将基层分为有结合料的稳定类（有机结合料类和无机结合料类）和无结合料的粒料类。

一、路面基层概述

（一）基层、垫层的含义

1.基层

基层是面层的下卧层，主要承受由面层传来的车辆载荷的垂直力，并将其打散到下面的垫层和土基中去，它是路面结构中的承重层，应具有足够的刚度和强度。基层虽然位于面层之下，但是仍有可能经受地下水和渗入雨水的侵蚀，所以应具有足够的水稳定性和水冻稳定性以及足够的抗冲刷能力。

2.垫层

垫层介于土基与基层之间，它的功能是改善土基的湿度和温度状况，以保证面层和基层的强度、刚度和稳定性不受土基水温状况变化造成的不良影响。另外，可以将基层传下的车辆荷载应力加以扩散，以减小土基产生的应力和变形。

（二）路面基层的分类

1.有结合料的稳定类

有机结合料稳定类包括热拌沥青碎石或乳化沥青碎石混合料、沥青贯入碎石等。无机结合料稳定类主要包括以下几种。水泥稳定类：包括水泥稳定沙砾、沙砾土、碎石土、未筛分碎石、石屑、土等，以及经加工性能稳定的钢渣、矿渣等。石灰稳定类：包括石灰稳定土（石灰土）、天然沙砾土、天然碎石土以及用石灰土稳定级配沙砾、级配碎石和矿渣等。综合稳定类：石灰粉煤灰类包括石灰粉煤灰、二灰土、二灰砂、二灰碎石、二灰矿渣等；石灰粉煤灰包括水泥粉煤灰沙砾、碎石及砂等；石灰煤矿渣包括石灰煤渣、石灰煤渣土、石灰煤渣碎石、石灰煤渣沙砾等。

2.无结合料的粒料类

嵌锁型：包括泥结碎石、泥灰结碎石、填隙碎石等。级配型：包括级配碎石、级配砾石、符合级配的天然沙砾、部分经轧制掺配而成的级配砾石、碎石等。

（三）路面基层的作用

沥青类路面通过厚度较薄的柔性面层分布传递荷载于基层，常须铺筑较厚的基层作为承重层；当基厚度较大时，还可视受载情况和当地材料供应情况等，分两层铺筑。直接位于沥青面层（可以是一层、二层或三层）下用高质量材料铺筑的上层为主要承重层，称作基层；位于主要承重层下用质量较差一些的材料铺筑的下层为次要承重层，称作底基层。水泥混凝土路面通过厚度较厚的刚性路面板（面层）极大地扩散荷载，故分布于基层的荷载很小，水泥混凝土路面板本身就起到了承重作用。但水泥混凝土是脆性材料，变形能力较小，抗弯拉强度仅为抗压强度的1/6或1/7左右。

因此，要求混凝土板下的基层起连续、均匀支承的弹性地基作用，使混凝土板获得可靠支撑，不脱空，从而充分发挥水泥混凝土板的承重作用。通常水泥混凝土路面基层厚度比沥青类路面基层要小得多，一般不设底基层。

二、半刚性基层施工

（一）半刚性材料的概念和特点

半刚性路面基层是指在路面基层材料中掺入一定比例的石灰、水泥、粉煤灰或其他工业废渣等结合料，加水拌和形成的混合料，经摊铺压实及养护后形成的路面基层，与传统的全柔性路面基层（级配碎石、级配砾石、填隙碎石等）相比，半刚性路面基层具有较高的强度、刚度及良好的板体性、水稳性和一定的抗冻性，大大提高了路面的承载能力，因而被称为半刚性材料。

半刚性路面基层在国内外被广泛用作路面基层，特别是理化、力学性能优越的水泥稳定粒料与石灰、粉煤灰稳定粒料（通常称为二灰稳定粒料），被广泛用作高等级道路路面的基层与底基层。因其强度大、承载能力高，对适应较薄的沥青面层，适当减薄沥青面层厚度，具有很大的现实意义与经济意义。半刚性基层材料以其强度高、原材料来源广、修建成本低等优势，成为我国公路建设中的主导路面基层类型。但是半刚性基层材料组成设计指标、材料结构单一，致使所设计的基层抗裂、抗冲刷能力不足，降低了其应用效果。

（二）半刚性基层施工工艺

1.路拌法施工（以石灰稳定土为例）

（1）准备下承层

当石灰稳定土用作基层时，要准备底基层；当石灰稳定土用作底基层时，要准备土基。对土基必须用12～15t三轮压路机或等效的辗轧机械进行辗轧检验。在辗轧过程中如发现土过干、表层松散，应适当洒水；如土过湿，发生"弹簧"现象，应采用挖开晾晒、换土、掺石灰或水泥等措施进行处理；在槽式断面的路段，两侧路肩上每隔一定距离（如5～10cm）应交错开挖泄水沟（或做盲沟）。

（2）施工放样

在底基层、老路面或土基上恢复中线；直线段每15～20m设一桩，平曲线段每10～15m设一桩，并在两侧路肩边缘外设指示桩；进行水平测量；在两侧指示桩上用明显标记标出水泥稳定土层边缘的设计高。

（3）备料

根据灰土层的宽度、厚度及最大密度，计算出需要干燥土的数量；再根据土的含水量和所用运料车辆的吨位，计算每车料的堆放距离和每平方米灰土需要的石灰用量，确定石灰摆放的纵横间距。

按照松铺厚度将土摊铺均匀一致，有利于机械化施工；铺土后，先用推土机大致推平，然后用平地机整平，清余补缺，保证厚度一致、表面平整。

（4）洒水闷料

如果已经整平的土含水量过低，那么需要在土层上洒水闷料；需要注意的是，洒水要均匀，杜绝出现局部水分过多的现象，严禁洒水车在洒水段内停留和掉头。

（5）摆放和摊铺石灰

按计算所得的每车石灰的纵横间距，用石灰在土层上做标记，同时画出摊铺石灰的边线；用刮板将石灰均匀摊开，石灰摊铺完后，表面应没有空白位置。测量石灰的松铺厚度，根据石灰的含水量和松密度，校核石灰用量是否合适。

（6）拌和与洒水

对于二级及二级以上公路，使用生石灰粉时，宜先用平地机或多铧犁将石灰翻到土层中间，但不能翻到底部；对于三、四级公路的石灰稳定细粒土和中粒土，在没有专用拌和机械的情况下，可用农用旋转耕作机与多铧犁或平地机相配合拌和四遍；为石灰稳定级配碎石或沙砾时，应先将石灰和需添加的黏性土拌和均匀，然后均匀地摊铺在级配碎石或沙砾层上，再一起进行拌和；用石灰稳定塑性指数大的黏土时，应采用两次拌和。第一次加70%~100%预定剂量的石灰进行拌和，闷放1~2天，此后补足需用的石灰，再进行第二次拌和。

（7）整形与辗轧

混合料拌和均匀后应立即用平地机进行初平整形。一般在直线段，由两侧向路中心刮平；在曲线段，由内侧向外侧刮平。然后，用轮胎压路机、轮胎拖拉机或平地机快速辗轧。不平整的地方，用齿耙把表面5cm耙松，必要时，用新拌的混合料找平，再进行辗轧。每次整平辗轧，均需按要求调整坡度和路拱。为避免出现薄层贴补，在总厚度满足要求的情况下，摊铺时宁高勿低，整平时宁刮勿补。整平后当混合料处于最佳含水量不超过1%~2%的范围时，进行辗轧。如表面水分不足，应适当洒水。在人工摊铺和整平的情况下，应先用拖拉机、6~8t两轮压路机或轮胎轧路机辗轧1~2遍，再用重型轮胎压路机、振动压路机或12t以上的三轮压路机进行辗轧。辗轧结束之前，用平地机终平一次，使高程、路拱和超高符合设计要求，局部低洼之处不得找补，以免出现薄层贴补现象。

（8）接缝和掉头处的处理

两个工作段之间，需要采用对接的形式进行搭接。在上一部分拌和之后，留下5~8m的距离不进行辗轧工作。当进行下一路段的施工时，再与上一段没有辗轧的部分共同进行拌和。需要注意的是，在实际施工过程中，由于工作需要，拌和机械常常需要掉头，但是已压成的石灰稳定土层上不允许拌和机械掉头。其他拌和机械的掉头位置需要采取必要的保护措施，例如，在上面覆盖10cm左右厚的沙或者沙砾等，使得石灰稳定土层的表面不被机械破坏。

在石灰稳定土层阶段的施工过程中，需要避免纵向接缝的出现，如果必须分两幅施工，纵缝与纵缝之间不能够出现斜接的情况。

2.厂拌法施工（以水泥稳定土为例）

（1）准备工作

向驻施工现场监理单位报送"基层开工报告单"，经同意后方可进行基层施工；土基、垫层、底层及其中埋设的各种沟、管等隐蔽构造物，必须经过自检合格，报请驻场监理单位检验，签字认可后方可铺筑其上面的基层；在各种材料进场前，应检查其规格和品质，不符合技术要求的不得进场；材料进场时，应检查其数量，并按施工平面图堆放，而且应按规定项目对其抽样检查，其抽样检查结果，报驻场监理单位；水泥稳定土基层施工前应铺筑试验段。

（2）施工放样

恢复中心线，每10m设标桩，桩上画出基层设计高和基层松铺厚度。

中心线两侧按照路面设计图设计标桩，在标桩上画出基层设计高和基层松铺厚度，这样做的目的是使基层的高度、厚度和平整度达到标准。

（3）拌和与摊铺

拌和时应按混合料配合比要求准确配料，使集料级配、结合料剂量等符合设计，并根据原材料实际含水量及时调整向拌和机内的加水量。水泥稳定土混合料的含水量可比最佳含水量大1～2个百分点，这样可获得较好的压实效果。

拌和好的水泥稳定类混合料应尽快运到施工现场摊铺并辗轧成型，以免因时间过长而使混合料强度损失过大。运输混合料的距离较长时，应用篷布等覆盖混合料以免水分损失过大。

对于二级及二级以上公路，应采用专用稳定土拌和机进行拌和，并设专人跟随拌和机，随时检查拌和深度并配合拌和机操作员调整拌和深度。拌和深度应达稳定层底并宜侵入下承层5～10mm，以利于上下层黏结，严禁在拌和层底部留有素土夹层。

对于三、四级公路，在没有专用拌和机械的情况下，可用农用旋转耕作机与多铧犁或平地机相配合进行拌和，但应注意拌和效果，拌和时间不能过长；也可用缺口圆盘耙与多铧犁或平地机相配合，拌和水泥稳定细粒土和中粒土，但应注意拌和效果，拌和时间不可过长。

（4）整形辗轧

在整形施工过程中，平土机是最受欢迎的施工机械。除了使用机械之外，还可以直接人工整形。

但需要注意的是，高速公路施工作业一般都使用机械进行整平；在初步整平的阶段，使用轻型的机械快速辗轧路面，进而将潜在不平整的位置暴露出来，再进行整平工作也就更加方便了。

一般情况下，整形要进行1次到2次；路面局部地区可能会出现低洼现象，那么需要使用齿耙把低洼路面表层5cm耙松，再使用新拌的混合料进行找补、整平；在整形工序进行过程中，路面不能够有任何车辆通过；在整形工作完成以后，使用大于12t的三轮压路机、重型轮胎压路机或振动压路机辗轧。

在辗轧过程中，辗轧的速度应该适中，采用由低处向高处、由近处向远处的方式进行辗轧作业，直到达到需要的压实度位置。施工时，基层表面不能过于干燥，需要始终保持潮湿的状态，如果出现表层水蒸气蒸发过快的现象，那么需要施工人员及时补救少量的水。在辗轧过程中如果出现了"弹簧""松散""起皮"等现象，施工人员要及时将这样的路面翻开，重新进行拌和，或者采用其他有效的方式将这一问题解决，使路面的质量达到使用标准的要求。

（5）接缝处理

横向接缝的处理方式主要包括以下几点。

①使用摊铺机将混合料摊铺，混合料摊铺是持续的过程，不能中断，如果有特殊情况造成摊铺作业中断2h以上，再施工时应该设置横向接缝，并且摊铺机要远离混合料的末端。末端的混合料需要进行人工整平，在混合料的边缘放置两根方形的木棍，方木的高度需要与混合料压实的厚度相等，将方木附近的混合料整平；方木的另一侧用沙砾或碎石回填，回填的距离为3m左右，并且回填的高度应该高于方木几厘米；在重新进行摊铺工作之前，把方木、沙砾或者碎石全部清理掉，下承层也需要进行彻底清扫；此时将摊铺机放置到已压实层的尾部，重新进行混合料的摊铺工作。

②如果摊铺工作因为种种原因中断，也没有按照上述方式对横向接缝进行科学的处理，并且摊铺工作中断的时间超过了2h。再进行摊铺工作时，需要把摊铺机附近以及机械底部没有完全被压实的混合料清理掉，并将已辗轧密实且高程和平整度符合要求的末端挖成一横向垂直向下的断面，这一工作完成之后，才可以进行后续的摊铺工作。

③在施工过程中，应该尽量避免出现纵向接缝，如果由于某些原因，必须要产生纵向接缝，那么纵向接缝必须是垂直的，并且采用以下措施进行科学的处理：在上一幅摊铺作业过程中，在后面一幅的一侧以施工钢模板或者方木作为支撑，这时使用的钢模板或者方木的厚度应该等同于路面压实的厚度；在道路养生完成之后，在摊铺另一幅路面之前，先将钢模板或者方木拆除。

（6）养生及交通管制

养生期应采取洒水保湿措施，在铺筑上层之前，至少养生7d。养生方法根据情况可采用洒水、覆盖沙等方法。未采用覆盖措施时，应封闭交通。采用覆盖沙或喷洒沥青膜养生，不能封闭交通时，应限制车速不得超过30km/h。养生期结束，应立即施工上层，以免产生收缩裂缝；或先铺封层，开放交通，待基层充分开裂后，再施工上层，以减少反射裂缝。

三、粒料类基层施工

（一）级配碎（砾）石

路拌法施工

（1）准备下承层

级配碎石路拌法施工的下承层表面应保持平整，具有规定的路拱，平整度和压实度应符合规范规定。需要注意的是，下承层断面不宜做成槽式。

（2）测量放样

测量放样应该按照规范的具体规定逐个断面检查下承层的标高。

（3）备料

计算材料用量，根据各路段的基层或底层的宽度、厚度及规定的压实干密度，并按确定的配合比，分别计算各段需要的未筛分碎石和石屑的数量或不同粒级碎石和石屑的数量，并计算每车料的堆放距离。未筛分碎石的含水量较最佳含水量宜大1%左右。未筛分碎石和石屑可按预定比例在料场混合，同时，洒水加湿使混合料的含水量超过最佳含水量约1%。

（4）运输与摊铺

集料装车时，应控制每车料的数量基本相等。在同一料场供料的路段内，宜由远到近卸置集料。卸料距离应严格掌握，避免料不够或过多。未筛分碎石和石屑分别运送时，应先运送碎石。人工摊铺混合料时，其松铺系数为1.40~1.50；平地机摊铺混合料时，其松铺系数为1.25~1.35。用平地机或其他合适的机具将料均匀地摊铺在预定的宽度上，表面应力求平整，并具有规定的路拱。

（5）拌和

施工时根据拟定的混合料配合比、基层宽度与厚度及预定达到的干密度等计算确定各规格集料的用量，以先粗后细的顺序将集料分层平铺在下承层上，然后用人工或平地机进行摊平；级配碎（砾）石混合料可用稳定土拌和机、自动平地机、多铧犁与缺口圆盘耙相配合拌和，拌和应均匀，避免出现集料离析现象，确保级配碎（砾）石基层具有良好的整体强度。表面整理成规定的路拱横坡，随后用拖拉机、平地机或轮胎压路机在初平的混合料上快速辗轧1~2遍，使潜在的不平整部位暴露出来，再用平地机整平。

（6）辗轧

整形后，当混合料的含水量等于或略大于最佳含水量时，用三轮压路机、振动压路机或轮胎压路机进行辗轧。直线和不设超高的平曲线段，由两侧路肩开始向路中心辗轧，在设超高的平曲线段，由内侧路肩向外侧路肩进行辗轧。辗轧时，后轮应重叠1/2轮宽；后轮必须超过两段的接缝处。后轮压完路面全宽时，即为一遍，辗轧一直进行到符合要求的密实度为止。一般需辗轧6~8遍，应使表面无明显轮迹。压路机的辗轧速度，头两遍以采用1.5~1.7km/h为宜，以后用2.0~2.5km/h。路面的两侧应多压2~3遍。严禁压路机在已完成的或正在辗轧的路段上掉头或急刹车。凡含土的级配碎石层，都应进行滚浆辗轧，一直压到碎石层中无多余细土泛到表面为止，滚到表面的浆（或事后变干的薄土层）应清除干净。

（7）接缝处理

位于两个作业段之间衔接处的横缝，需要进行搭接拌和；在施工过程中，应该尽量避免纵缝的出现，如果实在难以避免纵缝，那么纵缝也需要进行搭接拌和。

（二）填隙碎石基层施工

填隙碎石基层施工的顺序为：准备下承层→施工放样→运输和摊铺粗骨料→稳压→撒布石屑→振动压实→第二次撒布石屑→振动压实→局部补撒石屑并扫匀→振动压实，填满空隙洒水饱和（湿法）或洒少量水（干法）→辗轧。其中，运输和摊铺粗骨料及振动压实是确保施工质量的关键。

填隙碎石施工时，细集料应干燥；采用振动压路机充分辗轧，尽量使粗碎石骨料的空隙被细集料填充密实，而填隙料又不覆盖粗碎石表面自成一层，粗碎石应"露子"。填隙碎石的压实度用固体体积率来表示，用作基层时，不应小于83%；用作底基层时，不应小于85%。填隙碎石基层辗轧完毕，铺封层前禁止开放交通。

第二节　沥青混凝土路面施工技术

沥青混凝土路面是以沥青材料为结合料，黏结矿料形成沥青混合料，用其修筑面层，与各类基层和垫层共同组成的路面结构。沥青作为结合料，增强了矿料颗粒间的黏结力，同时提高了路面的技术品质。由于沥青材料具有较好的弹性、黏性和塑性，因而沥青混凝土路面具有平整、耐磨，不扬尘、不透水、耐久、平稳、舒适等特点，是目前各级道路常用的路面面层。

一、施工前的准备工作

施工前的准备工作主要有确定料源及进场材料的质量检验、检查施工机械、铺筑试验路段等。

（一）确定料源及进场材料的质量检验

在沥青混凝土路面建设过程中，材料起着至关重要的作用。有些新建的高速公路沥青混凝土路面之所以会出现早期损坏，材料问题是重要原因。因此，在沥青混凝土路面施工过程中，应严把材料关，以试验结果为依据，严格控制材料质量。沥青混凝土路面使用的各种材料运至现场后，必须取样进行质量检验，经评定合格后方可使用。不得以供应商提供的检测报告或商检报告代替现场检测，以防止因使用不符合要求的材料而造成损失的情况发生。

1.沥青材料

沥青材料的选用应在全面了解各种沥青料源、质量及价格的基础上，从质量和经济两个方面综合考虑。对每批进场的沥青，均应检验生产厂家所附的试验报告，检查装运数量、装运日期、订货数量、试验结果等。对每批沥青进行抽样检测，试验中如有一项达不到规定要求，应加倍抽样试验。如仍不合格，则应退货并提出索赔。沥青材料的试验项目有针入度、延度、软化点、薄膜加热、蜡含量、密度等。有时根据合同要求，可增加其他非常规测试项目。沥青材料的存放应符合下列要求：沥青运至沥青厂或沥青加热站后，应按规定分批检验其主要性质指标是否符合要求，不同种类和标号的沥青材料应分别储存，并加以标记；临时性的储油池必须搭盖棚顶，并应疏通周围的排水渠道，防止雨水或地表水进入池内。

2.集料

集料质量差是目前公路建设中特别严重的问题，突出表现为材料脏、粉尘多、针片状颗粒含量高、级配不良等，经常达不到规范要求。我国公路部门的集料多半取自社会料场，国有企业、乡镇企业、个体企业都有，各料场的质量、规格参差不齐，使用时离析严重，导致实际级配与配合比与设计级配有很大的差距，这是造成沥青混凝土路面早期损坏的重要原因。

集料的准备应符合下列要求：不同规格的集料应分别堆放，不得混杂，有条件时应加盖防雨顶棚；各种规格的集料运达工地后，应对其强度、形状、尺寸、级配、清洁度、潮湿度进行检查。如尺寸不符合规定要求，应重新过筛；若有污染，应用水冲洗干净，干燥后方可使用。对集料质量的控制主要从粗集料、细集料、填料（矿粉）和纤维稳定剂几个方面进行。

粗集料的选择应遵循就地取材的原则，注重集料的加工特性，重点检查石料的技术标准能否满足要求，如石料等级、保水抗压强度、磨耗率、磨光值、压碎值等，以确定石料料场。实际中，有些石料虽然达到了技术标准要求，但不具备开采条件，在确定料场时也应慎重考虑。在各个料场采集样品，制备试件并进行试验，考虑经济性等问题后确定料场。在选择集料时，勿过分迷信玄武岩。

细集料的质量是确定料场的重要指标，进场的机制砂、天然砂、石屑应满足规定的质量要求。细集料应洁净、干燥、无风化、无杂质，并有适当的颗粒级配，其中最重要的是洁净。为保证细集料的质量，并从保护环境的角度来看，机制砂是今后细集料的发展方向。填料（矿粉）必须为石灰岩或岩浆岩中的强基性岩石等憎水性石料经磨细得到的矿粉，原石料中的泥土杂质应除净。矿粉应干燥、洁净，能自由地从矿粉仓流出。

纤维稳定剂宜选用木质素纤维、矿物纤维等。其掺加比例以其占沥青混合料总量的质量百分比计算。通常情况下，用于SMA路面的木质素纤维不宜低于0.3%，矿物纤维不宜低于0.4%，必要时可适当增加纤维用量。纤维掺加量的允许误差宜不超过土的5%。纤维应存放在室内或有棚盖的地方，松散纤维在运输及使用过程中应避免受潮、结团。使用纤维时必须符合环保要求，不危害身体健康。矿物纤维宜采用玄武岩等矿石制造，易影响环境及造成人体伤害的石棉纤维不宜直接使用。

（二）检查施工机械

进行沥青混凝土路面施工前，应对各种施工机械做全面检查。具体检查项目为：

检查洒油车的油泵系统、洒油管道、量油表、保温设备等有无故障，并将一定数量的沥青装入油罐，在路上试洒，校核其洒油量。每次喷洒前应保持喷油嘴干净，管道畅通。喷油嘴的角度应一致，并与洒油管成15°～25°的夹角。

检查矿料撒铺车的传动和液压调整系统，并应事先进行试撒，以确定撒铺每一种规格矿料时应控制的间隙和行驶速度。

检查沥青混合料拌和与运输设备。拌和设备在开始运转前要进行一次全面检查，注意各个连接部件螺栓连接的紧固情况，传动链的张紧度，搅拌器内有无积存余料。振动筛筛网规格及网面有无破损，冷料运输机是否运转正常和有无跑偏现象；仔细检查沥青、燃油、导热油和压缩空气供给系统是否畅通，是否有漏沥青、漏油、漏气现象；注意检查沥青拌和设备的电气系统；检查运输车辆是否符合要求，保温设施是否齐全。

检查摊铺机的规格和主要机械性能，如振捣板、振动器、熨平板、螺旋摊铺器、离合器、刮板送料器、料斗闸门、厚度调节器、自动调平装置，并检查纵坡、横坡控制器的灵敏性是否正常工作。作业前，应使用喷雾器向接料斗、推滚、刮板送料器、螺旋摊铺器及熨平板等可能粘着沥青混合料的部位喷洒柴油，但严禁在熨平板预热时喷洒柴油。

检查压路机的规格和主要机械性能（如转向，启动、振动、倒退、停驶等方面的能力）及滚筒表面的磨损情况；检查发动机冷却水量、机油量、液压油量是否符合压路机的使用要求；检查燃油量、喷水水箱的水量是否充足，保证能够顺利完成当天的生产任务。

（三）铺筑试验路段

1.铺筑试验路段的目的

铺筑沥青混合料道路时一般就地取材。每个地区的材料性能和特点各不相同，在进行道路设计时，要根据现有的材料确定矿料的级配、沥青用量。道路施工时，各个施工单位使用的设备不同。随着施工技术的不断发展，新技术、新工艺、新材料、新设备不断得到应用。铺筑试验路段的目的：减少不确定因素造成的风险，防止道路铺筑后产生缺陷；通过铺筑试验路段，对采用的新技术、新工艺、新材料、新设备进行综合验证和评定。待各项指标完全满足设计要求后，才能正式摊铺施工；通过试验路段的作业，总结出全套的作业参数，供正式施工时参照执行。

2.铺筑试验路段的要求

铺筑试验路段绝不是一种形式，必须达到所要求的目的。具体应满足以下要求：高速公路和一级公路在正式施工前，都应铺筑试验路段；其他等级的公路，在缺乏施工经验或使用新材料、新设备、新施工方法时，也应铺筑试验路段；只有施工单位、材料、机械设备以及施工方法都相同时，才能用已有的经验施工，无须铺筑试验路段；试验路段的长度一般为100~200m；为了确保试验结果准确，应选择直线路段进行试验；沥青混合料路面的每个结构层都要铺筑试验路段；确定各层试验路段位置时，不能在同一地段。

3.通过试验路段应得到的数据

热拌热铺沥青混合料路面试验路段的铺筑分试拌及试铺两个阶段，通过试验路段应得到以下数据：验证设计阶段取得的沥青混合料配合比数据，如目标配合比、生产配合比等数据是否满足设计要求；对施工准备阶段设定的沥青拌和站的各项参数进行验证，包括拌和时矿料的加热温度、沥青的加热温度、混合料的拌和时间及其他设备生产参数，测量混合料的出厂温度，还要测算拌和站的实际生产率；测量运输车将混合料运达现场后混合料的温度、运输过程所用的时间、运输车数量是否满足施工要求；验证各种施工机械的性能是否满足施工质量要求，施工机械的数量是否足够，施工机械匹配是否合理，全套施工机械能否满足均衡生产的要求；设备的技术状况是否可靠，性能是否达到最佳稳定运转状态；测量摊铺机的摊铺温度、松铺系数、摊铺机的各项作业数据；测量压路机初压时混合料的温度、复压时混合料的温度、终压时混合料的温度及辗轧过程所用的时间。使用振动压路机时，比较各振动频率和振幅的辗轧效果，确定最佳振动额率和振幅参数；进行路面渗水系数试验，检查路面沥青混合料的防水性能；建立用钻孔法与核子密度仪无破损检测路面密度的对比关系，确定压实度的标准检测方法。核子密度仪等无破损检测在辗轧成形后的热态条件下测定，取13个测点的平均值为1组数据，一个试验路段不得少于3组；钻孔法在第2d或第3d以后测定，钻孔数不少于12个。试验路段的铺筑应由有关各方共同参加，及时商定有关事项，明确试验结论。铺筑结束后，施工单位应就各项试验内容提出完整的试验路段施工、检测报告，取得业主或监理的批复。

热拌沥青混合料路面施工工艺包括混合料的拌和、运输、摊铺、压实及接缝处理等。铺筑沥青层前，应检查基层或下卧沥青层的质量，不符合要求的不得铺筑沥青面层。旧沥青路面或下卧层已被污染时，必须清洗或经铣刨处理后方可铺筑沥青混合料。

（四）沥青混合料的拌和与运输

1.沥青混合料的拌和

沥青混合料必须在沥青拌和厂（场、站）采用拌和机械拌制。拌和厂的设置必须符合国家有关环境保护、消防、安全等的规定；设计拌和厂与工地现场距离时，应充分考虑交通堵塞的可能性，确保混合料的温度下降符合要求，且不致因颠簸造成混合料离析；拌和厂应具有完备的排水设施，各种集料必须分隔储存，细集料应设防雨顶棚，料场及场内道路应做硬化处理，严禁泥土污染集料。在拌制一种新配合比的混合料之前，或生产中断了一段时间后，应根据室内配合比进行试拌；通过试拌及抽样试验确定施工质量控制指标。

（1）拌和设备

沥青混合料拌和设备按工艺流程可分为间歇式强制搅拌式和连续滚筒式，根据生产能力（按每小时拌和成品料的数量确定）又分为小型（40t/h以下）、中型（40～350t/h）和大型（400t/h以上）三种。间歇式强制搅拌式拌和设备的生产能力最高可达700t/h，连续滚筒式拌和设备的生产能力最高可达1200t/h。

对于间歇式强制搅拌式拌和设备，冷矿料的烘干、加热与热沥青的拌和先后在不同的设备中进行，采用分批计量、强制拌和的生产工艺，所生产的沥青混合料的油石比和骨料级配具有精度高、拌和均匀、残余含水率低的特点，但设备庞大，动力消耗较高。对于高速公路和一级公路，为了保证路面施工质量，以适应大负荷、大流量的运输工况，规范规定宜选择间歇式强制搅拌式拌和设备。对于连续滚筒式拌和设备，冷矿料的烘干、加热与热沥青的拌和在同一滚筒内连续进行，采用连续作业、自由拌和的生产工艺，热沙石料和热沥青液连续计量供应，不断搅拌并卸出。其搅拌器较长，装有多对按螺旋形方向安装的搅拌叶片，一端连续进料，另一端连续出料。此种拌和设备紧凑，同等生产力条件下动力消耗小。其一般装有自动控制装置，可以实现自动化生产，生产率较高，但对沥青混合料的油石比和骨料级配控制精度比较低，而且由于沥青接触火焰易老化，使用性能降低。连续滚筒式拌和设备使用的集料必须稳定不变，当一个工程从多处进料，料源或质量不稳定时，不得采用连续滚筒式拌和设备。

按其安装情况，沥青混合料拌和设备又可分为固定式和移动式。前者的全部机组固定安装在场地上，多用于规模较大，工程量集中的场合。后者若为大、中型设备，则全部机组分装在几辆特制平板挂车上，拖运到施工地点后拼装架设，多用于公路施工工程；若为小型设备，则机组安装在一辆特制平板挂车上，可随时转移，多用于道路维修工程。

选择沥青混合料拌和设备时还应注意以下情况：间歇式强制搅拌式拌和设备的总拌和能力满足施工进度要求。拌和设备的除尘设备完好，能达到环保要求。冷料仓的数量满足配合比需要，通常不宜少于5～6个。拌和设备应配备有添加纤维、消石灰等外掺剂的设备；沥青混合料拌和设备的各种传感器必须定期检查，每年不少于一次。冷料供料装置需经标定得出集料的供料曲线。

（2）材料要求

集料进场后，宜在料堆顶部平台卸料。经推土机推平后，铲运机从底部按顺序竖直装料，以减少集料离析。集料与沥青混合料取样应符合现行试验规程的要求。从沥青混合料运料车上取样时，必须设置取样台分几处采集一定深度下的样品。热拌沥青混合料宜当天拌和、当天摊铺。若遇特殊情况，如下雨或摊铺设备出故障不能立即摊铺时，可于成品储料仓内储存。

（3）拌和质量控制

高速公路和一级公路施工采用的间歇式强制搅拌式和设备必须配备计算机，拌和过程中逐盘采集并打印各个传感器测定的材料用量和沥青混合料拌和量、拌和温度等各种参数，每个台班结束时打印出一个台班的统计量。按现行《公路沥青路面施工技术规范》中规定的方法，进行沥青混合料生产质量及铺筑厚度的总量检验，若总量检验数据有异常波动，则应立即停止生产并分析原因。

①控制沥青混合料的温度。沥青混合料的出厂温度通常由沥青、矿料的加热温度控制。沥青混合料拌制完成出厂，运到施工现场时混合料的温度对摊铺质量影响很大，摊铺完成后铺层混合料的温度对压实的密实度影响最大。如果混合料的温度过低，铺筑的混合料还没有完全压实就已经冷却，铺筑层混合料将不能被压实，路面就达不到规定的密实度，路面的强度、防水性能均会受到很大的影响。

②拌和机的矿粉仓应配备振动装置以防止矿粉起拱。添加消石灰、水泥等外掺剂时，宜增加粉料仓，也可由专用管线和螺旋升送器直接加入拌和锅。若消石灰、水泥与矿粉混合使用，应注意二者因密度不同容易发生离析。

③拌和机必须有两级除尘装置。经一级除尘的部分可直接回收使用，二级除尘的部分可进入回收粉仓使用（或废弃）。对因除尘造成的粉料损失应补充等量的新矿粉。

④沥青混合料拌和时间根据具体情况经试拌确定，以沥青均匀裹覆集料为度。间歇式强制搅拌式拌和设备每盘的生产周期不宜少于45s（其中干拌时间不少于5～10s），改性沥青和SMA混合料的拌和时间应适当延长。

⑤间歇式强制搅拌式拌和设备的振动筛规格应与矿料规格相匹配，最大筛孔宜略大于混合料的最大粒径，其余筛的设置应考虑混合料的级配稳定，并尽量使热料仓大体均衡，不同级配的混合料必须配置不同的筛孔组合。

⑥生产添加纤维的沥青混合料时，纤维必须在混合料中充分分散，拌和均匀。拌和设备应配备同步添加投料装置。松散的絮状纤维可在喷入沥青的同时或稍后采用风送设备喷入拌和锅，拌和时间宜延长5s以上。颗粒纤维可在粗集料投入的同时自动加入，经5～10s

干拌后再投入矿粉。纤维的添加量很小时，也可分装成塑料小包或由人工量取直接投入拌和锅。

⑦使用改性沥青时，应随时检查沥青泵、管道、计量器是否堵塞，堵塞时应及时清洗。

⑧沥青混合料出厂时，应逐车检测沥青混合料的质量和温度、记录出厂时间，签发运料单。

2.沥青混合料的运输

沥青混合料成品应及时运往工地。运输前应查明工地的具体位置、施工条件、摊铺能力、运输路线、运距、运输时间以及所需混合料的种类和数量等，合理确定运输车辆数量。沥青混合料在运输过程中极易发生离析现象，其中尤以级配离析和温度离析居多。因此，控制和减少离析现象的发生是运输过程中质量控制的重点。

（1）运输过程中的级配离析

运输过程中级配离析的发生主要有以下几种情况：沥青拌和设备生产的混合料进入储存罐储存时，由于储存罐装置有所不同，粗集料滚向一侧，使得混合料发生离析；在沥青混合料从拌缸直接装车的过程中，规格大的石料和多面体、圆形的石料滚动较快，从而被堆放在沥青混合料周围的下部。由于沥青的黏结作用，规格小的集料相互吸附而不易滚动，因此被堆放在沥青混合料堆的中间。如果一次装完沥青混合料，易使较大的碎石滚到车辆前部、后部和两侧，从而造成离析；在沥青混合料从运输车中倒入摊铺机料斗的过程中，堆放在沥青混合料堆四周的粗集料聚集部分同时进入摊铺机料斗，而摊铺机的输料器无法消除这种离析现象，铺筑在路面上就造成了周期性的离析；载货汽车在储料仓下快速装料时，驾驶员若不移动车辆，较大粒径碎石将滚到载货汽车前部、后部和两侧，使得卸料时开始卸下的和最后卸下的都是粗集料，两侧的粗集料被卸到摊铺机受料斗的两块侧板上。这种装料方式使该车料铺筑路面的中间部分区域产生离析现象。此外，运输过程中路况不平或运料车的突然制动，也会加剧沥青混合料的离析。

（2）运输过程中的温度离析

沥青混合料从拌和厂向摊铺现场运输的过程中，沥青混合料温度与周围温度相差很多，热交换的作用会导致混合料温度在到达现场前有较大的下降。沥青混合料的温度越高，其温度下降越多；周围环境温度越低，热量损失越大。由于沥青和集料的导热系数较小，热量传导缓慢，在产生热量损失的车厢周边，冷混合料较多，中心混合料温度下降量较小。这样就在载货汽车的周边混合料与中心混合料之间产生了温度差异。

即使在炎热的夏天，环境温度也要比沥青混合料的温度低得多。车厢壁传导、对流、辐射三种方式的热量交换，会造成沥青混合料的热量损失，从而引起沥青混合料温度的下降。热量的损失主要出现在靠近车厢壁的混合料中，中心区域混合料温度下降量较小。

（3）运输过程中离析的控制

要实现运输过程中沥青路面的施工质量控制，必须有效控制和减少离析现象的发生，可以从以下几个方面入手。

①卸料和卸料方法。在从储料仓卸料至运料车的过程中，为减少沥青混合料颗粒的离析，应尽量缩短出料口至车厢的下料距离，以保持50cm为宜，且运料车应停在不同位置受料。汽车位置需要进行前、后、中三次改变，以实现平衡装料，从而减小载货汽车中混合料的离析程度。此外，也可分两层装料，装每层时先装载中间再装载前部、后部。通过试验路段，验证该措施克服离析现象的效果更佳。当载货汽车将料卸入摊铺机受料斗时，应尽量使混合料整体卸落，而不是逐渐将混合料卸入受料斗。因此，车厢底板需要处于良好的启闭状态并涂润滑剂，使全部混合料同时向后滑动。快速卸料可预防粗粒料集中在摊铺机受料斗两侧的外边部。

②运输过程的控制。由于大吨位的运输车辆易于保温，因此热拌沥青混合料宜采用较大吨位的运料车运输，但不得超载运输或急刹车、急弯掉头使透层、封层发生损伤。在运输过程中，混合料宜用篷布覆盖，以保温、防雨、防污染。为更好地减轻温度离析现象，可采用双层篷布中间加海绵的方式覆盖，将其固定在车上，卸料时不揭开。

③合理的施工组织管理。在沥青混合料成品运达工地之前，应对工地的具体摊铺位置、运输路线、运距，运输时间、施工条件、摊铺能力以及所需混合料的数量等做详细核对。

（4）运输过程中的注意事项

①运料车每次使用前后必须清扫干净，在车厢板上涂一薄层防止沥青黏结的隔离剂或防黏剂，但不得有余液积聚在车厢底部。运料车进入摊铺现场时，轮胎上不得沾有泥土等可能污染路面的脏物，宜设水池洗净轮胎后进入工程现场。

②沥青混合料在摊铺地点凭运料单接收。若混合料不符合施工温度的要求，或已经结成团、已遭雨淋，则不得铺筑。

③在摊铺过程中，运料车应在摊铺机前100~300mm处停放，空挡等候。由摊铺机推动前进开始缓缓卸料，避免撞击摊铺机。

④有条件时，运料车可将混合料卸入具有保温作用的转运车，经二次拌和后再向摊铺机连续、均匀地供料。运料车每次卸料时必须倒净，尤其是对改性沥青或SMA混合料，如有剩余，应及时清除以防止硬结。

⑤SMA及OGFC混合料在运输、等候过程中，如发现有沥青结合料沿车厢板滴漏，应采取措施予以避免。

二、沥青混合料摊铺技术

摊铺作业是沥青混凝土路面施工的关键工序之一，常包括下承层准备、施工放样、摊铺机各种参数的调整与选择、摊铺机作业等主要内容。

（一）准备工作

1.下承层的准备

沥青混合料的下承层（前一层）是指基层、联结层或面层下层。虽然下承层完成之后已进行过检查验收，但在两层施工的间隔很可能因某种原因，如雨天、施工车辆通行或其他施工干扰等，使其发生不同程度的损坏，如基层可能会出现弹软、松散或表面浮尘等，因此需对其进行维修。沥青类联结层下层表面可能被泥土污染，必须将其清洗干净。下承层表面出现的任何质量缺陷，都会影响到路面结构的层间结合强度，以致影响路面整体强度。特别是当桥头及通道两端基层出现沉陷时，应在两端全宽范围内进行挖填处理（在一定深度与长度范围内重新分层填筑与压实），并在两端适当长度内，线形略向上抬起0~3cm，使线形"饱满"。对下承层的缺陷进行处理后，即可涂抹透层油或黏层油。

2.施工放样

施工放样必须超前于摊铺施工，要尽可能减少放样误差。施工放样包括标高测定与平面控制两项内容。标高测定的目的是确定下承层表面高程与原设计高程相差的确切数值，以便在挂线时纠正到设计值或保证施工层厚度。根据标高值设置挂线标准桩，借以控制摊铺厚度和标高。无自控装置的摊铺机不存在挂线问题，但应根据所测的标高值和本层应铺厚度综合考虑确定实铺厚度，用适当垫块或定位螺旋调整就位。为便于掌握铺筑宽度和方向，还应放出摊铺的平面轮廓线或设置导向线。

标高放样时应考虑土层的标高差值（设计值与实际标高值之差）、厚度和本层应铺厚度，综合考虑后定出挂线桩顶的标高再打桩挂线；当下承层的厚度不够时，应在本层内加入厚度差并兼顾设计标高；如果下承层的厚度足够而标高低，则应根据设计标高放样；如果下承层的厚度与标高都超过设计值，则应按本层厚度放样；若下承层的厚度和标高都不够，则应以差值大的为标准进行放样。总之，标高放样不但要保证沥青路面的总厚度，而且要考虑使标高不超出容许范围。当两者矛盾时，应以满足厚度为主考虑放样，放样时计入实测的松铺系数。

3.摊铺机的准备

热拌沥青混合料应采用沥青摊铺机摊铺。在喷过黏层油的路面上铺筑改性沥青混合料或SMA时宜使用履带式摊铺机。摊铺机的受料斗应涂刷薄层隔离剂或防黏结剂。铺筑高速公路、一级公路沥青混合料时，一台摊铺机的铺筑宽度不宜超过6（双车道）~7.5m（3车道以上），通常宜采用两台或两台以上摊铺机前后错开10～20m呈梯队方式同步摊铺。两幅之间应有30～60mm宽的搭接，并躲开车道轮迹带，上、下层的搭接位置宜错开200mm以上。

（二）摊铺机施工作业

1.摊铺机的作业速度

摊铺机的作业速度对摊铺机的作业效率和摊铺质量影响极大。正确选择作业速度是加快施工进度、提高摊铺质量的重要手段。如果摊铺机时快时慢、时开时停，将导致熨平板受力系统平衡变化频繁，会对铺层平整度和密实度产生很大影响：过快则铺层疏松、供料困难；停机会使铺层表面形成台阶状，且料温下降，不易压实。

摊铺机必须缓慢、均匀、连续不间断地摊铺，不得随意变换速度或中途停顿，以提高平整度，减少混合料的离析。摊铺速度可根据混合料的供给能力、摊铺宽度和厚度确定。

2.摊铺机的调平方式

现代沥青混合料摊铺机有完善的自动调平装置，包括纵坡调平和横坡调平两种调平装置。纵坡调平装置是在摊铺机一侧的地面上设置一条水平的纵坡基准线作为参照物，摊铺机作业时比照该基准线摊铺，使该侧摊铺始终保持设定高度。横坡调平装置是在纵坡控制的基础上进行控制的。当熨平板的一侧用纵坡控制保持设定高度后，横坡调平装置可使熨平板保持横向水平，使铺筑的路面成为一个水平面。横坡调平装置也可使熨平板始终保持一定的横向坡度，以满足道路横向路拱的坡度要求，使用时可根据需要采用纵坡和横坡配合控制，也可以选择使用两个纵坡控制。

纵坡基准是摊铺机能够摊铺出平整路面的基础，分为绝对高程基准和地面平均高程基准。在实际施工中，绝对高程基准适用于摊铺下面层和中面层，以保证路面各个部位的高程；地面平均高程基准适用于摊铺表面层，使摊铺表面圆润、平滑，以提高车辆行驶的舒适性。绝对高程基准包括钢丝绳基准、铝合金梁基准、路缘石基准等，一般应在摊铺施工前在地面上设置。地面平均高程基准包括拖梁基准、滑靴平衡梁基准、多足式基准梁基准、大型平衡梁基准、声呐平衡梁基准等。其中，声呐平衡梁是通过声呐测量地面的平整度，采用非接触测量，也称为非接触式平衡梁。一般情况下，摊铺机应采用自动调平方式。下面层或基层宜采用钢丝绳引导的高程控制方式，上面层宜采用平衡梁或雪橇式摊铺厚度控制方式，中面层根据情况选用找平方式。直接接触式平衡梁的轮子不得黏附沥青，铺筑改性沥青或SMA路面时宜采用非接触式平衡梁。

三、沥青混合料的压实技术

压实是沥青混凝土路面施工的最后一道工序，目的是提高沥青混合料的强度、稳定性以及疲劳特性。若采用优质的筑路材料、精良的拌和与摊铺设备及良好的施工技术，则可以摊铺出较理想的混合料层。但一旦辗轧中出现任何质量缺陷，则必将前功尽弃。

（一）压实机械的选择

压路机种类很多，目前最常用的压路机有静力光轮压路机、轮胎压路机和振动压路机。静力光轮压路机和轮胎压路机一般采用机械传动，振动压路机大多采用液压传动。

1.静力光轮压路机

静力光轮压路机按其质量可分为特轻型（0.5～2t）、轻型（2～5t）、中型（5～10t）、重型（10～15t）和特重型（15～20t）5种，按轮数可分为拖式、双轮式和三轮式3种。目前使用较多的是中型和特重型两轮或三轮压路机，依靠其自重或附加配重对路面产生静压力，单位直线静压力为4000～12000kPa。两轮静力光轮压路机的后轮为驱动轮，其质量一般为8～10t，适用于沥青路面的初压和终压。三轮静力光轮压路机也是两后轮为驱动轮，质量一般为12～18t，由于其单位直线静压力大，易使混合料发生推移，且启动、停机不灵活，目前已不多用。

2.轮胎压路机

轮胎压路机通常有5～11个光面橡胶辗轧充气轮胎，工作质量一般为5～25t。目前常用前5轮、后6轮的9～16t机型，轮胎压力为500～620kPa，使用轮胎压路机进行初压时产生的推移小，过去使用较多。但使用轮胎压路机进行初压时，由于混合料温度较高而易出现轮胎压痕，在低温季节或大风环境中混合料的温度下降较快，该痕迹难以被后续的辗轧作业消除。轮胎压路机目前主要用作中间辗轧，利用其揉压作用可以有效提高压实度，减少静力压路机辗轧后表面产生的细裂纹和孔隙。应用轮胎压路机压实摊铺侧边时对路缘石的擦边碰撞破坏也较小。当铺层温度较高时（大于80℃）不宜用轮胎压路机进行终压，以免留有轮胎印痕。

3.振动压路机

振动压路机的压实功主要来自自重和钢轮振动的共同作用。沥青路面施工常用的振动压路机质量为7～18t，激振力为150～300kN，主要机型为单辗轧轮式振动压路机和双辗轧轮式（串联）振动压路机。单辗轧轮式振动压路机前面有1个振动轮，后面配置2个橡胶驱动轮。由于其轮胎的印花较深，且自重和激振力较大，通常只用作复压。双辗轧轮式振动压路机依靠2个辗轧轮共同驱动，具有可调的振频和振幅，目前使用最为广泛。

沥青路面施工应配备足够数量的压路机，选择合理的压路机组合方式及初压、复压、终压（包括成型）的辗轧步骤，以达到最佳辗轧效果。在高速公路上铺筑双车道沥青路面的压路机不宜少于5台。当施工气温低、风大、辗轧层薄时，压路机的数量应适当增加。

（二）辗轧速度、温度和厚度

1.辗轧速度

压路机应以慢而均匀的速度辗轧，压路机的辗轧路线及辗轧方向不应突然改变而导致混合料发生推移。辗轧区的长度应大致恒定，两端的折返位置应随摊铺机的前进而推进，横向不得在相同的断面上。

2.辗轧温度

压路机的辗轧温度应符合相关要求，并根据混合料种类、压路机、气温、层厚等经试压确定。在不产生严重推移和裂缝的前提下，初压、复压、终压都应在尽可能高的温度下进行。同时，不得在低温状况下反复辗轧，以免石料棱角被磨损、压碎、破坏集料嵌挤。

3.辗轧厚度

沥青混凝土压实层的最大厚度不宜大于100mm，沥青稳定碎石混合料的压实层厚度不宜大于120mm，但当采用大功率压路机且经试验证明能达到压实度时允许增大到150mm。

（三）辗轧作业程序

辗轧分为初压、复压和终压三道工序。

1.初压

初压的目的是整平和稳定沥青混合料，同时为复压创造有利条件，因此要注意压实的平整性。初压应紧跟摊铺机后进行，并保持较小的初压区长度，以尽快将表面压实，减少热量散失。摊铺后初始压实度较大，经实践证明，采用振动压路机或轮胎压路机直接辗轧无严重推移而有良好效果时，可免去初压而直接进入复压工序。通常宜采用钢轮压路机静压1~2遍。辗轧时应将压路机的驱动轮面向摊铺机，从外侧向中心辗轧，在超高路段则由低处向高处辗轧，在坡道上应将驱动轮从低处向高处辗轧。初压后应检查平整度，路拱有严重缺陷时应进行修整或者返工。

2.复压

复压的目的是使沥青混合料密实、稳定、成形，混合料的密实程度取决于复压，因此复压必须与初压紧密衔接，不得随意停顿。压路机辗轧段的总长度应尽量小，通常不超过60~80m。采用不同型号的压路机组合辗轧时，宜安排每一台压路机做全幅辗轧，以防止不同部位的压实度不均匀。密级配沥青混凝土的复压宜优先采用重型轮胎压路机进行搓揉辗轧，以增强密水性，其总质量不宜小于25t，每一轮胎的压力不小于15kN，相邻辗轧带应重叠1/3~1/2的辗轧轮宽度，压完全幅为一遍。辗轧到要求的压实度，且无显著轮迹为止。总的辗轧遍数由试压确定，且不宜少于4遍。对于以粗集料为主的较大粒径的混合料，尤其是大粒径沥青稳定碎石基层，宜优先采用振动压路机复压。厚度小于30mm

的薄沥青层不宜采用振动压路机辗轧。振动压路机的振动额率宜为35～50Hz，振幅宜为0.3～0.8mm。层厚较大时选用低频率、大振幅，以产生较大的激振力；厚度较小时采用高频率、低振幅，以防止集料破碎。相邻辗轧带重叠宽度为100～200mm。振动压路机折返时应先停止振动。

当采用三轮钢筒式压路机时，总质量不宜小于12t，相邻辗轧带宜重叠后轮的1/2宽度，并不应小于200mm。

3.终压

终压的目的是消除轮迹，形成平整的压实面，因此这道工序不宜采用重型压路机在高温下完成，否则会影响平整度。终压应紧接着复压进行，如经复压后已无明显轮迹，可免去终压。终压可选用双轮钢筒式压路机或关闭振动的振动压路机进行，辗轧不宜少于2遍，到无明显轮迹为止。对未压实的边角应辅以小型机具压实。

第三节　水泥混凝土路面施工技术

水泥混凝土路面也称刚性路面，具有强度高、刚度大、稳定性好、养护维修费用低、使用寿命长等优点，在道路工程特别是高等级、重交通量的道路中已得到广泛应用。水泥混凝土路面是由包括普通混凝土、钢筋混凝土、连续配筋混凝土、预应力混凝土、装配式混凝土和钢纤维混凝土等面层板和基层、垫层组成的。普通混凝土路面是指除接缝区和局部范围（边缘和角隅）外不配置钢筋的混凝土路面。水泥混凝土路面与沥青路面相比有对水泥和水的需求量大、开放交通迟、有接缝和修复困难等缺点。

一、水泥混凝土路面材料组成

（一）水泥

公路、城市道路、厂矿道路应采用硅酸盐水泥或普通硅酸盐水泥（简称普通水泥），水泥强度等级不应低于42.5级。

当条件受限制时，可采用矿渣水泥，其强度不应低于42.5级；中轻交通等级道路强度等级不宜低于32.5级，并严格控制用水量，适当延长搅拌时间，加强养护工作；亦可采用325号普通水泥，但应采取掺外加剂、干硬性混凝土或真空吸水措施。民航机场道路和高速公路，必须采用强度不低于42.5级的硅酸盐水泥，水泥应有出厂合格证（含化学成分、物理指标），并经复验合格，方可使用。不同强度等级、厂牌、品种、出场日期的水泥，不得混合堆放，严禁混合使用。出场期超过三个月或受潮的水泥，必须经过试验，按其试验结果决定正常使用或降级使用。已经结块的水泥不得使用。

（二）粗集料

粗集料的最大公称粒径：碎砾石不应大于26.5mm，碎石不应大于31.5mm，砾石不宜大于19.0mm；钢纤维混凝土粗集料最大粒径不宜大于19.0mm。混凝土所用的集料应坚硬耐磨、表面粗糙、有棱角，并符合规定级配。

（三）沙（细集料）

混凝土的细集料是指细度模数在2.5以上的天然沙、机制沙或混合沙，海沙不得直接用于混凝土面层。淡化海沙不应用于城市快速路、主次干道，但可用于支路混凝土。用沙应质地坚硬、耐久、洁净。其技术指标与级配符合规范要求。

（四）水

饮用水可直接作为混凝土搅拌和养护用水。非饮用水应进行水质检验，并应符合有关规定，还应与蒸馏水进行水泥凝结时间与水泥胶沙强度的对比试验。

（五）外加剂

1.流变剂

流变剂是改善新拌混凝土流变性能的外加剂，工程中常用的流变剂为减水剂。工程中常用的减水剂有木质素系减水剂（简称M剂）、萘系减水剂（简称NF、MF剂等），水溶性树脂（密胺树脂）类减水剂等。

2.调凝剂

调凝剂是调节水泥混凝土凝结时间的外加剂，通常有早强剂、促凝剂、速凝剂和缓凝剂。常用的促凝剂有水玻璃、铝酸钠、碳酸钠、氟化钠、氯化钙等。速凝剂是使水泥混凝土迅速凝结和硬化的外加剂，可用于冬季施工。

常用的有红星1号、711型、782型等，通常掺入量为水泥用量的2.5%～4.0%，初凝时间可在5min之内，终凝时间在10min之内，缓凝剂常在气温较高时拌制混凝土使用。

3.引气剂

引气剂能在混凝土中形成均匀分布、稳定而封闭的微小气泡，对新拌混凝土可改善其工作性、减少泌水和离析，对硬化后的混凝土，可缓冲其水分结冰膨胀的作用，目前，常用的有松香热聚物、烷基磺酸钠和烷基苯磺酸钠等。

二、水泥混凝土面层施工技术

（一）施工准备

1.施工机械选择

常见的水泥混凝土路面的摊铺机械有滑模摊铺机、轨道摊铺机、三辊轴机组、小型机具和辗轧混凝土摊铺机械等。

2.技术准备

当采用自拌混凝土时，应选择合适的拌和场地，要求运送混合料的运距尽量短、水、电等方便，有足够面积的场地，能合理布置拌和机和沙、石堆放点，并能搭建水泥库房等；有碍施工的建筑物、灌溉渠道和地下管线等，均应在施工前拆迁完毕；进行混凝土摊铺前，应先对基层进行整修，检测基层的宽度、路拱、标高、平整度、强度和压实度等各项指标是否达到设计和规范要求，并经监理工程师同意后才能进行。进行混凝土摊铺前，基层表面应洒水润湿，以免混凝土底部水分被干燥基层吸去。

（二）模板与钢筋

模板安装应符合下列规定：支模前应核对路面标高、面板分块、胀缝和构造物位置；模板应安装稳固、顺直、平整，无扭曲，相邻模板连接应紧密、平顺，不应错位；严禁在基层上挖槽嵌入模板；使用轨道式摊铺机应采用专用钢制轨模。钢筋安装应符合下列规定：钢筋安装前应检查其原材料品种、规格与加工质量，确认其符合设计规定；钢筋网、角隅钢筋等安装应牢固、位置准确；钢筋安装后应进行检查，合格后方可使用；传力杆安装应牢固、位置准确；胀缝传力杆应与胀缝板、提缝板一起安装。

（三）混凝土搅拌

混凝土的搅拌时间应按配合比要求与施工对其工作性要求，经试拌确定，每盘最长总搅拌时间宜为80~120s；外加剂宜稀释成溶液，均匀加入进行搅拌；混凝土应搅拌均匀，出仓温度应符合施工要求。搅拌钢纤维混凝土，除应满足上述要求外，还应符合下列要求：当钢纤维体积率较高、搅拌物较干时，搅拌设备一次搅拌量不宜大于其额定搅拌量的80%；钢纤维混凝土的投料次序、方法和搅拌时间，应以搅拌过程中钢纤维不产生结团和满足使用要求为前提，经试拌确定；钢纤维混凝土严禁用人工搅拌。

（四）混凝土拌和物的运输

1.机动车运送

在路面施工中，为了便于混凝土的摊铺，一般采用自卸车运送混凝土拌和物（工程量一般，现场条件有一定限制时，也可以使用机动翻斗车）。机动车运送混凝土拌和物，主要的风险类型是车辆伤害，其风险控制的重点在于以下几点。

杜绝超载、超速行驶的不安全行为；遇视线不良天气（大雾、沙尘暴等）时，严防快速行驶的不安全行为；卸料前，严防不确认车厢上方无电线或障碍物（尤其是乡村公路）的不安全行为；车厢处于举升状态时，杜绝作业人员上车厢清除残料的不安全行为；卸料后，杜绝在车厢倾斜情况下行驶的不安全行为。

除了要严防车辆伤害外，还应加强现场指挥，防止机动车与其他施工机械之间发生碰撞而导致各种意外伤害事故，防止造成地面作业人员的意外伤亡。

2.手推车运送

在工程量很小或现场条件不适合使用大中型运输车时，可使用现场拌和混凝土，采用手推车将混凝土运送到摊铺现场。手推车运送混凝土拌和物的风险控制重点在于：杜绝猛跑、撒把溜车的不安全行为，以免手推车倾翻而导致机械伤害（很可能是伤害他人）；严防车斗内载人的不安全行为，以免造成机械伤害；多车推送混凝土时，防止前后车之间距离过近（一旦后车控制不住手推车，很可能造成前车的推车、人受到挤压伤害）。

（五）混凝土拌和物的摊铺

1.人工小型机具施工

人工小型机具施工水泥混凝土路面层，应符合下列规定：混凝土松铺系数宜控制在1.10～1.25；摊铺厚度达到混凝土板厚度的2/3时，应拔出模内钢钎，并填实钎洞；混凝土面层分两次摊铺时，上层混凝土的摊铺应在次下层混凝土初凝前完成，且下层厚度宜为总厚度的3/5；混凝土摊铺应与钢筋网、传力杆及边缘角隅钢筋的安放相配合；一块混凝土板应一次连续浇筑完毕；混凝土采用插入式振捣器振捣时，不应过振，且振动时间不宜少于30s，移动间距不宜大于50cm；使用平板振捣器振捣时应重叠10～20cm，振捣器行进速度应均匀。

2.三辊轴机组铺筑

三辊轴机组铺筑应符合下列规定：辊轴机组铺筑混凝土面层时，辊轴直径应与摊铺层厚度匹配，且必须同时配备、安装插入式振捣器组的排式振捣机；振捣器的直径宜为50～100mm，间距不应大于其有效作用半径的1.5倍，且不得大于50cm；当面层铺装厚度小于15cm时，可采用振捣梁，其振捣频率宜为50～100Hz，振捣加速度宜为4～5g（g为重力加速度）；当一次摊铺双车道面层时，应配备纵缝拉杆插入机，并配有插入深度控制和拉杆间距调整装置。铺筑作业应符合下列要求：卸料应均匀，布料应与摊铺速度相适应；设有接缝拉杆的混凝土面层，应在面层施工中及时安设拉杆；三辊轴整平机分段整平的作业单元长度宜为20～30m，振捣机振实与三辊轴整平工序之间的时间间隔不宜超过15min；在一个作业单元长度内，应采用前进振动、后退静滚方式作业，最佳滚压遍数应经过试铺确定。

（六）表面修整

1.抹平作业

采用抹平机抹平表面时，其风险控制的重点在于：杜绝抹平机带病使用的不安全行为，以免造成机械伤害；作业时，严防无专人收放电缆的不安全行为，以免造成触电伤害；杜绝抹平机带负荷启动的不安全行为，以免造成设备损坏。

2.吸水作业

路面混凝土摊铺、振捣、抹平后，在混凝土表面铺上吸垫，启动真空设备，从混凝中吸出游离水，可降低混凝土水灰比，从而提高混凝土路面的质量。在真空吸水装置作业时，其风险控制的重点在于：杜绝真空泵绝缘不良而导致触电伤害；吸水作业时，严防操作人员在吸垫上行走或压其他物件，以免造成吸垫损坏或者影响工程质量；冬季施工时，严防真空泵存有冷却水，以免造成真空泵损坏；严防掀起盖垫前未断电，以免触电。

三、滑模式摊铺机施工

滑模摊铺的特点是不需轨模，由四个液压缸支承腿控制的履带行走机构行走。它可以通过控制机构上下移动，调整摊铺层厚度。在摊铺机两侧安装固定的滑模板。因此，不需另设轨模，这种摊铺机一次通过就可以完成摊铺、捣实、整平等多道工序。滑模摊铺机械化程度高，其施工工艺较为复杂，每一个流程都要求做到充分、精确。

（一）施工前的准备

铺筑前需要保证基层平整，设有沙垫层的，垫层表面应平整、密实；模板尺寸、位置、高程等应满足设计要求，支撑牢固稳定，隔离剂涂刷均匀，模板接缝严密、模内洁净；预埋胀缝板的位置正确；边缘、角隅及其他部位的钢筋安装牢固，位置准确，传力杆与胀缝垂直，绑扎牢固，套筒安装齐全、位置准确；各种检查井井盖、井座、雨水口箅子、砼保护圈应预先安装完成，且安装牢固，位置准确，标高与路面标高协调一致；水泥混凝土运输应确保及时、连续；设有纵缝的水泥混凝土路面层，在成型水泥混凝土板块侧立面，应按要求涂刷隔离剂。

（二）正确设置滑模摊铺机各项工作参数

1.振捣棒位置

振捣棒的位置应在压板最低点以上，振捣棒的横向间距大于450mm均匀排列，两侧最边缘振捣棒与摊铺边缘距离不宜大于250mm。振捣棒位置是保证面板不产生纵向收缩裂缝的关键，振捣棒随滑模摊铺机拖行时，将粗集料推开，会形成无粗集料的沙浆暗沟。因为沙浆的干缩量是混凝土的20倍，所以，如果主要振捣棒掉下来，摊铺后的路面留有发亮的沙浆条带，路面必然纵向开裂。在所有公路路面摊铺时，振捣棒的最低点位置必须设置在路表面以上。也有很深的厚面板，如广州新白云机场，面板厚度达42cm。除了缩窄一倍加密振捣梯的横向间距外，一半振捣棒安装在表面，另一半是插入板中的。公路没有这么厚的面板，均必须设置在路表面以上，防止开裂。

2.前倾斜角

挤压底板前倾角宜设置为30°左右，提浆夯板位置宜在挤压底板前缘以下5~10mm，这是横向拉裂与否的关键。

3.超铺角及搓平梁

两边缘超铺角宜在3~8mm，搓平梁前宜调整到与挤压板后沿同高，搓平梁的后沿比挤压底板后沿低1~2mm，并与路面同高。

4.位置校准

滑模摊铺机首次摊铺路面时，应对挂线及其铺筑位置、几何参数和机架水平度进行校准，准确无误后，方可开始摊铺。

5.复核测量

在开始摊铺的5min内，应在铺筑行进中对摊铺出的路面标高、边缘厚度中线、横坡度等参数进行复核测量。所摊铺的路面精确度应控制在规范的规定值范围内。

（三）混凝土搅拌与运输

搅拌前应先检查搅拌设备的各机构是否正常运转，并根据实验室提供的配料单将各材料数据输入搅拌设备微机里，接到前方通知后进行拌和。应根据拌和物黏聚性、均质性及强度稳定性试拌确定最佳拌和时间。所生产的拌和物应色泽一致，如有生料、干料、离析或外加剂成团的非均质混合物时，严禁用于路面铺筑。

把搅拌好的混凝土拌和物运到摊铺现场，在运输过程中要保证不漏浆、不变干、不离析，卸料时尽量不要堆积太高。卸料高度不应超过1.5m。远距离运输或运输桥面、钢筋混凝土路面混凝土拌和物时，宜采用混凝土运输车。机前布料尽量使混凝土在全宽方向厚度较均匀，中间可高一点，布料高度一般比成型后的路面高出6~10cm为宜。

（四）铺筑作业技术要领

1.摊铺速度

操作滑模摊铺机应缓慢、匀速、连续不间断地作业。摊铺速度应根据拌和物稠度、供料多少和设备性能控制在0.5～3.0m/min，一般宜控制在1m/min左右。拌和物稠度发生变化时，应先调振捣频率，后改变摊铺速度。

2.松方控制

应随时调整松方高度板控制进料位置，开始时宜略设高些，以保证进料。正常摊铺时应保持振捣仓内料位高于振捣棒100mm左右，料位高低上下波动宜控制在30mm之内。为了摊铺高平整度的路面，挤压底板的料与振动仓内的混凝土之间，始终应维持相互间压力的均衡，才不至于因挤压力忽大忽小而影响平整度。

3.振捣频率控制

正常摊铺时，振捣频率可在6000～11000r/min调整，宜采用9000r/min左右的频率；应防止混凝土过振、欠振或调振；应根据混凝土的稠度大小，随时调整摊铺的振捣频率或速度；摊铺机起步时，应先开启振捣棒振捣2～3min，再缓慢平稳推进；摊铺机脱离混凝土后，应立即关闭振捣棒组。

4.纵坡施工

滑模摊铺机满负荷时可铺筑的路面最大纵坡为：上坡5%、下坡6%。上坡时，挤压底板前仰角宜适当调小，并适当调小抹平板压力；坡度较大时，为了防止摊铺机过载，推不动，宜适当调整挤压底板前仰角；下坡时，前仰角宜适当调大，并适当调大抹平板压力。板底不小于3/4长度，接触路表面时抹平板压力适宜。

5.纵缝拉杆安置

摊铺单车道时，必须根据路面设计配置单侧或双侧找拉杆机械装置，打拉杆装置的正确插入位置应在挤压底板下的中部或偏后部，无论采用何种方式打入拉杆，其压力应满足一次打到位。

（五）路面修整

滑模摊铺过程中应采用自动抹平板装置进行抹面。对少量局部麻面和明显缺料部位，应在挤压板后或梁前补充拌和物，由搓平梁或抹平板机械修整。

滑模摊铺的混凝土面板在下列三种情况下，可用人工进行局部修整。

（1）用人工操作抹面抄平，精整摊铺后表面小缺陷，但不得在整个表面加薄层修补路面标高。

（2）对纵缝边缘出现的倒边、塌边、溜肩现象，应在顶侧模或在上部支方铝管进行边缘处补料修整。

（3）对起步和纵向施工接头处，应使用水准仪抄平并采用大于3m的靠尺边测边修整。

滑模摊铺结束后，必须及时做好以下工作：要清洗滑模摊铺机，进行当日保养、加油、加水、打润滑油等；应丢弃端部的混凝土和摊铺机振动仓内遗留下的纯砂浆；设置施工缝端模，并用水准仪测量面板高程和横坡。

为使下次摊铺能紧接着施工缝开始，两侧模板应向内各收进20～40mm，收口长度宜比滑模摊铺机侧模板略长；施工缝部位应设置传力杆，并应满足路面平整度、高程、横坡和板长要求；在开始摊铺和施工接头时，应做好端头和接合部位的平整度，防止工作缝接合部低洼现象，接头部位宁高勿低。

第十二章　道路路面施工验收

第一节　沥青路面施工质量管理及检查验收

沥青路面施工应根据全面质量管理的要求，建立健全有效的质量保证体系，对施工各工序的质量进行检查评定，达到规定的质量标准，确保施工质量的稳定性。高速公路、一级公路沥青路面应加强施工过程质量控制，实行动态质量管理。

一、材料质量控制

（一）原材料的质量及检验

原材料质量符合要求是保证沥青路面质量的重要前提条件，施工前必须检查各种材料的来源和质量。工程开始前，必须对材料的存放场地、防雨和排水措施进行确认，不符合规范要求的材料不得进场。各种材料都必须在施工前以"批"为单位进行检查，不符合规范技术要求的材料不得进场。进场的各种材料的来源、品种、质量应与招标时提供的样品一致，不符合要求的材料严禁使用。

（二）混合料的配合比检验与调整

在施工过程中，应对沥青混凝土混合料的性能做随机抽样检查。检查项目包括马歇尔稳定度、流值、空隙率、饱和度、沥青抽提试验（每天做）、抽提后的矿料级配组成等。当以上指标检验不符合要求时，需及时调整，直到满足要求为止。

二、机械设备检查

施工前应对沥青搅拌楼、摊铺机、压路机等各种施工机械和设备进行调试，并对机械设备的配套情况、技术性能、传感器计量精度等进行认真检查标定。

三、施工过程中的质量管理与检查

施工单位在施工过程中应随时对施工质量进行自检。监理应按规定要求自主地进行试验，并对承包商的试验结果进行认定，如实评定质量，计算合格率。当发现有质量低劣等异常情况时，应立即追加检查。施工过程中无论是否已经返工补救，所有数据均必须如实记录，不得丢弃。

沥青拌和厂必须按《公路工程质量检验评定标准第一册土建工程》（JTGF80/1-2017）的规定对沥青混合料生产过程进行质量控制，并按规定的项目和频度检查沥青混合料产品的质量，如实计算产品的合格率。单点检验评价方法应符合相关试验规程的试样平行试验的要求。

（一）一般要求

（1）沥青面层施工必须在收到主管部门的开工令后方可开工。

（2）在施工过程中，应由专职的质量检测机构负责施工质量的检查和试验。

（3）施工单位在施工过程中应对施工质量进行自检。

实行监理制度的工程项目，监理工程师或质量监督人员也应进行抽检或旁站检验。

（二）施工过程中的材料检查内容及要求

施工中的材料检查，是在每批材料进场时已进行过检查及批准的基础上，再抽查其质量稳定性（变异性）。其检查的内容及要求见相关规范，质量应符合指标的要求。

（三）施工过程中的质量检查及控制标准

施工过程中的质量检查包括工程质量及外形尺寸两部分。其检查内容、频度、质量标准应符合规范的要求。

四、交工验收阶段的工程质量检查与验收

（一）施工单位自检自评

沥青路面工程完工后，施工单位应将全线以1~3km作为一个评定路段，每一侧行车

道应按规定频度随机选取测点，对沥青面层进行全线自检，将单个测定值与表中的质量要求或允许偏差进行比较，计算合格率，然后计算一个评定路段的平均值、极差、标准差及变异系数。施工单位应在规定时间内提交全线检测结果及施工总结报告，申请交工验收。

（1）工程完工后应全线测定路面平整度、宽度、纵断面高程、横坡度等，提出竣工图。

（2）对需要钻（挖）孔取样才能检查的厚度、压实度、沥青用量、矿料级配等，为了减少对路面的破坏，经主管部门同意后，可利用施工过程中测定的数据。当需要实测矿料级配和沥青用量时，可将一个评定路段钻孔的混合料合为一个试样抽提。

（3）车行道面层检查的质量指标应符合规定。对厚度和压实度还应按"沥青面层压实度计算及标准密度的确定方法"计算每一个评定路段的平均值与代表值，并进行评定。

（4）人行道沥青面层的质量检查、验收与车行道相同，其质量指标应符合规范的要求。

（5）大、中型桥梁水泥混凝土桥面沥青铺装的质量检查与验收，以100m作为一个评定路段，其质量指标应符合规范的要求。

（6）路缘石的质量检查和验收与车行道相同。其质量指标应符合规范的要求。

（二）工程建设单位检查验收

工程建设单位或监理、工程质量监督部门在接到施工单位的交工验收报告，并确认施工资料齐全后，应立即对施工质量进行交工检查与验收。检查验收应按随机抽样的方法，选择一定数量的评定路段进行实测检查，每一检查段的检查频度、试验方法及检测结果应符合规范的规定。当实测检查有困难时，经主管部门同意后，可利用施工单位的质量检测结果，随机抽查一定数量，对工程质量进行评定。在此种情况下，仍应复测部分路段的平整度，并利用施工中保存的钻孔试件对厚度及压实度进行复校。

五、工程施工总结及质量保证期管理

工程结束后，施工企业应根据国家竣工文件编制的规定，提出施工总结报告及若干个专项报告，连同竣工图表形成完整的施工资料档案。

施工总结报告应包括工程概况（包括设计及变更情况）、工程基础资料、材料，施工组织、机械及人员配备、施工方法、施工进度、试验研究、工程质量评价、工程决算、工程使用服务计划等。

施工企业在高速公路和一级公路施工结束通车后，应进行一定时间（宜为交工后一年）的工程使用服务。服务内容包括路面使用情况观测、局部损坏的维修保养，并将服务情况报告有关部门。

施工管理与质量检查报告应包括施工管理体制、质量保证体系、施工质量目标、试验段铺筑报告、施工前及施工中材料质量检查结果（测试报告）、施工过程中工程质量检查结果（测试报告）、工程交工验收质量自检结果（测试报告）、工程质量评价以及原始记录、相册、录像等各种附件。

施工企业在质保期内，应进行路面使用情况观测、分析局部损坏的原因并进行保养维修等。质量保证的期限根据国家规定或招标文件等要求确定。

第二节　水泥混凝土路面施工质量检查与竣工验收

一、施工质量控制

（一）铺筑试验路段

1.试验路段

水泥混凝土路面工程使用滑模、轨道、三辊轴机组施工时，在正式摊铺水泥混凝土路面前，必须铺筑试验路段。试验路段长度不应少于200m，高速公路、一级公路宜在主线路面以外试铺，路面厚度、摊铺宽度、接缝设置、钢筋设置等均应与实际工程相同。

2.铺筑试验路段的目的

（1）检验施工设备配套。通过试拌检验搅拌楼性能及确定合理搅拌工艺，检验适宜摊铺的搅拌楼拌和参数：上料速度、拌和容量、搅拌均匀所需要的时间，新拌混凝土坍落度、振动黏度系数、含气量、泌水性、VC值和生产使用的混凝土配合比等。

（2）试铺检验路面摊铺工艺和质量。通过试铺检验主要机械的性能和生产能力，检验辅助施工机械组配的合理性，检验路面摊铺工艺和质量；模板架设固定方式或基准线设置方式，摊铺机械（具）的适宜工作参数，包括松铺高度、摊铺速度、振捣时间与频率、滚压遍数、中间和侧向拉杆置入情况等；检验整套施工工艺流程。

（3）全体施工人员现场施工培训。通过培训使工程技术及工作人员熟悉并掌握各自的操作要领。

（4）检验施工组织形式和人员编制。按施工工艺要求检验施工组织形式和人员编制。

（5）建立健全路面铺筑系统的质量管理体系。建立混凝土原材料、拌和物、路面铺筑全套技术性能检验手段，熟悉检验方法。

（6）确定施工管理调度系统。检验通信联络和生产调度指挥系统。

3.总结试铺效果

在试铺过程中，施工人员应认真做好记录，监理工程师应督促检查试验段的施工质量，及时与施工单位商定并解决问题。试验段铺筑完成后，施工单位应提出试验路段总结报告，上报监理和业主批复，获得正式开工认可。

（二）混凝土路面施工中的质量管理程序

（1）开工许可。混凝土路面铺筑只有得到正式开工令，方可开工。

（2）质量自检。施工单位在施工过程中应随时对施工质量进行自检，监理单位工程师应进行抽检或旁站检验，并对施工单位的自检结果进行检查认定。当施工人员、监理工程师发现异常情况时，应立即报告建设单位。

（3）控制质量稳定性。应由专门质量检验机构负责施工质量的检查与监督。除施工方自检外，监理、质检站应按规定频率抽检。混凝土拌和物的稳定性取决于原材料稳定及搅拌楼配料精确度；而路面铺筑的质量稳定性除满足上述条件外，还要求现场水泥路面的铺筑及关键设备如摊铺机、布料机、三辊轴整平机、刻槽机、切缝机等操作规范稳定。

（三）三大关键质量指标的自检规定

（1）平整度。3m直尺检测平整度，作为施工过程中质量控制检测目的；车载式平整度仪检测的动态平整度结果，作为二级以上公路交工及竣工验收时工程质量的评定依据。施工时，当采用3m直尺检测高速公路、一级公路纵向平整度时，应达到≤3mm，90%以上合格率，其他公路应达到≤5mm，90%以上合格率。

（2）弯拉强度。混凝土路面弯拉强度的评价，以从搅拌楼生产的混凝土中随机取样，在标准振动台上制作、标准养生的小梁弯拉强度为准。

（3）板厚。板厚应在面层摊铺前通过基准线或模板进行严格控制，摊铺后板厚可在侧面用尺测量。当板厚不足时，应以行车道横坡低侧面板钻心厚度和面板平均厚度两项指标均满足设计厚度允许偏差（不薄于10mm）作为返工判定依据。

（四）施工技术资料的整理

施工方的质检结果应以1km为单位整理成原始记录表格，作为支付依据。对于滑模、轨道、三辊轴机组机械铺筑混凝土路面的关键工序，宜拍摄照片或进行录像作为现场记录保存。

二、竣工验收

（一）申请交工验收

混凝土路面完工后，施工方应将全线以每千米为一个评定路段，按规定的检测项目、频率提交检测结果、试验数据、施工总结报告及全部原始记录等齐全资料，申请交工验收。

（二）工程施工总结

（1）施工总结与检测报告。工程结束后，施工单位应根据国家竣工文件的规定，提交竣工验收报告，连同竣工图表等完整的工程技术档案和施工管理资料，一并提交业主及有关档案管理部门。

（2）施工总结报告内容。竣工验收报告应包括工程概况（包括设计及变更情况）、工程基础资料、材料、施工组织、机械及人员配备、施工方法、施工进度、试验研究、工程质量评价等。

（3）施工质量管理与测试报告内容。工程技术档案和施工管理资料是工程竣工验收和质量保证的重要依据之一，它应包括质量保证体系、图纸会审和设计交底记录、设计变更通知、隐蔽验收记录、试验段铺筑报告、施工前及施工中材料质量检查结果（测试报告）、施工中工程质量检查结果（测试报告）、工程完工后质量自检结果（测试报告）、工程质量评价、竣工图以及原始记录、相册、录像等各种附件。

结束语

　　虽然现在公路桥梁建设取得了不错的发展，但质量的重要性决定了它不能够被忽视，要保证道路桥梁的质量达到合格，并且在合格的基础上不断提升质量，这就要求通过相关的措施加强公路桥梁的施工管理与施工监理。随着社会技术的发展，新的挑战和机遇将会不断出现，我们也将持续关注和研究适应现代公路桥梁施工管理与工程监理发展的必要知识和热点问题，为交通建设充满希望的未来献上我们交通行业人的一份力量。

参考文献

[1]吴德才.公路桥梁施工大型预制梁场规划建设及现场施工管理[J].工程建设与设计，2023（9）：262-264.

[2]樊恒敏.公路桥梁施工中的质量管理及控制对策分析[J].运输经理世界，2022（36）：37-39.

[3]李远.山区高速公路桥梁施工难点和施工管理策略研究[J].交通世界，2022（35）：176-178.

[4]江钰.公路桥梁施工质量控制体系及安全管理对策[J].城市建设理论研究（电子版），2022（31）：92-94.

[5]刘伟.公路桥梁施工中的质量管理及控制策略[J].黑龙江交通科技，2022，45（10）：97-99.

[6]聂汉鼎.基于BIM的高速公路桥梁施工安全管理研究[J].中国标准化，2022（16）：195-197.

[7]徐向军.公路桥梁施工管理、养护及加固维修技术分析[J].运输经理世界，2022（8）：125-127.

[8]褚铁成.公路桥梁施工项目管理特征及方法研讨[J].工程建设与设计，2022（5）：73-75.

[9]张一平.公路桥梁施工管理养护技术及加固维修探析[J].居舍，2022（7）：55-57.

[10]刘正荣.如何加强农村公路桥梁施工中的质量管理[J].低碳世界，2022，12（2）：151-153.

[11]刘宏.公路桥梁施工中的质量管理及控制对策分析[J].运输经理世界，2021（10）：43-45.

[12]郑波波.公路桥梁施工管理养护技术及加固维修[J].运输经理世界，2021（5）：81-82.

[13]尹江燕.公路桥梁施工管理中养护及加固维修技术研究[J].河南科技，2021，40（3）：104-106.

[14]刘亚平.公路桥梁施工项目质量管理思考研究[J].质量与市场，2020（23）：75-76.

[15]刘永灏.加强公路桥梁施工管理及成本控制研究[J].运输经理世界，2020（14）：3-4.

[16]南学平.公路桥梁施工中的质量管理措施[J].建材与装饰，2020（1）：271-272.

[17]邵天荣，俞敏明.公路桥梁施工安全管理问题研究[J].河南建材，2020（1）：115.

[18]赵志强.基于公路桥梁施工及养护的管理分析[J].住宅与房地产，2019（36）：130.

[19]闫秀海.公路桥梁施工的综合管理方法[J].交通世界，2019（36）：146-147.

[20]陈乃龙.公路桥梁施工管理、养护及加固维修技术浅谈[J].四川水泥，2019（11）：85.